W0197172

ZEITLANG

BIBLIOGRAFISCHE INFORMATION DER DEUTSCHEN NATIONALBIBLIOTHEK
Die Deutsche Nationalbibliothek verzeichnet diese Publikation in der Deutschen
Nationalbibliografie; detaillierte bibliografische Daten sind im Internet abrufbar:
http://dnb.d-nb.de

Dezember 2017
Alle Rechte vorbehalten
© by Athesia AG, Bozen (April 2017)
Erstlektorat: Marion Voigt
Titelbildmontage: Fotolia (T. Linack, Marco Monticone);
    Sibylle Leimeister
Autorenfoto Umschlagrückseite: © Glasow
Design & Layout: Athesia-Tappeiner Verlag
Die Publikation dieses Werks erfolgt auf Vermittlung von
    Marion Voigt · Lektorat | Text | Agentur · Zirndorf
Druck: Athesia Druck, Bozen

ISBN 978-88-6839-253-6

www.athesia-tappeiner.com
buchverlag@athesia.it

designed + produced
IN SÜDTIROL

Sibylle Leimeister

ZEITLANG

Mein Sommer auf der Alm

 ATHESIA VERLAG

Zu diesem Buch:

Dieser Roman basiert in weiten Teilen auf wahren Begebenheiten, die ich während mehrerer Aufenthalte auf verschiedenen Almen und Hütten im Alpenraum erlebt habe.
Darüber hinaus ist jede Ähnlichkeit mit lebenden oder toten Personen sowie realen Geschehnissen rein zufällig und nicht beabsichtigt.

Ein Teil des Erlöses dieses Buches wird von der Autorin dem Verein „Bäuerlicher Notstandfonds" in Südtirol gespendet.

Auf der Welt gibt es nichts, was weicher und

dünner ist als das Wasser.

Doch um Hartes und Starres zu bezwingen,

kommt nichts diesem gleich.

Dass das Schwache das Starke besiegt

und das Harte dem Weichen unterliegt,

jeder weiß es – doch keiner handelt danach.

(Laotse)

Inhalt

Hoakel brauchscht net sein oder
Die Hergelaufene aus der Stadt

Heute reist Klaus ab. Ich begleite ihn ein gutes Stück hinunter ins Tal, in der Gewissheit, diesen Weg in den nächsten Wochen nicht mehr anzutreten. Der Pfad ist steil und nach einer Weile können wir auf den breiten Fahrweg wechseln oder direkt den Steig nach unten weiterverfolgen. Wir wählen die kürzere Route. Holprig zieht sich der Weg über steinige Wiesen und verschwindet zwischen dem Waldsaum. Mir ist heiß und ich bin durstig. Lange bevor wir die ersten Schatten spendenden Bäume erreichen, läuft mir Schweiß übers Gesicht und vermischt sich mit den unaufhaltsam rinnenden Tränen.

Als wir das Dorf tief unter uns auftauchen sehen, verabschieden wir uns schnell. Unsere hastigen Küsse schmecken salzig.

Klaus ist ratlos:»Du hast es dir doch so gewünscht!«

Ja, ich wollte das. Für drei Monate auf eine Südtiroler Alm in knapp zweitausend Meter Höhe ziehen, allein mit zwei einheimischen Hütebuben. Ich reiße mich los, bloß nicht mehr heulen, den Blick in die Höhe gerichtet, noch einmal winken und fort.

Diesmal nehme ich den Fahrweg, in der Hoffnung, dass der Altbauer Alfons mit dem Auto vom Hof heraufkommt und mich mitnimmt. Er hat mein restliches Gepäck dabei. Ich laufe und laufe. Der Pfad unter meinen Füßen wird zugewachsener und steiler. Als ich ein Bachbett überquere, fällt mir auf, dass etwas nicht stimmt. Hier ist lange keiner mehr gewesen, das Gras steht viel zu hoch. Der Weg ist falsch.

Am Bach lasse ich mich in die Wiese fallen. Ich fühle mich zu schwach, um noch einen einzigen Schritt weiterzugehen. Gott sei Dank gibt es Wasser. Mit der hohlen Hand schöpfe ich mehr daneben, als ich in den Mund bekomme.

In solchen Fällen zog mein Vater einen faltbaren Plastiktrinkbecher mit abnehmbarem weinrotem Deckel aus der Tasche. Wieso fällt mir jetzt dieses vom vielen Auseinanderziehen milchig trüb gewordene Teil ein, das wir als Kinder so oft malträtiert haben, und wie habe ich es gehasst, als Jüngste immer zuletzt daraus zu trinken.

»Es geht nach Würde, Rang und Alter, zuerst da kommt der Onkel Walter«, höre ich Vaters Stimme. Den Onkel gab es wirklich, er war ein älterer Bruder meines Vaters.

Wo befand sich der Becher bei der Haushaltsauflösung nach Vaters Tod? Den hätte ich bestimmt nicht weggeworfen, und was soll das jetzt mit Onkel Walter, an den ich jahrzehntelang nicht gedacht habe?

Frühe Anzeichen von Beunruhigung gepaart mit Höhenkoller scheinen sich einzustellen. Mein Gehirn spielt verrückt und zieht mich mit Macht in meine Kindheit. Bin ich deshalb hier, um in den ersten Stunden des Alleinseins mit meinen Gedanken so weit abzutauchen?

Ich zwinge mich aufzustehen und meinen Weg fortzusetzen. Wenn ich nur irgendetwas hätte, um Wasser vom Bach mitzunehmen. Suchend schaue ich mich um. Der Wald ist unberührt, wie leer gefegt streckt er sich neben mir aus und behält seine Schätze für sich. Jede weggeworfene Bierdose wäre mir recht, aber es findet sich nichts.

Als Schulkinder haben wir auf einem langweiligen Wandertag einmal Sachensuchen gespielt und ich war mit einer gefundenen Kloschüssel die unschlagbare Siegerin. Schon wieder, merke ich, ist mein Kopf sonst wo, und eine vage Besorgnis beschleicht mich, wohin mich der gedankliche Freilauf in den kommenden Wochen noch führt.

Es geht ohne Trinken vorwärts. So oder so, von einer unbedarften Touristin ohne Ausrüstung, allein unterwegs in den Bergen, unterscheide ich mich nur geringfügig. Keine Trinkflasche, keine Verpflegung, Sandalen. Dafür eine dicke Strickjacke, aber die ist das Letzte, was ich bei diesen Temperaturen heute gebrauchen kann. Im Gegenteil, ich mache mir meine Bluse weit auf und laufe, laut mit mir selbst sprechend, den ganzen Weg zurück.

Endlich erreiche ich die Stelle wieder, wo wir uns verabschiedet haben. Es kann nur eine kurze Zeit vergangen sein, und doch erscheint es mir Stunden her, dass ich hier war.

Mein Atem geht flach und stoßweise, denn jedes tiefe Luftholen brennt in den Lungen. Jetzt also langsamer, Schritt für Schritt, und auf dem direkten Weg wieder hinauf. Ein rissiger Baumstamm mit aufgemalter Markierung kommt mir bekannt vor und ich fühle mich sicherer. Weit über mir höre ich Motorengeräusche und stelle mir Alfons in seinem klapprigen Fiat vor, wie er die Fahrspur entlangkurvt. Soll er doch fahren.

Mit etwas über 60 Jahren ist er schwer herzkrank, was man ihm bei seiner ungesunden Gesichtsfarbe auch sofort ansieht. Eine Manschette am Arm beobachtet seinen Blutdruck dauerhaft und bläst sich regelmäßig geräuschvoll auf. Auf der Alm ist ihm die Luft zu dünn und er kann nicht länger als ein paar Stunden bleiben. Sind die Werte schlecht, treibt es ihm das Wasser in den Kopf, wie die Bäuerin sagt. Lieber laufe ich sofort noch einmal alles rauf und wieder runter, als an so einem Kästchen zu hängen.

Der Wald wird lichter und der Weg führt ins Freie. Wie planlos hingeworfene Stoffbahnen faltet sich eine Almwiese an die andere. Kleine Steine und gewaltige Felsbrocken bilden das Muster darauf und je nach Licht und Schatten wechselt das frische Grün des Grases zu düsterem Grau. Schroffe Bergketten mit schneebedeckten Gipfeln begrenzen die Aussicht in alle Himmelsrichtungen und gebieten dem Blick Einhalt, der nach der Enge des Waldes Reißaus nehmen will. Brütende Hitze schlägt mir entgegen. Unvermutet taucht ein Fahnenmast neben dem Giebel eines Dachs auf und zentimeterweise wächst die Alm mit ihren drei Gebäuden in mein Blickfeld.

Als ich endlich am Haus bin, herrscht dort schon helle Aufregung über mein langes Ausbleiben. Bäuerin Bernadette hat sich mit ihrem schweren Körper drinnen auf die schmale Eckbank gelegt. Brust und Bein der einen Körperhälfte haben der Schwerkraft nachgegeben und sind von der Sitzfläche geglitten. Der wollige Stoff des Rocks ist nach oben verschoben und gibt den Blick frei auf fleischige Schenkel, deren milchiges, durchscheinendes Weiß im krassen Gegensatz zum runden, wettergegerbten Gesicht stehen. Der eine Arm ist herabgesunken, und mit dem anderen hält sie sich den Kopf, auf dem unter ihrem verwaschenen, im Nacken gebundenen Tuch eine Welle schwarzgrauer Haare hervordrängt. »Nie nicht mehr« hat die Einundsechzigjährige mit meiner Rückkehr gerechnet, und sie kann es kaum fassen, dass ich wieder da bin. Der ganze vor ihr liegende Sommer ist mit all seiner Arbeit vor ihrem inneren Auge aufgestiegen und hat sie kummervoll, mutlos zusammenbrechen lassen.

In ihrer Not, nach meiner vermeintlichen Flucht ohne mich auskommen zu müssen, hat sie sogar in meiner Kammer nachgeschaut, ob meine Sachen noch da sind. Ein absolutes Tabu, wie ich hören darf, denn die Kammern von anderen werden auf keinen Fall betreten. Da muss schon die Hütte brennen, und selbst das bekommt man eher durch die dünnen Holzstellwände zwischen den Zimmern zugerufen, als dass jemand hereinkäme.

Doch auch das in meiner Stube vorgefundene Gepäck, mein Geld und meine Papiere konnten sie nicht beruhigen. Wer so lange wegbleibt, ist zweifelsohne nach draußen – nach Deutschland – zurückgefahren.

Ungeachtet meiner glücklichen Rückkehr gibt es kein Wort der Freude. Mein langer Weg ist ihr einerlei und ein gerauntes »Bischt selber schuld« bleibt die einzige Anteilnahme. Wer ohne Grund freiwillig in den Bergen herumläuft, verdient es nicht anders, jeder unnütze Gang ist zu vermeiden. Schweigend höre ich zu, während klares Quellwasser aus einem Glas durch meine Kehle fließt.

Bernadette rührt sich auf ihrer Bank und weist mit schlaffen Fingern auf den vor dem Fenster aufsteigenden Höhenzug. »Dort kommt unser Wasser her«, bemüht sie sich, betont nach der Schrift zu sprechen. »Kannscht trinken, so viel wiesd magscht. Wasser und Holz sind das Einzige, womit du nicht sparen brauchst«, fügt sie in gequältem Hochdeutsch dazu, und ich beginne, den Unterschied zu begreifen. Klare Ansagen und wirklich wichtige Wörter wie »sparen« gibt es auf Deutsch. Der Rest ist Dialekt, ein zusammengewürfeltes Gemisch aus verschiedenen Sprachen und nicht durchgängig für meine Ohren gedacht.

Ich blicke den Hang hinauf und sehe eine Schneise mit niederem Bewuchs bis zum Joch. Darunter verläuft das Rohr, das unser Wasser bis zum Haus leitet. Mehrere Untersuchungen durch ein staatliches Institut haben die Bäuerin viel Geld gekostet, dem hiesigen Wasser aber schließlich eine einwandfreie Qualität bescheinigt. Darauf verlasse ich mich und nehme mir vor, in den nächsten Tagen einmal bis zur Quelle hinaufzusteigen.

Wasser ist mein Element. Wie glücklich war ich zu Hause, als ich auf der Landkarte oberhalb der Alm einen See entdeckte. Ich packte meine Badesachen ein, in Vorfreude darauf, dort zu schwimmen oder mich in die Sonne zu legen. Die Ernüchterung ist bereits da, denn auf der Höhe des Sees liegt jetzt noch Schnee, und ich bin mir keineswegs sicher, dass der Firn im Lauf des Sommers schmilzt.

Beim Blick aus dem Fenster muss ich schlucken. Mein Hals ist wie zugeschnürt. Die Stirn gegen das kühle Glas gepresst, hoffe ich darauf, dass Bernadette mein Zagen nicht bemerkt. Doch die ist längst auf ihrer Bank eingeschlafen.

Zweifel steigen in mir auf wie lästige Fliegen und lassen sich nur schwer verscheuchen. Was soll ich hier, als eine von draußen und ohne jede Bergerfahrung? Nach kurzer Einarbeitung allein in dieser Höhe mit zwei Kindern als Hirten und neunundsechzig Stück Vieh. Einen Sommer lang ohne Strom und fließendes warmes Wasser, getrennt von meinem Mann und meinen Kindern.

Was war das für ein Lebenstraum, der sich so viele Jahre nicht erfüllen ließ und mich jetzt, schon nach ein paar Stunden, in eine Krise stürzte? Wie oft habe ich ihn verteidigt, als ich vor meiner Abreise Freunden verkündete, ich gehe für diesen einen Sommer auf eine Alm? All die ungläubig Lächelnden und lautstark Zweifelnden werden recht behalten und ich bin schon in wenigen Tagen wieder zu Hause. Zu viel vorgenommen, nicht geschafft, abgebrochen, zerbrochen, gescheitert.

Ich konzentriere mich darauf, tief zu atmen und meinen vom lautlosen Weinen verkrampften Körper zu lockern. Durch die beschlagenen Scheiben schaue ich über die noch kurzen Weiden den Weg entlang zum Grat. Der Blick auf Tausende blauer Enzianblüten und die sich wiegenden Glocken schwefelgelber Küchenschellen lässt mich ruhiger werden.

Ich besinne mich auf das, was mich hierhergeführt hat, in die Berge, in meinen Traum vom einfachen Leben. Vor vielen Jahren hat mich ein Artikel über Senner auf Zeit dermaßen fasziniert, dass mir das Thema nicht mehr aus dem Kopf ging. Irgendwann einmal wollte ich das Gleiche machen, wenn nur erst die Kinder groß wären und ich von zu Hause weg könnte.

Und dann kam dieses Jahr, so geeignet wie kein anderes. Unsere Tochter ist mit ihrer Ausbildung fertig und der Sohn studiert für ein Jahr in Australien. Mein Mann hat keine Minute an meinen Plänen gezweifelt und mit Freuden an ihrer Umsetzung mitgewirkt. Und jetzt stehe ich hier und weine mir die Augen aus.

Nur gut, dass die Buben mit den Tieren unterwegs und weit genug weg sind. Ich schäme mich zu Tode, wenn sie mich derart aufgelöst vorfinden. Sicher kein guter Anfang. Eben erst angekommen und schon *Zeitlang*, was auf Südtirolerisch so viel wie Heimweh oder Sehnsucht heißt. Was sollen die zu so einer vom Tal sagen, wo sie beide schon mit neun Jahren auf einer Alm waren? Allein weg von daheim, bei einer fremden Bauersfrau, deren vom Leben geprägte Härte nur bisweilen aus ihrem Gesicht weicht.

Wenn sie nur endlich aufwachen würde, um mit ihrem kranken Mann nach Hause zu fahren. Ohne sie komme ich sicher umgehend wieder zu mir und kann etwas an die Luft, aber so bleibe ich zunächst einmal in der großen Stube und warte.

Das Zimmer erinnert mit den sechs Tischen samt Holzstühlen und der langen Bank an den beiden Fensterseiten eher an eine Gaststätte als an einen privaten Wohnraum. Ein wuchtiger gemauerter Ofen beherrscht die Stube. Er wird vom Flur aus geschürt, und ich frage mich, ob er während des Sommers überhaupt gebraucht wird. Rot-weiß-karierte Vorhänge an den Fenstern, ebenso gemusterte abgestoßene Wachstuchdecken auf den Tischen und ein nachgedunkelter Naturholzboden sorgen für eine halbwegs heimelige Atmosphäre.

Die Zeit schleicht dahin, und ich widme mich einem Tisch voller schmutziger Gläser und Teller, die sich während meiner Abwesenheit angesammelt haben. Ich schüre den Herd nach und habe Glück, dass er willig angeht und ich mit heißem Wasser spülen kann. Wer hat die Mengen von Geschirr benutzt? Mir ist unterwegs kein einziger Mensch begegnet. Wie ist hier eine solche Anzahl von Leuten eingekehrt und bewirtet worden, während ich mit meinem Mann in Richtung Tal unterwegs war? Kein Wunder, dass die Bäuerin ermattet auf der Bank eingeschlafen ist und sich nicht mehr rührt.

Plötzlich schreckt Dette auf und auch der Bauer steht unvermittelt wieder in der Stube. Er war stundenlang im Schlafzimmer im Erdgeschoss verschwunden. Wie soll er da nachts seine Ruhe finden, wenn er schon bei Tag so viel schläft? Als ob sie Gedanken lesen kann, kommt von Dette eine Antwort auf die ungestellte Frage: »Wenn nichts zu tun ist, muscht sofort raschten.«

So ist das also, nur von wegen nichts zu tun. Mein kleiner Abwasch von einer Stunde wird gekonnt übersehen.

Der Bauer drängt zum Aufbruch. Sein rot angelaufenes Gesicht und sein Schnaufen wirken nicht wirklich gesund. An seinem

Kästchen leuchtet ein rotes Lämpchen und ein schwarzer Zeiger ragt auf einer kleinen Anzeigefläche gefährlich weit in den roten Bereich. Alfons muss nach Hause. Fluchtartig wird alles eingepackt und im Auto verstaut.

Etwas ratlos stehe ich nun vor meinem ersten Abend allein mit den beiden Kindern auf der Alm. Sie sind zwölf und vierzehn Jahre alt und kennen sich von der Schule. Florian, der Jüngere, ist zum zweiten Mal auf dem Berg und Tobias den dritten und damit letzten Sommer. Er wird im Herbst eine Lehre als Mechaniker beginnen. Seine Berufswahl lässt mich hoffen, dass es keine Probleme mit dem Notstromaggregat und der Milchzentrifuge geben wird, den beiden wichtigsten elektrischen Dingen hier oben, und ich sehe dem Melken am Abend einigermaßen gelassen entgegen.

Das Melken gehört auch nicht zu meinem Aufgabenbereich, den mir die Vermittlungsstelle für Almhelfer am Telefon ausführlich erläutert hat. Um das Vieh kümmern sich ausschließlich die Buben. Ich mache den Käse und die Butter, koche für die Kinder und bewirte gelegentlich vorbeiziehende Wanderer im kleinen Ausschank.

Als Dette schon im Auto sitzt, fällt mir ein, dass ich keine Vorstellung habe, was ich den Kindern am Abend zu essen geben soll. »Koch ihnen ›Muis‹«, ruft sie mir bei laufendem Motor zu. Als sie meinen ratlosen Blick sieht, steigt sie entnervt wieder aus. »Was nützt mir denn eine Sennerin, die nicht einmal ›Muis‹ kennt, geschweige denn welches kochen kann!«

Empört stapft sie mitten durch die zurückkehrende Kuhherde und bahnt sich beherzt einen Weg vorbei an den zur Nachtweide drängenden Tieren. Sie eilt in die alte Almhütte, die früher das Wohnhaus war und heute nur noch zum Verarbeiten der Milch dient, und kommt mit einer monströsen eisernen Stielpfanne wieder ins Haus. Der Herd wird erneut geschürt und die Pfanne mit Milch aufgesetzt.

Beim Gedanken daran, dass das Ding ein Dreivierteljahr unbenutzt an der Wand gehangen hat und nun unausgewischt auf den Herd kommt, steigt Ekel in mir auf. Mein Blick spricht Bände. »Bischt wohl hoakel?«, fragt Dette und übersetzt es auf mein Nachfragen hin als empfindlich. »Hoakel sann mir net, hoakel brauchscht auf der Alm net sein. Bei uns ist gar nie nicht mal eins krank geworden.«

Ich bemühe mich um einen unhoaklen Blick und verfolge das hitzige Werkeln am Herd. In die schäumend kochende Milch kommt eine Art dunkleres Mehl, zu dem mir die Bäuerin nur barsch erklärt, dass es sich eben um Muismehl handelt. Anscheinend ein Vollkorn- oder Maismehl. Der Brei wird lange in der großen Pfanne auf dem Herd gerührt. Die schleimige Masse blubbert vor sich hin, und ab und zu bilden sich Blasen, die spritzend zerplatzen. Immer wieder gelangen Spritzer auf die Herdplatte, wo sie mit lautem Zischen verdampfen. Zurück bleibt eine Schicht Kohle, die mit dem Kochlöffel in den nur einen Spaltbreit geöffneten Holzkasten geschoben wird. Währenddessen soll sich am Boden der Pfanne unter Rühren eine leicht angebrannte braune Kruste bilden:»Schurri«, angeblich das Beste.

Obwohl Alfons mehrfach»Es schmeckt schon«ruft, was zu meinem Erstaunen so viel heißt wie»Man riecht es schon«, gelingt die Kruste nur in der Mitte der Pfanne. Die Zeit eilt, also kommt das Ganze so auf den Tisch. In einer anderen Pfanne wird Butter geschmolzen und mit einem Haufen getrockneter Brotwürfel reichlich über den Brei verteilt. Zu meiner Verwunderung gibt es keine Teller und nach einem gestammelten Tischgebet und zweimaligem Kreuzzeichen essen wir gemeinsam aus der heißen Pfanne. Immerhin bekommt jeder einen Löffel und hält sich, so gut es geht, in seinem eigenen Bereich auf.

Florian lobt das»Muis«. Angeblich hat er sich schon ein ganzes Jahr lang darauf gefreut, wieder»Muis«auf der Alm essen zu dürfen. Bernadette zeigt sich hocherfreut und lobt ihrerseits den braven Hütebuben. Während über der Tischplatte Eintracht demonstriert wird, entsteht unter dem Tisch Unruhe. Tobias tritt Florian mit Wucht gegen das Bein.

»Halt ja dein Maul«, zischt er,»sonst kriegen wir den Fraß wieder andauernd und den Speck frisst sie alleins.«

Die Bäuerin übersieht und überhört das klugerweise und ergeht sich in ausufernden Schilderungen der angeblich so wesentlich besseren alten Zeiten. Da hat man an keinem Tag zu überlegen brauchen, was es zum Abendessen gibt. Es gab immer»Muis«, und die Reste vom Abend wurden am nächsten Morgen zum Frühstück wieder aufgebacken. Ich kann absehen, was mit dem Übrigen in der Pfanne zu geschehen hat, sage aber lieber nichts mehr.

Dazu bleibt auch gar keine Zeit, denn der Bauer, der nur still auf der Bank sitzt, gibt plötzlich ziehende Geräusche von sich. Ich bin überzeugt, dass kann nur der Blutdruckmesser sein, sehe aber dann an seinen blauen Lippen, dass es sein röchelnder Atem ist. Das erschreckt mich zu Tode, und ich sehe im Geist schon den Rettungshubschrauber im Abendlicht landen. Die Bäuerin bleibt gelassen. Hochgradig missmutig unterbricht sie ihre Schilderungen von einundsechzig durchlebten Almsommern mit morgendlichem und abendlichem »Muis« und nimmt für heute endgültig Abschied von uns.

Abschied für diesen Abend, an dem sie zum ersten Mal nicht die Nacht hier verbringt und ihr Ein und Alles, die Alm, einer Fremden überlässt, einer Hergelaufenen aus der Stadt.

Früher und dazumal oder
Der Segen der Elektrischen

Wie sich die Leute im Dorf über die Hilfssennerin das Maul zerrissen, konnte ich von Anfang an hautnah erleben. Bei meiner Ankunft fragte ich im voll besetzten Wirtshaus nach dem Weg zum Kernerhof. Schlagartig waren bei meinem Eintreten die lauten Gespräche verstummt und alle Blicke ruhten auf mir und dem Wirt. Stammelnd gab er mir Auskunft: »Bischt wohl die neue Sennerin von der Kernerin?«

Ich nickte und er erklärte mir maulfaul den Weg: »An der Kirch vorbei und immer nauf. Kannscht gar nit verfehlen.«

Die anfängliche Sprachlosigkeit legte sich und von den Tischen drangen vereinzelt lose Zoten bis an den Tresen: »Wie heischt dann?«, »Bischt ganz allein?«, »Brauchscht nit noch nen feschen Senner?«, »Wart nur, wanns erschte Gewitter kimmt. Wirst glei nach mir greinen. Dein Kammerl kenn i schon.«

»Da kennst mehr als ich«, presste ich heraus und rannte aus der Stube. Hinter mir erklang brüllendes Gelächter.

»Keine drei Tag. Dann bist bei der Gaitlor verhungert«, schrie mir ein anderer hinterher und fügte hinzu: »Bei der Geizigen.«, »Da drauf wett mer«, hörte ich noch durch die Tür.

Jetzt, an meinem ersten Abend allein mit den Kindern auf der Alm, verdrängte ich das alles, so gut es ging. Die Kinder standen auf und gingen zum Melken. Schweigend räumte ich den Tisch ab und begann zum vierten Mal an diesem Tag mit dem Abwasch. Ich war müde und mein Kopf lehnte an dem Hängeschrank über der Spüle. Bilder und Eindrücke der vergangenen Stunden kamen mir in den Sinn, und ich versuchte, meine trüben Gedanken zu verscheuchen.

Ohrenbetäubender Lärm schreckte mich auf. Durch die geöffnete Haustür ging mein Blick über den Zaun zum Stall. Aus einem lose verlegten, ehemals gelben Schlauch quoll stinkender Rauch und ein lärmender Dieselmotor nahm stotternd seine Arbeit auf. Eimer schepperten und schwere, silberne Kannen mit einem Gewirr von schwarzen Schläuchen auf den Deckeln wurden in den Stall geschleift. Hier begann die täglich zweimal zu verrichtende Arbeit der Kinder, unsere zwölf trächtigen Milchkühe zu melken.

Florian, der mit seinem Körperbau den etwas zarteren Eindruck machte, kostete es schon Kraft, die leeren Milchkannen zu schleppen, und seine bleichen, nackten Ärmchen zerrten die Kannen eher hinter sich her, als dass er sie trug. Schwer vorstellbar, wie die Kinder die vollen Kannen ohne Hilfe tragen sollten und wie die Milch, ohne allzu viel zu verschütten, in die Zentrifuge gelangte. Ich beschloss, nichts dem Zufall zu überlassen, stieg in meine Gummistiefel und ging los, um zu helfen. Lieber jetzt mit anpacken, als hinterher literweise Milch aufwischen.

Im Stall war es dämmrig und eine dampfige Wärme schlug mir entgegen. Niemand bemerkte mein Eintreten. Die Buben waren in blaue Arbeitsmäntel geschlüpft und hatten sich einbeinige Melkschemel mit einem breiten Lederriemen umgebunden. Geschickt waren je zwei Kühe mit der Melkmaschine verbunden worden und durch einen durchsichtigen Schlauch strömte die Milch in die Kannen. Der Gestank des Diesels und der Lärm waren im geschlossenen Stall kaum zu ertragen und ich blieb in der offenen Türe stehen. Leise hörte ich die Jungen mit den Kühen reden und ihre Worte wirkten beruhigend auf die massigen Leiber.

Die Kälbchen waren an ihrem Platz angekettet und lagen wiederkäuend auf der Erde. Auch hier wurde gespart, denn die dünne Strohschicht unter den Jungtieren schützte ihre schmächtigen Körper nur kärglich vor dem rauen Stallboden. Trotz des Dröhnens bot sich mir ein friedvolles Bild, und zum Glück war meine Hilfe hier nicht gefragt. Jeder Griff saß und beim Ausleeren der Kübel in kleinere Eimer ging kein Tropfen daneben. Erleichtert, dass die Stallarbeit so gut klappte, schlich ich mich ungesehen davon.

Meine Aufgabe, die Milch zu zentrifugieren, kam ja erst noch, und ich hoffte, jeden von Bernadette gelernten Handgriff richtig wiederholen zu können. Die elektrische Milchzentrifuge stand in der hintersten Ecke der einstigen Almhütte. Sie hatte augenscheinlich die besten Jahre hinter sich und Generationen von Kühen überdauert. Ein Nachbar von Dette hatte den Apparat als veraltet ausrangiert und ihr geschenkt. Jetzt war er unübersehbar ihr ganzer Stolz, ein lärmendes Symbol für vermeintlichen Fortschritt, an dem mir, wie noch bei so vielen Gelegenheiten, ein Rückblick auf die vergangenen Almsommer ihres Lebens gegeben wurde. »Früher und dazumal«, begannen ihre Vorträge. Gern lauschte ich ihren Worten und gab mir Mühe, den für mich fremdartigen Dialekt zu verstehen.

Früher und dazumal, hatte sie mir bei ihrer knappen Einweisung erklärt, wurde die Milch mit der Hand zentrifugiert. Eine strapaziöse und gewissenhaft auszuführende Arbeit, bei der man so gut wie alles falsch machen konnte. Drehte man zu flink am Handrad, blieb zu viel Rahm in der Milch, drehte man zu langsam, enthielt die Sahne zu viel Wasser und war damit zum Buttermachen ungeeignet. Beides bedeutete herbe Verluste, die man sich nicht leisten konnte und die zu vermeiden waren. Das richtige Maß beim Treiben, wie das Bewegen des Handrads hieß, erreichte man, wenn ein kleines Glöckchen, das bei jeder Drehrunde anschlug, immer im gleichen Takt war. Ja nicht zu schnell und ja nicht zu langsam. Oft genug war sie, noch schläfrig am Morgen oder ermüdet am Abend, über der Arbeit des Treibens eingenickt, erzählte mir Dette. Dann musste die Milch wieder zusammengeschüttet werden und die kraftraubende Arbeit begann von vorn.

»Kannscht froh sein, dass des heute elektrisch ist.« Ich nahm mir vor, die Milchzentrifuge besonders pfleglich zu behandeln, stand doch die ausgediente, mit der Hand zu betreibende Maschine mahnend auf dem Regal der alten Küche, und ich verspürte kein romantisch verklärtes Bedürfnis, sie in Betrieb zu erleben. Mir genügten die überholten Details der elektrischen Ausführung.

Auf einem wackeligen dreibeinigen Schemel stand der schwere Motor, unterfüttert von zwei eckigen Holzscheiten, um ihn einigermaßen in der Waage zu halten. Seine ehemals hochmoderne, lindgrüne Hammerschlag-Lackierung war nur noch an einigen Stellen erkennbar, denn die im Lauf der Jahre vorbeigeschüttete Milch hatte ihre Spuren hinterlassen, nur notdürftig abgeputzt mit Lumpen, die auch jetzt bereitlagen. Sie erschienen mir ebenso alt wie die Maschine selbst.

Auf dem Motorblock befand sich eine viele Liter fassende Edelstahlschüssel, gekoppelt mit einem nach exakter Anleitung zusammenzusetzenden Gefüge aus diversen Lochscheiben und kreisrundem Filterpapier. Darunter wies ein Zweiwegesystem der Milch ihren Kurs: ein Auslass für die entrahmte Milch und ein Ablauf für die Sahne.

Es war gut, dass Dette die Zentrifuge noch ein letztes Mal vor mir aufgestellt hatte. Die Milch vom Melken am nächsten Morgen durfte auch noch durchgetrieben werden, danach musste die Anlage bis auf den Motorblock abgebaut, auseinandergeschraubt, gespült, getrocknet und bis zum Abend neu montiert werden. Zweimal benutzen und das Spiel begann wieder von vorn. Beim Auseinandernehmen morgen Früh wollte ich noch einmal besonders gründlich aufpassen. Lieber die Reihenfolge ein für alle Mal aufschreiben, bevor sich am Abend der Milchsee ergoss, der Ertrag des Tages hin und alles aufzuputzen wäre.

Florian kam mit der vollen Kanne über die Wiese und war bester Dinge, mir allem Anschein nach ahnungsloser Sennerin noch einmal die wichtigsten Handgriffe an der Zentrifuge zu zeigen. Einen Eimer hier drunter, den anderen da, dann die Milch mit einem kühnen Guss aus der Kanne in die Schüssel gießen und die Zentrifuge anschalten.

Der vergilbte Melaminkippschalter gab müde nach, und mit einem anschwellenden Summen setzte sich der Motor nach langer Winterruhe in Bewegung. Alles lief wie am Schnürchen. Luftig schäumende Magermilch strömte in den Eimer, und zögerlich tropfte dicklicher Rahm in den bereitgestellten Topf. Jetzt galt es, volle Eimer bei laufendem Motor unverzüglich auszutauschen, rechtzeitig die noch kuhwarme Milch oben nachzufüllen und aufzupassen, dass in der drangvollen Enge keiner gegen einen vollen Kübel stieß und ihn umwarf. Der Junge hatte über den Winter nichts verlernt, und wir schafften es leicht, die beträchtliche Milchmenge zu filtern und zu trennen.

Er kostete es weidlich aus, Herr der Lage zu sein, auch wenn sein inneres Vorurteil, die da von draußen hat wirklich von nichts Brauchbarem eine Ahnung, nur spärlich bestätigt wurde. Wir arbeiteten zügig, und als das Notstromaggregat abgeschaltet wurde, hatten Gestank und Lärm für heute ein Ende.

Stille breitete sich aus, bis auf das fortwährende Läuten der Kuhglocken waren alle Geräusche verstummt. Die Sonne schien unverdrossen, und wenngleich es noch taghell war, saß ich müde auf der Bank. Ich erinnerte mich an Dettes Worte vom Nachmittag: »Sofort raschten, wenn nichts zu tun ist.«

Jetzt war Zeit zum Schreiben und ich überließ mich nach getaner Arbeit der Ruhe und dem nahenden Abend vor dem Haus. Das neue Tagebuch lag unberührt vor mir, sein Magnetverschluss umfasste kraftvoll die leeren Seiten, und Bleistift und Radiergummi harrten auf ihren Einsatz. Endlich konnten die wirren Gedanken sich ordnen, und die Ereignisse der vergangenen Stunden formierten sich zu immer klarer werdenden Bildern.

Als ich anfangen wollte zu schreiben, fiel mein Blick auf meine Füße. Sie steckten strumpflos in verstaubten Sandalen und waren rot angeschwollen. Zwischen den Zehen schwarzer Dreck und der an den Kanten abgestoßene rote Nagellack ein sich auflösender Hinweis auf vergangene Zivilisation. Das Erste, was ich vergessen hatte mitzunehmen, machte sich soeben einen Namen: Nagellackentferner.

Über einen grasbewachsenen Trampelpfad ging ich barfuß zur Tränke, um mir die Füße zu waschen. Weiches Wasser rann ohne Hahn beständig aus einem abgeschnittenen Schlauchstück über meine Beine und floss in einen aus einem Stück Baum grob gezimmerten Holztrog. Von dort ergoss es sich durch ein Loch in der Wanne auf den Boden, lief in einem Rinnsal am Stall vorbei den Hang hinunter und verlor sich vor meinen Augen in der Wiese. Selbst nach der großen Hitze dieses Tages war das Waschen dank des eisigen Wassers mehr als schnell beendet und ich lief mit kalten Händen und Beinen über das raue Gras zurück zur Bank und zum leeren Tagebuch.

Erste Worte sammelten sich auf dem Papier und füllten immer leichter Zeile um Zeile. Die untergehende Sonne blendete mich, mein Rücken schmerzte von den ungewohnten Plackereien des Tages und der zum Schreiben verdrehten Haltung auf der klobigen Bank. Ihr Sinn galt seit Jahrzehnten nur dem Einnehmen schlichter Mahlzeiten, und das dunkle, grob bearbeitete Holz von Bank und Tisch schien sich gegen jede andere Art der Nutzung sperrig zu wehren.

Mein Tun war den Kindern fremd. Schon nach wenigen Minuten kamen sie angelaufen, um sich zu erkundigen, wie man freiwillig und ohne Schule so viel schreiben konnte. »Bischt am Ende Lehrerin da draußen?«, meinte Tobias, und Florian atmete erleichtert auf, als ich verneinte.

Schule und alles, was dazugehörte, bereitete ihm erheblich Unbehagen. Nur zögerlich gestand er mir, dass in den zwölf Wochen der Südtiroler Sommerferien, die jetzt vor uns dreien lagen, eine Unzahl Hausaufgaben zu erledigen waren, bei denen er auf meine Hilfe hoffte. Das war neu für mich, und ich verkniff es mir, die Details abzufragen. Bitte nicht hier und heute an diesem wohlverdienten ersten Feierabend.

Die Kinder langweilten sich und hatten sich von meiner Gesellschaft eindeutig mehr Unterhaltung erhofft. Als Nächstes begann ein großes Raten über meinen Beruf – die beiden führten sich auf, als ginge es um Rumpelstilzchens Namen. Gequält spielte ich eine kurze Zeit mit. So hatte ich mir meine Abende garantiert nicht vorgestellt. Stundenlang die Kinderbelustigerin und demnächst die Hilfslehrerin zu sein, war auf Dauer nicht mein Ding. Am Ende taten mir die beiden dann doch leid und mehr oder weniger freiwillig ging ich mit und ließ mich in der Hütte in die Grundzüge des Wattens einweihen. Da hatten wir zu dritt kaum Spaß, und ich war fein raus, denn man benötigte immer zwei oder vier Mitspieler. Das heimische Kartenspiel mit seinen seltsamen Karten und mir unbekannten Regeln war für mich zunächst fremd. Ohne diese auch nur annähernd zu kennen, warf ich wahllos eine meiner fünf Karten auf den Tisch und bekam unverdient einen Stich zugeschoben. Die Buben wechselten sich als Gegner für mich ab und ohne jedweden Durchblick und jedwedes Zutun gewann ich mehrmals an diesem Abend. Ungläubig bestauntes Anfängerglück.

Im Spiel war Tobias Florian haushoch überlegen; der Jüngere wurde rasend vor Zorn, wenn er an seine Grenzen geriet. Dafür konnte Tobias nicht gut verlieren und rastete leicht aus, wenn sich die Runde zu seinen Ungunsten entwickelte. Ich versuchte zu schlichten, wo es nur ging, doch bald hatte ich keine Lust mehr, den Streithammeln als Partnerin zur Verfügung zu stehen.

Währenddessen war die Nacht über uns hereingebrochen und die Kühe hatten sich auf der eingepferchten Nachtweide zum Schlafen gelegt. Ihre wiederkäuenden Mäuler bewegten unermüdlich die Glocken an ihren Hälsen und es erklang eine vielstimmige Serenade für drei einzelne Zuhörer unter einem unermesslichen Firmament.

Die Kinder waren müder, als sie es mir eingestehen wollten, und ich zeigte mich milde gestimmt und erlaubte ein Zubettgehen ohne Waschen und Zähneputzen. Sicher eine willkommene Nachlässigkeit meinerseits, aber die Tür für erzieherische Schlupflöcher aller Art war früher als gedacht einen Spaltbreit auf. »Du darfst dir nichts gefallen lassen, sonscht tanzen sie dir immer auf der Nase rum. Vergiss nicht, du bischt die Sennerin, auf dich müssen sie hören. Zieh sie dir beim ersten Stück Brot.« Dettes Worte hallten durch mein Gehirn.

An diesem Abend war ich zu müde zum Denken und zum Handeln sowieso. Nachdem ich die beiden Haustüren und die Fenster unten geschlossen hatte, stolperte ich im Stockdunklen die steile Stiege hinauf in mein Bett. Ruhelos wälzte ich mich auf dem krumpligen Laken, und der Schlaf wollte und wollte nicht kommen. Durch die zum Giebel offene Holzbalkendecke hörte ich die Jungen atmen und Florian husten, als ob sie direkt neben mir lägen. Jede ihrer Bewegungen im Bett trug der schwingende Dielenboden zu mir herüber. Da hätte man uns gleich wie früher gemeinsam in einem Raum schlafen lassen können. Am besten vereint mit den Kühen, denn deren Geläute und ihr schweres Atmen, wenn sie eingeschlafen waren, drangen ebenfalls von der Weide ungehindert in meine Kammer.

Ich war unruhig wegen der Kerzen, in deren Licht wir gesessen waren, und stand wieder auf, um nachzusehen, ob sie auch wirklich aus waren. Diesmal mit Taschenlampe. Unten angekommen, schaute ich auch gleich nach dem Herd. Das Feuer war ausgegangen und somit meine Hoffnung, es bis zum Morgen bei Laune zu halten, buchstäblich erloschen. Auch die Kerzen waren aus, aber bereits an diesem Abend spürte ich, dass es noch öfter einen Gang zu Herd und Kerzen in der Nacht geben würde. Nicht auszumalen, dieser Alptraum, wenn das Holzhaus über uns in Flammen aufginge und wir darin eingesperrt wären.

Dieser Gang mit nackten Füßen und im Nachthemd erinnerte mich daran, wie ich manchmal als Kind nachts aufgestanden war, um nach meinen Hasen zu schauen. Siedend heiß fiel mir mitunter mitten in der Nacht ein, dass am Abend die Tür vom Hasenstall noch offen sein könnte. Der Verschlag mit dem Drahtfenster stand am Ende des Gartens, fast am Nachbarzaun. Mit klopfendem Herzen lief ich über die feuchte Wiese zu den Tieren. Die Tür war zu und alles in guter Ordnung. Hin und wieder fehlte am Morgen dennoch ein Hase. Obschon es kurz darauf in der Küche nach Braten roch, versicherte unsere Mutter, der Hase sei bestimmt nur weggelaufen, weil ich wieder die Tür nicht richtig verschlossen hatte.

Lange ersehnt, kam auch für mich in dieser Nacht endlich der Schlaf, und ich versank bis zum Morgen in der tiefen Kuhle einer ganz und gar durchgelegenen Matratze. Quälend schwer belegt mit einer fliederfarben bezogenen Zudecke, gefüllt mit einfachsten Hühnerfedern.

Morgenappell oder
Keine Angst vor Rindviechern

Am nächsten Morgen erwachte ich zu spät. »Wenscht alles schaffen willst, muscht spätestens um halber sechse raus«, hatte mir Dette schon bei meiner Einarbeitung mitgeteilt. Nun war es halb sieben. Die Sonne schien voller Kraft durchs Fenster herein und tauchte die Stube in gleißendes Morgenlicht. Keine Wolke am blauen Himmel. Keine Minute Zeit, den weiten Blick über Weiden und Wegkreuz bis zu den in feuriges Morgenrot getauchten Dolomiten am Horizont zu genießen. Die Melkkühe schrien und zerrten im Stall an ihren Ketten.

Ich stürmte, wie ich war, zu den Buben, um sie zu wecken. Tobias war sofort hellwach und sprang in die am Boden liegenden Kleider. Im Nachthemd und mit offenem zerzausten Haar sah ich mehr als unmöglich aus, und seinem abfälligen Blick war zweifelsfrei zu entnehmen, dass sich morgens auf einer Südtiroler Alm keine normale Sennerin oder Frau so vor seinem Angesicht zu zeigen hatte. Macho, fuhr es mir durch den Kopf. Für dieses Mal sparte ich mir meinen Atem und hielt den Mund. Für Diskussionen war jetzt keine Zeit. Florian rührte sich nicht, aber ich überließ es Tobias, seinen Kollegen aus dem Bett zu holen.

Ich rannte nach unten und plagte mich mit dem Feuer. Bloß nicht die nächste Blamage vor den pubertierenden Knaben erleben und für den Ofen ihre Hilfe brauchen. Das musste jetzt klappen. Ofenloch auf, Späne hinein, Esbit dazu, Schieber am Herd auf, Klappe am Kamin weit öffnen und anstecken. Ich hatte mir alles lückenlos gemerkt. Jetzt brauchte ich es nur in der richtigen Reihenfolge auszuführen. »Das Erschte, wascht morgens brauchscht, ist heißes Wasser«, wiederholte ich Dettes Worte in meinem Hirn.

Über meinem Kopf war in der Stube der Kinder ein lauter Streit ausgebrochen. Florian wollte nicht aufstehen, und die beiden schrien sich mit derben, sicher nicht für Zuhörer gedachten Ausdrücken an. Zu meiner ungeteilten Freude diesmal auf Italienisch.

Das Esbitstück verbrannte, ohne dass auch nur ein Span Feuer gefangen hatte. Leise Unsicherheiten schlichen sich ein, ob das mit dem Schieber und der Klappe so herum richtig war. Neues

Esbit hinein. Kleinere Späne darauf schichten, neu anstecken. Auch diesmal passierte nichts und rasch waren die erst leicht angekohlten Späne erloschen. Also alles noch einmal, nur jetzt die Kette am Kamin herunterziehen. Vielleicht war sie ja vorher offen gewesen und ich hatte sie versehentlich geschlossen.

Unter dem Dach tobte ein erbitterter Kampf, bei dem nun auch Möbel umhergeschoben wurden. Ich ließ den Herd Herd sein, stürmte die Treppe hinauf, zog mir meine Kleider über das Nachthemd und lief, um die beiden Streitenden zu trennen.

»Tobias, sofort in den Stall zum Melken, und Florian, sofort aufstehen und hinterher.« Mein Gebrülle, mein eigener Ton und die Härte in meinen Worten verstörten mich selber, und die Kinder lernten die geduldige und lammfromme Städterin vom Vorabend neu kennen. Verschreckt von meinem Eingreifen schlüpften sie in ihre Gummistiefel und stürzten, eine wüste Spur von Stroh und getrocknetem Kuhmist hinterlassend, die Treppe hinunter. Das Thema Gummistiefel in den Schlafkammern und morgendliches Wecken würde ich gleich beim Frühstück klären und beide später ihren Dreck auffegen lassen. So nicht, meine Herren, nicht mit mir. Ich bin hier nicht die Magd.

In der Küche musste ich mir den Weg durch dicken Qualm bahnen. Die Buben hatten den Raum wortlos durchquert, die Tür aufgeschlossen und sperrangelweit hinter sich offen gelassen. Ihre Gedanken, wie man mit so einer Damischen aus der Stadt sein Dasein fristen sollte, hatten sie dagelassen und diese hingen wie die dicke Luft mit in der Stube. Ungeduldig mühte ich mich erneut, den eisernen Herd in Gang zu bekommen. Diesmal gelang es.

Vom Stall her dröhnte das Aggregat und über den blühenden Weiden mischte sich der Rauch des Dieselmotors mit Dunstschwaden aus der Küche in der lauen Morgenluft.

Wenig später war Florian mit dem Melken fertig. Er kam über die Wiese gelaufen, um warmes Wasser zum Spülen der Schläuche und Kannen zu holen. Das große Wasserschiff hatte sich in der kurzen Zeit nur mäßig erwärmt. Der Bub war froh, eine Weile auf der Bank vor der Hütte auf heißeres Wasser warten zu dürfen. Blass, schwächlich und unausgeschlafen saß er still auf der Bank und träumte mit offenen Augen. Mir taten die Kinder leid. Wie noch oft in diesem Sommer dachte ich daran, was unsere Stadtkinder zu solchen »Ferien« sagen würden.

Florian war mit neun Jahren zum ersten Mal monatelang von zu Hause fort gewesen, bei fremden Leuten und harter körperlicher Arbeit auf dem Berg. Mit Kost und Logis und einem mageren Taschengeld von drei Euro am Tag. Er war das dritte von sechs Kindern, und seine Mutter, die ich unten im Dorf kurz kennengelernt hatte, legte mir ihren Buben mit knappen Worten ans Herz. Dabei konnte ich leicht spüren, dass sie froh war, für viele Wochen einen Esser weniger am Tisch zu haben. Sie kündigte ihren Besuch an einem der nächsten Wochenenden an, um Florians Wäsche zu holen und nach ihm zu schauen. Warm anziehen sollte er sich, besonders morgens und abends, und das Zähneputzen nicht auslassen. Nach dem vorigen Sommer hatte er angeblich acht Löcher in den Zähnen gehabt und das ganze zu Hause so dringend erwartete Taschengeld war für die Zahnreparatur draufgegangen.

Ich versprach, mich zu kümmern, und versagte doch gleich am ersten Tag mit dem Zähneputzen. Auch für sein zerschlissenes Hemd war es auf der Schattenseite des Hauses noch zu kühl, wo er doch bereits hustete. Ich holte meine Jacke vom Haken und warf sie ihm auf den Schoß. Willig schlüpfte er hinein, nahm den Eimer mit dem heißen Wasser und verschwand im Stall. Nicht ohne mir vorher zuzuflüstern, dass er mir gleich beim Zentrifugieren der Milch Beistand leisten werde. Das freute mich und ich war dankbar für die Hilfsbereitschaft. Das war nicht selbstverständlich, denn unsere Aufgaben waren klar eingeteilt, und mir bei einer Arbeit für »Weibersleut« zur Seite zu stehen, setzte ihn dem zu erwartenden Gespött des älteren Kumpanen aus.

Schnell machte ich Frühstück, bevor ich mich um die frisch gemolkene Milch zu kümmern hatte. Für diese Mahlzeit war noch genug Brot da, aber für morgen würde es nicht mehr reichen. Mit Bangen dachte ich an die Herausforderung, zum ersten Mal Brot im altertümlichen Holzofen zu backen.

Vielleicht hatte ich den Mund ja auch zu voll genommen, als ich der Agentur, die mich als Sennerin auf die Stelle vermittelte, zusagte, die Arbeiten wie Kochen, Backen, Waschen und Putzen auch ohne Strom zu bewältigen. Nun war es zu spät, darüber nachzudenken. Ich war da und die viele ungewohnte Arbeit, bei der mir zwei halbwüchsige Kinder zur Seite standen, ebenfalls.

Draußen riefen die Jungen nach mir, und ich half mit, die zerbeulten Kannen, voll mit schaumiger Milch, ins alte Wohnhaus zu bringen. Die Zentrifuge wartete auf ihren morgendlichen Einsatz, denn das Aggregat lief. Melken, Zentrifugieren und das gleichzeitige Aufladen unserer Mobiltelefone waren die einzigen Verrichtungen, für die Strom gemacht wurde. Nach einer kurzen Besichtigung des Aggregats in einem Verschlag des Stalls hoffte ich, dass auch diese überalterte Anlage noch diesen Sommer überstehen werde.

Alles lief glatt. Florian half mir, so gut es ging. Er schüttete, filterte und zentrifugierte mit Inbrunst, um sich zwischendurch in jeder noch so kleinen Pause erschöpft und nach Luft schnappend auf die harte Bank zu setzen. Rechtzeitig tauschte er volle gegen leere Gefäße aus und sicherer als am Abend zuvor war die Milch verarbeitet und kein Tropfen danebengelaufen. Der Motor wurde abgeschaltet und die plötzlich wieder herrschende Lautlosigkeit drang bis in den entferntesten Winkel.

Jetzt galt es, die Zentrifuge in ihre abwaschbaren Teile zu zerlegen und zum Spülen mit ins Haus zu nehmen. Aufgebaut wirkte die Milchzentrifuge unscheinbar und sah harmlos aus wie ein Mixer. Sie zerlegte sich jedoch mit diversen Handgriffen in genau achtundvierzig Einzelstücke, jedes nach Gebrauch rahmiger und fettiger als das andere. Zuerst kam ein gründliches Vorwaschen im alten Abwaschwasser des Frühstücksgeschirrs, und dann hatte ich zu tun, alle Teile, hauptsächlich gelöcherte Siebteller, aus der Brühe herauszufischen. Danach sah die Sache schon halbwegs passabel aus und mit viel frischem Wasser und Spüli wurde auch das letzte Stück sauber. Die Teile durften dann von allein trocknen und mussten bis zum abendlichen Melken rechtzeitig wieder aufgebaut sein.

Der Tisch war schnell gedeckt. Außer für das aus vielen Leben zusammengestückelte Geschirr musste nur Platz für eine geriffelte Glaskanne mit Nutella, ein Glas hausgemachte Marmelade, Butter und Zucker gefunden werden. Die Buben sollten die abgekochte und gefilterte Milch von unseren Ziegen mit Kakao trinken. Ich setzte Wasser auf, um mir Kaffee aufzubrühen. Filtertüten und Kaffeepulver hatte ich mir selbst mitgebracht. Dass es für jeden einen Teller gab, sorgte für Verwunderung. In jedem Jahr habe man sein Brot auf dem Wachstuch geschmiert und geschnitten und wolle das auch in Zukunft so halten. »Das ist überflüssig«, stellte Florian fest. Tobias merkte sofort an, mir nicht beim Abtrocknen zu helfen, wenn ich weiter so verschwenderisch mit den Tellern umginge. Das überhörte ich geflissentlich. Mir hatte die gestrige Mahlzeit gereicht, bei der alle aus einem Trog aßen.

Am Abend zuvor hatte ich nah am Haus an einer Böschung das Nest einer am Boden brütenden Feldlerche entdeckt. Sie flog aufgeregt in die Luft, als ich den Kindern die vier kleinen, dunklen Eier zeigte. Nach dem Tischgebet berieten wir, wie sich das Nest so sichern ließ, dass keine Kuh hineintrat und die Vogelmutter ungehindert zu ihren Jungen konnte. Da uns keine brauchbare Lösung einfiel, blieb nur, der Natur ihren Lauf zu lassen. Der Gedanke an ein zertrampeltes Nest und die wehrlose Vogelmutter trieb mir Wasser in die Augen, und ich musste mich vor den Jungen am Riemen reißen, um nicht erneut loszuweinen. Die Tränen saßen um einiges lockerer als im Tal, und es war gut, dass das Handy von Tobias klingelte und mich ablenkte. Es war die Bäuerin, die ihren Hirten sagte, wohin sie heute die Herde zum Weiden treiben sollten.

Ich lauschte dem Gespräch. Tobias log, wie es besser nicht ging. Genau dorthin seien sie mit den Kühen schon lange unterwegs. Kein Wort davon, dass wir um neun noch beim Frühstück saßen, der Stall nicht ausgemistet war und ich weder die Schweine gefüttert noch Brot gebacken hatte. Ich trieb die Kinder zur Eile, denn ich fürchtete, Dette werde gleich bei mir anrufen und das Geläut der Kühe auf der Nachtweide hören oder gar schon im Auto sitzen, um nach uns zu schauen. Aber alles blieb ruhig, kein Anruf, kein Auto, kein Besuch. Die Batterie vom elektrischen Weidezaun wurde abgeklemmt und die Kinder ließen die Melkkühe aus dem Stall und zogen mit ihnen zu einer höher gelegenen Wiese.

Lange blieb ich in der Tür stehen und schaute den beiden nach. Auch ohne Nacht und Schnee schlich sich unwillkürlich ein weihnachtlicher Gedanke ein. Wo gab es das noch in unserer heutigen Zeit? Zwei Hirten auf dem Feld bei ihren Tieren. Angestrengt hielten sie die Herde aus Kühen, Muttertieren, Kälbern und unseren zwei Ziegen beieinander, indem sie sie immer wieder umkreisten und in die gewünschte Richtung trieben. In diesen ersten Tagen auf der Alm war das eine schwierige Aufgabe, denn nachdem die Tiere einen langen Winter in verschiedenen Ställen verbracht hatten und sich auch untereinander nicht kannten, waren sie nicht gewillt, eine Herde zu bilden und auf die Jungen zu hören.

Immer wieder kamen die Geißeln zum Einsatz, lange Holzstiele, an deren Ende sich dicke geflochtene Lederriemen befanden und mit denen gnadenlos nach abtrünnigen Kühen geworfen wurde. Eine Gruppe der Kühe zog stetig bergauf, sich an die Wege vom Vorjahr erinnernd. Andere blieben stehen und machten sich über das frische Grün her, während einige in den Stall zurück wollten. Die Buben rannten und schrien, aber es blieb ein hilfloses Unterfangen, zu zweit die Tiere beieinander zu halten. Da fehlte ein Hund, doch meine heimliche Hoffnung auf einen vierbeinigen Gefährten, der sich am Tag und in der Nacht schützend zu uns gesellen würde, blieb unerfüllt. Einen unnötigen Fresser hielt sich der Bauer nicht.

Nachdem mehrmals Kühe zum Stall zurückliefen und andere schon über den Grat am Horizont verschwunden waren, blieb mir keine andere Möglichkeit, als mitzuhelfen. Rasch griff ich mir in der Küche eine Peitsche vom Haken und stellte mich den Viechern in den Weg. Kräftige Leiber mit angstvoll aufgerissenen Kuhaugen standen mir hautnah gegenüber.

»Hau sie zwischen die Hörner«, brüllte Florian von Weitem, »genau dazwischen.«

Im Leben hatte ich kein Tier mit einer Peitsche geschlagen. Ich stand ohnmächtig da, umringt und mit dem Rücken gegen die geschlossene Stalltür gepresst. Unfähig zu gehen. Keinen Schritt vor und keinen zurück. Auf keinen Fall die Tür aufmachen, schoss es mir durch den Kopf. Ich wäre rettungslos überrannt worden. Also auf die Buben hören und die Geißel einsetzen. Wie verrückt fuchtelte ich mit dem Stecken vor den Köpfen der Tiere herum und schrie die Kühe erbarmungslos an. Weit am Berg hörte ich meine Bengel. Ihr ungezügeltes Lachen über meine Not hallte in den klaren Morgen. Für sie galt es als Verheißung für viele lustige Stunden mit der bescheuerten Sennerin, die sich in Hausschlappen von einer Handvoll Kühe in die Enge treiben ließ. Schweiß brach mir aus, und ich wagte es keinen Zentimeter, mich von dem rauen Holz der Stalltür zu lösen. Endlich drehte eine der Kühe gelangweilt ab, und die anderen setzten sich laut muhend in Trab, um ihr zu folgen.

»Treib sie zu uns rauf«, hörte ich Florian rufen.

Wütend scheuchte ich die Gruppe in Richtung Herde. Gar nicht mehr zimperlich schlug ich mit der Peitsche energisch auf verdreckte Kuhleiber. Euch werde ich es zeigen. Sternzeichen Steinbock. Der findet seinen Weg. Ihr werdet es schon sehen. Schimpfend und fluchend stolperte ich den Berg hinauf. Schwärme von Fliegen fielen über mich her, und ich wusste nicht mehr, wohin ich zuerst schlagen sollte. Unerbittlich brannte die Sonne von einem wolkenlosen Himmel auf unser Treiben herab. Immer wenn ich meinte, den Anschluss gleich erreicht zu haben, waren die Kinder und die Herde schon wieder weit vor mir. Endlich erreichte ich den Kamm, und auf der Höhe erstreckte sich eine große, fast kreisrunde umzäunte Senke mit zwei Gattern, in der die Kühe zufrieden grasten. Die Berge waren wie zu einer Kulisse zusammengerückt und ihre steingrauen Felsen ragten an diesem glasklaren Morgen gestochen scharf in den Frühlingshimmel.

Florian und Tobias hatten sich auf die Weide gelegt und blinzelten in die Sonne, als ich endlich mit meinen Kühen auftauchte. »Hättst dich mit Melkfett einschmieren müssen, dann gehen die Viecher nicht so an dich«, lachte Florian heraus und kaute gelassen auf einem Grashalm. Mir zuckte die Peitsche in der Hand. Ja keine klugen Sprüche mehr, Freundchen. Darauf konnte ich gut verzichten.

Erschöpft vom Anstieg und außer Atem setzte ich mich auf die feuchte Wiese und schaute an mir herunter. Meine nackten Füße waren zerkratzt. Sie steckten in blauen Lammfell-Hausschuhen, deren Wildleder sich mit dem Tau der Weiden vollgesogen hatte. Durch meine Hose drang die Nässe des Grases bis auf meine verschwitzte Haut. Erst jetzt fiel mir ein, dass ich unter meinem Pulli noch immer mein Nachthemd trug, und die Buben und ich lachten uns kaputt, als ich ihnen einen Zipfel davon zeigte.

Weit unter uns standen unsere drei Almhäuser. Rauch quoll aus dem Schornstein und von den Holzschindeln auf den Dächern dampfte die Feuchtigkeit der Nacht in den immer heißer werdenden Morgen. Die Haustür stand offen und am Geländer flatterten unsere Geschirrtücher im Morgenwind.

Über allem wehte an einem hohen Fahnenmast die weißrote Fahne Südtirols. Es war Florians Aufgabe, das zerschlissene Tuch jeden Morgen aufzuziehen und am Abend, spätestens bei Sonnenuntergang, einzuholen. Eine Arbeit, die er mit großem Ernst und sorgfältig verrichtete, um dabei ein lautes »Freiheit für Südtirol« in die Landschaft zu brüllen.

Der wilde Nachbar oder
Das tägliche Brot

Vom Weideplatz aus zeigte mir Tobias unsere nächstgelegene Nachbaralm, die wir winzig klein am gegenüberliegenden Hang erkennen konnten. Soweit ich es ohne Fernglas sah, bestand sie aus einem einzigen alten Holzhaus und einem Stall. Dort hauste der Senner Sepp, ein eingefleischter Single, seit Jahren jeden Sommer allein am Berg. Vor ihm und seiner Männlichkeit warnten mich die Buben eindringlich. Sie konnten sich minutenlang nicht mehr einkriegen vor kichernden Ausschweifungen, »wie der des Nachts in mein Kammerl steigen und über mich herfallen tät. Der Boden werde beben und unser Gestöhne über die Almen bis ins Dorf schallen. Buchstäblich zerfleischen würden wir uns, denn ohne Mann oder Frau hält's keiner auf der Alm lange aus«. Da wähnten sie sich im Bilde, meine Jungs.

In meinem Kopf lief zur selben Zeit eher ein anderer Film ab. Dort sollte ich also Hilfe holen in der Not; dort gab es Funk, wenn die Handys versagten; dort kannte sich einer richtig aus, wenn den Kühen etwas fehlte. Die Schwierigkeit war nur, wie dieser Weg im Falle eines Falles überhaupt schnell zu bewerkstelligen war. Bei meiner Kondition, die mir auf dem kurzen Stück hier herauf schon zu schaffen machte, würde es für mich Stunden dauern, von der Kerneralm zur Materlalm zu laufen.

Als ich verkündete, in den nächsten Tagen dort einmal einen Antrittsbesuch abzustatten, brach ihr halbstarkes Gerede ab, und die Sache wurde ernst.

»Was willscht dann da? Bischt draußen doch verheiratet und hier hascht doch uns«, hieß es sofort wie aus einem Mund. Beide beschlossen umgehend, mich zu begleiten, wenn es wirklich zu einem Besuch käme. Nie im Leben dürfe ich da allein rauf. »Wart's ab«, rief Florian, »der kommt eh schneller, als du denkst.« Um gleich darauf über diesen vermeintlichen Kennerwitz erneut in schallendes Gelächter zu verfallen.

Auf der Alm wartete die Arbeit und ich machte mich unwillig an den Abstieg und überließ die Kinder sich selbst. Viel lieber wäre ich bei den Tieren geblieben und hätte mich, wie die Buben, auf die Weide gelegt und den Kühen beim Grasen zugeschaut.

Die Sonne war schon beträchtlich höher gestiegen und in der aufkommenden Hitze war außer Kuhglocken und dem Schwirren Tausender Fliegen und Käfer über der Wiese kein Laut zu hören. Längst war der Tau von Enzian und Halmen verschwunden und mein Weg nach unten ging selbst in Schlappen und Nachthemd leicht und gewandt vonstatten. In wenigen Minuten hatte ich das Haus erreicht. Unterwegs war ich wieder hart mit mir ins Gericht gegangen, in welch unmöglichem Aufzug ich mich im Hochgebirge bewegte. Nicht daran zu denken, wenn ich ausrutschen würde und die Kinder den sagenhaften Sepp zur Bergrettung holen müssten. Ein traumhaftes Kennenlernen. In Nachthemd und Fellpuschen auf zweitausend Meter Höhe inmitten einer blühenden Almwiese.

Auf der Terrasse angekommen, winkte ich den Buben am Grat zu. Sie winkten mit beiden Händen zurück und ließen gekonnte Jodler über die Weite schallen. Aus vollem Hals schrie ich zurück und versuchte mich im jodelnden Antworten, das in meinem Lachen unterging. So weit war es also nach kurzer Zeit auf der Alm mit mir schon gekommen, dass ich erste »Holadijos« von mir gab. Ich schüttelte über mich selbst den Kopf, zog mich um und machte mich leichten Herzens an die Arbeit.

Diesmal war das Feuer im Herd nicht ausgegangen. Ich brauchte nur einige Scheite nachzulegen, um zum Brotbacken einen heißen Ofen zu haben. Ich zog meinen Notizzettel aus der Hosentasche, mischte nach Dettes Anweisungen die Zutaten und ließ den Teig am Ofen zugedeckt gehen. Ein durchdringender Geruch nach Zigeunerkraut und Kümmel, gemischt mit Feuerholz, erfüllte den Raum. Ich war glücklich und zufrieden über mein ruhiges Handeln und die Arbeit ging mir zügig von der Hand.

Unsere zwei »Facken«, wie die Schweine hier hießen, grunzten in ihrem Stall und ich brachte den nur halb gefüllten Schweineeimer zum Pferch. Außer Kaffeesatz, Eierschalen und hartem Brot hatte ich unseren Säuen nichts zu bieten und so goss ich einfach die vom Frühstück stehen gebliebene Ziegenmilch dazu. Unterwegs zum Stall zog ich an allen Ecken und Enden Gras in großen Büscheln heraus und stopfte es in den Eimer. Noch kurz den Brei einmal mit einem Stecken umrühren und ab damit in den Trog. Wie das gehen sollte, Schweine großzuziehen, wenn es nur dann und wann Abfälle gab, erschien mir als eine schwierige Aufgabe.

Das sollte geklärt werden. Sicher gab es noch irgendwo Zusatzfutter und ich hatte es nur noch nicht entdeckt. Für dieses Mal waren die Säue zufrieden und machten sich laut schmatzend über meine Spezialmischung her. Kurz überlegte ich, sie einfach aus dem Stall zu lassen, damit sie sich selber um ihr Futter kümmern konnten, aber ich hatte Sorge, ob sie sich ohne Zaun aus dem Staub machen würden. Schweine zu suchen und einzufangen, dazu hatte ich weder Zeit noch Lust, also ließ ich sie, wo sie waren. Überhaupt war das schon wieder eine Aufgabe der Kinder. Ich hatte mich um das Haus und unser Essen zu kümmern und nicht auch noch die Viecher zu versorgen.

Als ich zurückkam, war der Brotteig prächtig aufgegangen. Ich bedeckte den Tisch mit langen weißen Tüchern aus altem Leinen, bestäubte sie dick mit Mehl und legte meine ersten selbst geformten Vinschgauer Teigfladen darauf. Zumindest versuchte ich es. Die Masse war zäh und störrisch. An meinen eingemehlten Händen blieb der Teig in dicken Batzen kleben, und die handtellergroßen Fladen ließen sich nur mit Geschick dazu bringen, halbwegs wie Brotlaibe auszusehen. Das hatte vorgestern so spielend geklappt, als Dette einen Laib wie den anderen formte und gekonnt die mehligen Kugeln aufs Tuch gleiten ließ. Da haftete und klebte nichts, wo es nicht sollte, und im Nu waren die kleinen Brote geformt.

Dettes Frage, wie oft ich draußen in der Woche für die Familie Brot backen müsse, hatte ich tunlichst ignoriert, und die fehlende Antwort ersparte mir eine zusätzliche Lüge vor der so gläubigen Bauersfrau. »Lügen darfscht net«, hörte ich sie erst gestern wieder zu Florian sagen. Gar nie nicht habe sie eins angelogen im Leben.

Mein Leben da »draußen«, wie Deutschland in Südtirol immer hieß, war für die Menschen hier anscheinend unvorstellbar. Das hatte ich auf der Alm sofort bemerkt und mir vorgenommen, so wenig wie möglich aus freien Stücken darüber zu berichten. Das führte nur zu Unverständnis und Misstrauen. Einen Bäcker um die Ecke zu haben und Brot, wenn überhaupt, nur als Hobby zu backen, kam selten infrage. Das Brot nahm eine zentrale, archaische Rolle ein und die Zeile des Vaterunsers, in der es ums tägliche Brot ging, bekam an diesem Ort eine tiefe Bedeutung. Nur wenn ich Tag für Tag für die Kinder und mich backte, hatten wir unser tägliches Brot, und der Dank dafür, im immer wiederkehrenden Tischgebet, kam bei den Buben sicher aus ehrlicher Empfindung.

Das erste Blech war nach allerhand Schwierigkeiten im Ofen gelandet und schon zog der Duft von frischem Brot durch die offene Haustür über die Wiesen. Jetzt hieß es aufpassen, dass alles schön hell blieb, und immer wieder leuchtete ich kurz mit der Taschenlampe ins dunkle Backrohr.

Ich dachte an das vermeintlich leichtere Leben zu Hause. Backofenbeleuchtung, elektrischer Strom, Küchenmaschine und Zeitschaltuhr schienen bereits zu einer anderen Welt zu gehören, die ich, zumindest für heute, gut entbehren konnte. Kleine hellbraune und knusprige Laibe waren entstanden, die einladend lecker rochen, und ich war glücklich über mein Werk, das sich so unerwartet schön entwickelt hatte.

Während das Brot im Ofen war, hatte ich schon die Zentrifugenteile und das Frühstücksgeschirr gespült, die Stühle in der Stube auf die Tische gestellt, mein kleines Heim gefegt und gewischt und unsere Betten gemacht. Auch das war jetzt mein tägliches Brot. Die alten Wachstuchdecken hatte ich von den schönen Holztischen entfernt, und kleine Schnapsgläser, dicht bestückt mit gepflücktem Enzian, zierten den Raum. Hätte Dette das jetzt sehen können, sie wäre vielleicht ein bisschen entspannter und zufriedener gewesen mit ihrer Sennerin aus dem flachen Norden.

Gerade war ich mit allem fertig und sah mich zufrieden um, da hörte ich die Knaben zum Essen kommen. Zum Kochen war ich wegen der anderen Arbeit bisher nicht gekommen und ich griff zum ersten Mal auf meinen Fundus an mitgebrachten Lebensmitteln zurück, mit dem es gut zu haushalten galt. Er sollte uns in Zukunft noch einige Male retten. In der kühlen Vorratskammer lagen seit meiner Ankunft Nürnberger Rostbratwürste gut eingeschweißt im Regal. Im Finsteren griff ich nach der Packung und gleichzeitig in eine schmierige Masse. Auf der Folie hatten Fliegen eine unappetitliche weiße Eiablage hinterlassen, die ich selbst im gedämpften Licht der alten Hütte unschwer erkennen konnte. Als sich meine Augen langsam an das Dunkel gewöhnt hatten, sah ich die Fliegeneier auch auf unseren anderen Lebensmitteln. Schinken und Salami waren damit übersät und Ekel und Abscheu nahmen von mir Besitz.

Das hatte mit »Hoakel brauchscht net sein« nur entfernt etwas zu tun und meine gute Laune war dahin.

Ich nahm das Päckchen mit den Bratwürsten und wusch es unter dem eiskalten Wasser des Brunnens ab. Die Folie war unversehrt und die ganze Bescherung nur außen. Mich würgte es, und mir war klar, dass ich davon kein Stückchen hinunterbekommen würde. Der Not gehorchend, briet ich die Würstchen in der Pfanne. Die Kinder freuten sich über das leckere Essen und fanden es selbstverständlich, dass ich zu ihren Gunsten darauf verzichtete, an der Mahlzeit teilzunehmen.

»Wann gibt's wieder Würschtel?«, überfielen sie mich und ich solle nur gleich in Nürnberg anrufen und Nachschub bestellen.

Eine Vorstellung davon, dass Nürnberg nicht einfach um die Ecke lag, fehlte den beiden vollends. Hier war zusätzlich zu den angedrohten Hausaufgaben vielleicht mal eine Stunde Erdkunde notwendig, damit sie erfuhren, woher genau die Köstlichkeiten kamen.

Nach Dankgebet und reichlichem Trinken rannten die beiden gestärkt zurück zu ihren Kühen und selbstverständlich zum alltäglichen Mittagsschlaf. Das hätte ich gerne auch so gemacht, aber den Nachmittag verbrachte ich damit, die Vorratskammer zu reinigen und von möglichst allen Fliegen samt deren Eiern zu befreien. In einer Kiste im Flur fand ich eine löchrige Tüllgardine, die ich zerschnitt, stopfte und straff vor die beiden Fensterchen nagelte. Jetzt war es noch dunkler in der Kammer, und man musste sich gut merken, wo alles stand. Viel war es sowieso nicht, was sich auf den alten Wandregalen befand und unsere Vorräte bildete. Sauerkraut in Gläsern, viele Dosen mit geschälten Tomaten, Zwiebeln, frische Tomaten, Äpfel, Weißkraut, Marmelade und Preiselbeeren. Ein Stoß Paletten mit Eiern, ein Stück Käse und gekochter Schinken, beides originalverpackt, waren im Dämmerlicht zu erkennen und warteten auf ihren Gebrauch in der Küche. Im Dunkeln stieß ich mit meinem Kopf an ein Stück fetten Specks und Salami, die von der Decke baumelten.

Die trocken zu haltenden Lebensmittel wie Mehl, Zucker, Nudeln und Knödelbrot wurden in einem kleinen fensterlosen Verlies zwischen unseren Schlafstuben aufbewahrt, das gleichzeitig als Lager für einen Haufen alter Matratzen diente. Unbestreitbar ein Paradies für Mäuse und deshalb beizeiten einer gründlichen Kontrolle zu unterziehen. Gehört oder gesehen hatte ich bisher keine.

Deshalb wollte ich auch daran denken, bei nächster Gelegenheit, den Bauern wieder nach den angekündigten Katzen zu fragen. Versprochen hatte er uns gleich zu Anfang, die Katze Mina und ihr Junges vom unteren Hof mitzubringen. Passiert war noch nichts, aber es war ja auch seitdem niemand mehr von unten heraufgekommen. Für die Buben fand ich es traurig. Sie würden sicher ihren Spaß mit den Katzen haben, aber wenn ich an das ungeschützte Nest der Feldlerche dachte, war ich insgeheim froh. Die hatte ihre Kinderstube in katzen- und kuhfreien Frühlingszeiten auf dieser Alm ausgesucht und musste jetzt tagtäglich um ihr Gelege bangen.

Ich verschloss die Tür zum Milchhaus sorgfältig, nachdem ich die aufgescheuchten Fliegen erlegt hatte, und hoffte auf den durchschlagenden Erfolg meiner Aktion und die Rettung der spärlichen Nahrungsmittel.

Von Weitem hörte ich die Kinder mit den Tieren kommen. Es war höchste Zeit, alles zum Melken des Viehs vorzubereiten. Die Milchzentrifuge lag, in sämtliche Einzelteile zerlegt, zum Trocknen in der Sonne. Das Zusammensetzen erforderte immer noch meine erhöhte Aufmerksamkeit. Ein falsches Stück am falschen Platz ... und die Milch lief über. Schon einmal hatte sich beim Umfüllen der vollen Kannen Milch auf dem Motorblock verteilt, und ich hatte lange zu tun, um alles wieder zu trocknen und aufzuwischen. Bei dieser vorsintflutlichen Konstruktion war Vorsicht geboten. Nicht auszudenken, wenn ich die ganze Milch fortan zweimal täglich mit der Handkurbel verarbeiten müsste.

Nachdem das größte Stück des Tages mit Aufgaben im Haus vergangen war, freute ich mich darauf, ein paar Arbeiten im Freien machen zu können. Der kleine Teich auf unserer Weide, der den Tieren als Tränke diente, war fast ganz verdunstet und musste mit Wasser aufgefüllt werden. Ich schloss den Schlauch am Brunnen an und verlegte ihn bis zur Lache.

Um Wasserstellen für die Kühe anzulegen, hatte mir der Bauer erklärt, muss man nur in einer natürlichen Senke der Wiese anfangen, Herdasche auszustreuen. Dann immer wieder Wasser daraufgeben und warten, bis die Asche anfängt, den Boden zu verdichten. Auch jetzt noch wurde jeden Tag der Inhalt des Aschekastens einfach auf die Wasseroberfläche gestreut. Das war eine haarige Aktion, vor allem wenn man die Windrichtung außer Acht ließ.

Dann sah man von oben bis unten aus wie vorzeitig ergraut und die Kinder hatten wieder etwas zum Lachen. Die Asche sank ab, nahm treibende Schwebestoffe mit nach unten, und zurück blieb eine klare Wasserstelle, in der sich dunkle Kaulquappen tummelten. Nach diesem bewährten Prinzip entstanden angeblich an den meisten Almen die Trinkstellen. Gespeist wurde der Tümpel vom Regen und in trockenen Zeiten füllte man das verdunstete Wasser mit Quellwasser auf. Davon gab es ja genug.

Endlich war Gelegenheit zum Atemholen, ich saß im Gras und schaute einfach nur zu, wie sich der Teich Millimeter für Millimeter füllte. Meine Haut spannte, und obwohl ich immer nur für kurze Wege im Freien gewesen war, spürte ich einen leichten Sonnenbrand auf den nackten Armen. Nach fast einer Woche Alm freute ich mich auf meine erste Dusche an diesem Samstagabend. Die Kinder sollten immer nur am Sonntag duschen. Einmal die Woche langt, hatte Dette entschieden. Zum Duschen musste erst ein Warmwasserboiler eingeschaltet werden, den ein Gastank im Keller mit Energie versorgte. Doch bereits der Gedanke an Gas und Streichhölzer ließ mir die Freude an der bevorstehenden Reinigung wieder vergehen.

Bei jedem Gang auf die Toilette sah man unweigerlich, was passieren konnte, wenn rohe Kräfte unbeherrscht walteten. Dort hatte im Jahr zuvor ein Blitz ein eimergroßes Loch oberhalb der Tür in die Wand geschlagen. Durch dieses Unglück gab es nun neben dem Klofenster, das sich nur mit Gewalt öffnen ließ und durch die trübe Milchglasscheibe spärliches Licht spendete, eine, wenn auch unfreiwillige Öffnung zum Flur, durch die Licht und Luft drangen. Bisher waren wir gnädig von Gewittern verschont geblieben, das Loch führte mir jedoch in regelmäßigen Abständen eindrücklich vor, dass dann andere Mächte das Sagen hatten.

Dette konnte mir nicht erklären, wie der Boiler anging. Sie duschte immer zu Hause und überhaupt habe sich jahrhundertelang auf der Alm »gar nie nicht eins« geduscht und jeder sei sauber und gesund gewesen. Angeblich wusste Florian zuverlässig, wie der Boiler funktionierte. Insgeheim zählte ich jedoch auf Tobias als kleinen Haus-und-Hof-Mechaniker. Er würde sich hoffentlich im dritten Sommer auf dem Berg und angesichts einer bevorstehenden Elektrikerlehre mit dem Gasboiler auskennen. Vor vielem Elektrischen hatte ich einen Heidenrespekt – eher würde ich mich unter freiem Himmel mit dem Schlauch am Brunnen waschen, als mit Strom und Gas zu hantieren.

Die ersten Kühe hatten das Wasserloch erreicht und stiegen bis zum Bauch hinein, um sich abzukühlen und zu trinken. Jetzt war von dem sauberen Wasser nichts mehr zu sehen und das bis eben glasklare Nass hatte sich in eine trübe Brühe verwandelt. Den Tieren machte es nichts aus und sie bewegten ihre gewaltigen Leiber geschickt im Teich. Ein Teil der Herde war schon freiwillig auf die Nachtweide gezogen, und ich registrierte mit Freuden, wie sich mit jedem Tag ein gefügsamerer Trupp gebildet hatte. Das anfängliche Durcheinander formierte sich; wie nach einer Woche in einer neuen Schulklasse waren jetzt Leittiere und kleinere Gruppen innerhalb der Herde zu erkennen. Die Melkkühe fanden längst selbst ihren Weg zum Stall und warteten geduldig vor der verschlossenen Tür.

Dazwischen trotteten einträchtig unsere beiden Ziegen umher. Es handelte sich um zwei ungepflegte Gesellinnen, mit bis auf den Boden hängendem struppigen Fell, in das der Stallmist von Jahren verwoben war und in dicken Batzen herumbaumelte. Wie konnte man so ein stinkiges Vieh überhaupt anfassen, geschweige denn Milch trinken, die irgendwo aus dieser verwahrlosten Masse hervorquoll? Mich schauderte es wieder gewaltig, ich riss mich aber am Riemen, um nicht auch noch Florian die Freude an der Ziegenmilch zu verderben. Dette hatte sie uns als das Gesündeste angepriesen, was es überhaupt gab. Tobias verwahrte sich sofort dagegen und ich – frei nach der Devise, es können sich nicht Tausende täuschen – verseuchte am ersten Morgen damit meinen Kaffee. Nie wieder. Schrecklich. Zur Schar derer, die Ziegenmilch oder Ziegenkäse mögen, würde ich niemals gehören.

»Jetscht ischt's am beschten mit den frischen Kräutern«, belehrte uns die Bäuerin.

Ich wurde den Verdacht nicht los, dass wir nur ja zuerst Ziegenmilch trinken sollten, bevor es an die Kuhmilch ging. Die sollte schließlich gewinnbringend in Butter oder Käse verwandelt werden, zumal wir in diesem Sommer angeblich so wenige Milchkühe hatten wie nie zuvor und es daher auf jede Kanne ankam. Sonderbar, mir reichte die sich täglich steigernde und zu verarbeitende Milchmenge bei Weitem. Sie fand keinen Platz mehr in der alten Hütte und füllte, zerlegt in entrahmte Milch und Sahne, sämtliche verfügbare Kübel. In allen nur möglichen Gefäßen stand die Milch. Aus Mangel an Gefäßen schütteten wir sie in alte Eimer von Wandfarbe und dürftig abgedeckt mit verzogenen Holzdeckeln gärte sie vor sich hin. Auf den Kannen bildete sich eine dicke graue, schaumige Schicht, aus der kleine Blasen aufstiegen. Ein unangenehmer Geruch nach Saurem machte sich breit.

Der Graukäse, der als typische, regionale Spezialität hier entstehen sollte, war mir nur vage ein Begriff. Einmal hatte ich auf einer Wanderung im Ahrntal auf einer Hütte davon probiert. Serviert wurde mir eine gelb-krümelige Masse, eine Art Mischung aus hessischem Handkäse und Hüttenkäse, mit strengem Geruch und Geschmack. Beileibe nicht jedermanns Sache und meine nie und nimmer.

In meinen Vorstellungen, dereinst einen Sommer auf einer Alm zu leben, hatte ich mich immer als Hüterin großer Käselaibe gesehen, die in picobello sauberen Holzregalen unter Leinentüchern reiften und mindestens einmal täglich von mir gewendet und mit Salzwasser abgewaschen wurden. Vermutlich spielten die Filme, die mir das Leben im Gebirge so heil vorführten, in der Schweiz. Vielleicht hätte ich mich, wenn es mir nur um den Käse ging, lieber dort bewerben sollen.

Um die Wahrheit zu sagen, in sämtlichen Berichten, die ich jemals über einen Almsommer sah, nahm das Experiment kein wirklich gutes Ende. Die eine Sennerin aus Deutschland, ein junges Ding, hielt es wegen Kompetenzgerangels mit dem uralten Senner nicht aus und lief fort. Auf einer anderen Alm gab es Anpassungsschwierigkeiten, weil drei, die sich noch nie vorher gesehen hatten, zwei Frauen und ein Mann, dort Hand in Hand leben und arbeiten sollten. In einem dritten Bericht wurde die – allerdings heimische – Sennerin schwanger und weigerte sich, im Dorf, den Vater des Kindes zu benennen. Sie schaffte ihr Tagwerk natürlich perfekt und kam im nächsten Sommer kurzerhand mit dem neugeborenen Kind wieder. Keine Alm davon wäre mein Fall gewesen, wenn überhaupt, dann die Hütte mit dem alten Mann. Der hatte bestimmt manches aus seinem Leben zu erzählen.

Ich jedoch war jetzt hier gelandet, in diesem Sommer und in dieser Welt, und für die kommenden Wochen galt es, das auszuhalten.

Geht alles oder
Die geplagte Frau

Gespannt war ich darauf, wie die gammelige Milch zu Graukäse weiterverarbeitet werden sollte. Das musste mir Dette in den nächsten Tagen zeigen, denn spätestens übermorgen würden alle verfügbaren Kannen voll sein. Und morgen, am Sonntag, wollte sie sowieso heraufkommen, dann konnte sie sich ja um den Käse kümmern.

Nachdem unsere Tiere versorgt und die Milch verarbeitet war, setzten wir uns endlich zum Essen hin. Mir fehlte dringend etwas Ruhe, denn mir war beim Schaffen in der engen Stube eine Menge Milch danebengegangen, und ich musste unter Stühlen und Bänken herumkriechen und aufwischen. Wie viele Liter Milch hatte der alte Dielenboden schon gesehen? Wie viele Eimer milchiges Aufwischwasser hatten sich schon mit erbostem Schwung aus der Hütte auf die Wiese ergossen und wie viele Sennerinnen vor mir hatten in den gut hundert Sommern, die die Hütte schon stand, diese elende Brühe aufgeputzt und geflucht?

»Du bischt eine geplagte Frau. Muscht mehr lachen«, riet mir Dette, als sie einmal dazukam, wie ich schimpfend auf den Knien herumrutschte und putzte. »Wirscht scho seh'n, wie weich deine Hände hinterher sind.« Das waren die Gelegenheiten, in denen ich aus der Haut hätte fahren können. Dieses Gesuche nach positiven Aspekten einer äußerst überflüssigen Arbeit machte mich wütend. Ich fand da nichts zum Lachen, gar nie nicht.

Am Abend hatte Florian Sonnenbrand und ließ sich von mir willig seine Lippen pflegen. Sie waren dick angeschwollen und drohten, an einer Stelle aufzuplatzen. Tobias sah dagegen nur zart gebräunt aus. Er hatte sich untertags, immer still und heimlich, eingeschmiert, ohne Florian etwas von seiner Sonnencreme abzugeben. Sein schadenfrohes Grinsen war zu diesem Zeitpunkt nur schlecht für mich auszuhalten. Zum ersten Mal kippte unsere Stimmung gewaltig. Ich war sauer auf Tobias und natürlich auch auf mich, denn ich hätte die Kinder zum Eincremen anhalten müssen. Fragt sich nur, womit. Außer in meinen Sachen und offenbar bei Tobias gab es nirgends eine Spur von Sonnencreme.

Die Selbstverständlichkeit, mit der bisher an jedem Tag auf irgendetwas von meinen Dingen zurückgegriffen wurde, war mir neu, und ich fragte mich, wie das Leben ohne meine mitgebrachten Sachen wie Messer, Taschenlampe, Medizin, Taschentücher, Pflaster überhaupt jahrelang bewerkstelligt wurde. Dette wunderte sich immer wieder aufs Neue, was ich so nach und nach aus meinen Taschen zauberte, und griff selber bereitwillig auf diese Schätze zurück.

Endlich herrschte Stillschweigen in der Hütte. Florian war erschöpft auf der Bank eingeschlafen und Tobias saß da und starrte schmollend vor sich hin. Mir war es egal. Sollte er doch ruhig auch einmal beleidigt sein. Bei seinem egoistischen Verhalten würden wir drei nur schlecht allein zurechtkommen.

Nach einer langen Stille, in der er mich mit Blicken zu töten versuchte und nur Florians Atmen zu hören war, machte ich einen Anlauf, mit ihm zu sprechen, um die Sache zu klären. Tobias stand wortlos auf, würdigte mich kurz eines abschätzigen Blicks, der unmissverständlich hieß: »Du hast mir gar nichts zu sagen«, und wollte an mir vorbei nach oben ins Bett. So nicht, Bürschlein. »Zieh sie dir beim ersten Stück Brot, sonst tanzen sie dir auf der Nase rum«, waren Dettes Worte zum Umgang mit den Jungen gewesen, die ich beherzigen sollte.

Also jetzt keine Schwäche zeigen. Ich hielt ihn am T-Shirt fest und schob ihn zurück auf die Bank. Das war er von einem fremden, dahergelaufenen Weibsbild kaum gewohnt, so angefasst und abgekanzelt zu werden. Während meiner Rede lief er vor Empörung über, konnte mir aber zwischen Bank und Tisch nur schwer entkommen. Er schluckte unwillkommene Tränen hinunter und ich versuchte mit leisen Worten, meine Vorstellungen von einer Gemeinschaft, auf die wir in dieser Einöde so zwingend angewiesen waren, in seinen Kopf zu bringen. Es dauerte eine Zeit, bis er ruhiger wurde, und er schien mich, fürs Erste zu verstehen. Ich ließ ihn raus und wagte einen heiklen Vorstoß. Während unseres Gesprächs hatte ich durchs Fenster hinter Tobias Rücken noch immer die Fahne am Mast wehen sehen, die Florian längst hätte abnehmen sollen.

»Du kannst jetzt zu Bett gehen, holst aber bitte vorher die Fahne rein.«

Sein Gesicht lief dunkel vor Wildheit an und die Adern an seinem Hals schwollen. Das war der Punkt, an dem ich kurz annahm, jetzt geht er mir an die Gurgel oder rast, sobald die Tür auf ist, durch die Nacht bis nach Hause. Das durfte nie und nimmer passieren, denn es hätte mein Aus für hier bedeutet, und ich war zufrieden, als er nur den Tisch mit Gewalt gegen mich schob und zum Mast rannte. Er riss die Fahne mehr herunter, als dass er sie einholte, und knallte sie mir unaufgewickelt vor die Füße. Diesmal ließ ich ihn laufen. Den Hinweis, wo die Fahne am Abend hingehörte, verkniff ich mir vorsichtshalber.

Es ging mir erst besser, als ich seine Schritte über mir in der Schlafkammer hörte. Was, wenn er tatsächlich weggelaufen wäre, und daheim über die Übergeschnappte hier oben gejammert hätte? Genau auf solche Streitereien war man im Dorf gespannt. Das wollten die Einheimischen hören, und dieses Wasser durfte, wenn möglich, nicht auf ihre Mühlen. Im Dunkeln mühte ich mich, ohne auszurutschen, aus dem glatten rot-weißen Stoffgebirge und ließ die Fahne, wo sie war.

Florian sollte nur gleich am nächsten Morgen sehen, dass er seine Aufgabe vergessen hatte und Tobias für ihn eingesprungen war.

Ich war absolut aufgezehrt von dem Tag. Erneut blieb ich ungewaschen und die Zeit für mich war viel zu kurz gekommen. Außer einer Stunde am See hatte ich ohne Pause gearbeitet, und dennoch blieb das Gefühl, nur die Hälfte aller Aufgaben erfüllt zu haben.

Ich weckte Florian und schob ihn die Stiege hinauf ins Bett. Wieder waren bei beiden keine Zähne geputzt, und als ich ihm aus seinen Kleidern half, hielt ich mühsam die Tränen zurück. So konnte das nie und nimmer weitergehen. Ich fühlte mich rettungslos überfordert und an meinen Grenzen angelangt. In meinem Zimmer rollte ich mich angezogen auf dem Bett zusammen und weinte bitterlich. Jetzt war ich diejenige, die am liebsten noch in der Nacht bis zum Zug gelaufen wäre, um über den Brenner nach Deutschland zu fahren. Mich quälte unendliches Heimweh. Selbst dass rings um mich eine milde Frühlingsnacht war, tröstete mich nur schwach. Ich sehnte mich nach meinem Garten. Ich war trübselig und weinte um alles. Um meine Familie, meinen Sohn in Australien, den ich nun schon so lange nicht gesehen hatte, wie nie zuvor im Leben, und um Verena, meine Tochter, die mich besuchen wollte, aber das war ja noch so weit weg. Es gelang mir nur zögerlich, mich wieder zu beruhigen, aber ich musste ja noch einmal aufstehen, unten die Türen verschließen und nach dem Herd und den Kerzen sehen. Müde raffte ich mich auf und ging mit dick verweinten Augen durch die leeren Stuben.

In den Fenstern stand ein maßloser Sternenhimmel. Ich schloss die Haustür wieder auf und legte mich draußen auf den Tisch. Stern reihte sich an Stern, und je länger ich nach oben schaute, umso tiefere Schichten von Himmelslichtern entdeckte ich. Über mir wand sich in einem breiten Band die Milchstraße, deren dicke Gestirnmasse wie zusammengeschobener Schnee am Himmel lag. Es war so abgrundtief, unendlich dunkel um mich, dass die Finsternis nach mir zu greifen schien. Außer den immer wieder in eine Richtung über die Alm fliegenden Flugzeugen mit ihren roten Positionslampen war kein Hinweis auf künstliches Licht und menschliches Leben weit und breit zu erkennen. Zögerlich erfasste mich die Ruhe, die ich mir für meine Zeit im Gebirge so oft gewünscht hatte. Das Holz unter mir war noch wohlig warm vom Tag. Erst als ein Schaudern über meine von der Sonne aufgeheizten Arme lief, stand ich endlich auf, sperrte die Tür hinter mir ab und stieg wieder in meine Kammer.

An diesem Abend gönnte ich mir Licht. »Mit der kannscht ja das ganze Tal ausleuchten«, hatte Dette entsetzt gerufen, als ich meine Akkulampe auspackte. Jetzt verbreitete sie ihre Helligkeit in meinem Zimmer und ließ es mitsamt der schäbigen Einrichtung wohnlich wirken.

Am schönsten waren die Wände, die aus einfachen Brettern in hellem Holz ineinandergesteckt waren. Mit ihrer Maserung und den vielen kleinen Astlöchern sorgten sie für ein lebhaftes Bild, das ganz im Wechsel zu der aus groben Stämmen gehauenen freien Dachkonstruktion über mir stand. Zum Flur hin waren die Kammern oberhalb der Tür über die gesamte Zimmerbreite offen. Eine Bauweise, die ich gewöhnungsbedürftig fand und deren Sinn sich mir nicht erschloss. Jedes Wort aus den anderen Zimmern war zu hören, jede Bewegung eines Schlafenden, aber auch die Geräusche aus der genauso gebauten oberen Toilette. Umgekehrt fühlte man sich nie allein, und für mich war es beruhigend, das gleichmäßige Atmen der Kinder neben mir zu hören, wenn ich mich wie an den meisten Abenden viel später als sie zum Schlafen legte.

Die einzige Zierde der Wände war ein altes herausgerissenes Kalenderblatt, das eine winterliche Dolomitenlandschaft zeigte.

Neben dem Eingang hing, wie an jeder Tür des Hauses, ein kleines Weihwasserbecken mit dem Bild einer typisch südländisch, übertrieben herausgeputzten Madonna. »Lourdeswasser« war nach eigenem Bekunden das Erste, was Dette einpackte, wenn der Schnee im Tal schmolz und sich ein neuer Frühling ankündigte. Sie selber war nie in Lourdes gewesen, aber irgendein Begnadeter fand sich immer, der die weite Reise antrat und ihr diesen gesegneten Quell, dem sie das Heil der Welt zuschrieb, mitbrachte. Unser Vorrat befand sich, ganz unheilig abgefüllt, in einer zwei Liter fassenden Fanta-Flasche aus Plastik und stand unwürdig in der an die Küche grenzenden Speisekammer zwischen Öl und fettigen Bratpfannen. Immer, wenn das Wasser in den Kesselchen verbraucht oder verdunstet war und sich ein schwarzer Belag auf dem Boden zeigte, schrie Dette »Aschermittwoch«, und sofort musste eines der Kinder mit der Fanta-Flasche durchs Haus ziehen und die kleinen Gefäße auffüllen.

Nur ausnahmsweise verließen die Buben morgens das Haus, ohne flüchtig in das Becken zu langen und sich schon halb unterwegs ein Kreuzzeichen auf die Stirn zu schlagen. Am Abend galt ihr letzter Weg, nach einem prüfenden Blick über die Nachtweide, grundsätzlich dem Weihwasserbecken neben der Haustür. Die Kinder bekreuzigten sich, murmelten ein kurzes Gebet und zeichneten sich gegenseitig ein Kreuzzeichen auf die Stirn. Anschließend kamen sie zu mir an den Tisch. Auch ich bekam mit nassem Finger von jedem das Symbol auf die Stirn und meine Hirten wünschten mir eine behütete Nacht. Das war eine rührende, ungemein versöhnliche Geste, die mir neu war und die einen oft steinigen Tag mit rauem Umgang für diese Gegend ungewohnt zärtlich ausklingen ließ.

Das Kalenderbild und die Madonna waren der einzige Schmuck des Zimmers, das ansonsten aus den ausrangierten Möbeln einer Jugendherberge bestand. Jahrgänge von Kindern, längst erwachsen, hatten die Innenseite des Kleiderschranks mit Texten und Skizzen versehen. Namen, Adressen und Telefonnummern sollten dem anonymen Kennenlernen dienen, und auf jeder Tür gab es Zeilen, in denen dieser oder jener seine Aufenthaltszeit in der Unterkunft von dann bis dann verewigt hatte. Ob Carmen immer noch Bertram liebte, war eine hier nicht mehr so ohne Weiteres zu klärende Frage. Und dass Susi bis heute unter dieser

Festnetznummer zu erreichen sein wollte, wagte ich zu bezweifeln. Dazwischen tummelten sich schlüpfrige Zeichnungen, und ein längst vergessener »Kilroy was here« beobachtete angeblich weiterhin alles.

Ein Stockbett war an den vertikalen Pfosten auseinandergesägt und als Doppelbett nebeneinandergestellt worden, eingerahmt von den dazu passenden Nachttischen. Für mich hatte ich die linke Seite als Schlafplatz gewählt. Sie lag näher an der Tür, und falls ich nachts einmal rausmusste, schien etwas Licht durch das Fenster auf meine Hälfte. Verglichen mit der anderen Seite hatte ich mich gefühlsmäßig für die bessere der beiden lumpigen Matratzen entschieden. Mein Modell hätte gut im Laden den Namen »Joch« verdient, während die andere Unterlage eher dem »Tal« entsprach. Der Nachttisch am »Tal« quoll über von alten Zeitschriften und Micky-Maus-Heftchen, während meiner bis auf einen Kerzenstummel leer geräumt war. Dies hatte ich als Hinweis darauf gewertet, wo mich die Bauersfamilie gedanklich ablegen wollte, und mich auch daran gehalten.

In Dettes Vorstellung bewohnte ich mit Abstand das schönste, weil modernste Zimmer. Die anderen Räume waren mit nach ihrer Ansicht altem Plunder bestückt – mit bemalten Bauernmöbeln, die schon vielen Geschlechterfolgen gedient hatten. Das eine Zimmer war sogar noch komplett mit Wiege ausgestattet. Die anderen im Dorf hätten den unnützen Krempel an irgendwelche Sammler aus den Städten schon los und seien jetzt alle schick möbliert. Nur zu ihr sei keiner nie nicht heraufgekommen und habe ihr Geld geboten. Ein ungerechtes Schicksal, das immer wieder laut beklagt werden konnte. Jeder Versuch meinerseits, sie vom Wert der alten Möbel zu überzeugen, scheiterte kläglich, und ich war mir sicher, dass der erste Händler, der hier auftauchte, die schönen Stücke nachgeworfen bekäme.

Der Rest der Einrichtung bestand aus einem Stuhl, eingequetscht zwischen Tür und Schrank, auf dem ich meine Waschutensilien und mein Handtuch über der Lehne untergebracht hatte. Den Boden zierten drei verblichene pastellfarbene Badezimmervorleger, deren Frottee schon bis auf das Geripppe abgetragen war. Mich schauderte es, als ich sie zum ersten Mal sah. Badematten und Hotelteppiche waren mir von jeher suspekt und gleich nach meiner Ankunft hatte ich auf meiner Schlafseite für Ordnung gesorgt und den Fetzen unter das Bett verbannt. Darunter kam der schöne Dielenfußboden zum Vorschein, den ich ohne jeden Gedanken an Fußpilz getrost barfuß betreten konnte.

Den wenigen Dingen, die ich mithatte, gelang es nur spärlich, dem Raum etwas Persönliches zu geben. Mein angefangenes Buch, Fotos und der Wecker passten nur auf den Nachttisch, und damit war der Platz für Privates, bis auf ein Bord über meinem Kopf – wie in einem Krankenhaus –, auf eine winzige Fläche reduziert.

Das weitläufige Haus, dessen Größe mich anfangs überraschte, hatte Johann, Hoferbe und geschickter Handwerker, weitgehend allein erstellt. Jedes Stück Holz war in den eigenen Wäldern gewachsen, gefällt und bearbeitet worden und hatte an diesem Platz seine vorerst letzte Bestimmung gefunden. Das Werk konnte sich sehen lassen, und seit fünf Jahren mussten die Kernerleute die Almzeit nicht mehr in der alten, rußgeschwärzten Hütte verbringen.

Wenn es auch inzwischen ein Bad mit Toilette, fließendes Wasser, helle Wände, zwei große Stuben und fünf Zimmer mit Betten gab, trauerte Dette doch immer wieder den alten Zeiten nach. In ihrer Erinnerung war alles verklärt. Das Schlafen im Heu über dem Stall und das Leben in der winzigen Stube mit bis zu zwölf Personen, die ihr karges Mahl täglich aus einer Schüssel aßen: die Erwachsenen am Tisch und die Kinder gemeinsam aus einem Napf auf dem Boden. Einmal sei ein Kind am Abend übermüdet eingeschlafen und mit dem Gesicht in den heißen Brei gefallen. Zur Behandlung seiner schweren Verbrennungen sei außer Melkfett nichts da gewesen – und das habe ja auch gereicht. Jeder Eimer Wasser musste an der Quelle geholt werden und oft seien ihr die Kinderwindeln über Nacht auf der Leine gefroren. An alles musste man gedacht haben, wenn es im Frühling mit den Tieren und der großen Familie auf den Berg ging. Kein Auto, das Vergessenes brachte, kein Telefon für Notfälle, und für das, was fehlte, lief man Stunden ins Tal und wieder zurück.

Dette hatte recht, wenn sie sagte, dass wir keinen Schimmer davon hatten, wie streng das Leben damals war, und die Kinder und ich folgten immer wieder ungläubig ihren Ausführungen.

Ihr Leitsatz »Geht alles« hatte sich unverrückbar in diesen Nöten gebildet und trug Dette dank ihres eisernen Willens durchs Leben. Sie war in diese Welt hineingeboren und kannte es nicht anders. Alle Aufgaben hatten ihren Sinn, alle Arbeit musste bewältigt werden und jedes Schicksal wie Krankheit oder Tod war klaglos anzunehmen. »Gottes Wort kennt kein Warum.« So einfach war das.

Ich nahm den Spiralkalender einer Sparkasse, den mir eine Freundin mitgegeben hatte, aus meinem Nachttisch und strich mit einem dicken Kreuz den heutigen Tag aus. Morgen war Sonntag und ich hatte die erste von zwölf Wochen hinter mir. Morgen war Sonntag und die Bauersfamilie kam auf die Alm, um mir zu helfen. Morgen war Sonntag und vielleicht mehr Zeit für mich. Ich würde wandern können und die Gegend erkunden, alle würden geduscht sein, und die Kinder dürften sich ausruhen. Sie hätten die Tiere nur bis zur Sonntagsweide getrieben, die sie von der Terrasse aus einsehen konnten. Es würde etwas Gutes zu essen geben und vielleicht kämen die Eltern der Buben auf die Alm, um mich kennenzulernen.

Ich löschte das Licht und schlief mitten im Nachtgebet ein.

Walsche bedien' ich nicht oder Wie heißt deine Spülmaschine?

Die Sonne war eben aufgegangen, als sich Dette laut singend nebenan in der Vorratskammer zu schaffen machte. Wie war sie ins Haus gekommen? Nun verstand ich, warum der Haustürschlüssel nachts immer abgezogen gehörte und in die Tischlade gelegt werden sollte. Dette hatte einen zweiten Schlüssel und konnte so jederzeit bei uns hereinschneien. Ihr gutes Recht, dachte ich, zog mir mein Kissen über die Ohren und versuchte, wieder zu schlafen. Doch direkt neben meinem Zimmer wurde Knödelbrot aus Säcken geholt und aus der Truhe Mehl geschaufelt, lauthals untermalt von frohen Liedern. Jetzt rief Dette nach den Buben und drängte sie zum Aufstehen. Das durfte doch alles nicht wahr sein. Der Schürhaken scharrte im Ofen, Töpfe klapperten, und es roch nach Essen.

Gequält stand ich auf und weckte die Kinder. »Aufstehen. Dette ist da und hat schon nach euch gerufen.« Die Kinder sprangen in ihre Kleider und schauten mich verstört an. Florian murmelte irgendein italienisches Schimpfwort, das sich für mich wie »puttana« anhörte, und eilte hinter Tobias die Treppe hinunter. Minuten später dröhnte das Aggregat über unsere sonntägliche Alm. Ich war gereizt. Warum fing der Sonntag noch viel früher an als jeder andere Wochentag?

Ich zog mich an und ging nach unten. Dette war nirgends zu sehen und so konnte ich mich ungestört umschauen. Von meiner aufgeräumten Stube des Vorabends war nichts mehr zu erkennen. Es gab kein Eckchen mehr, in dem sie sich nicht ausgebreitet hatte, und überall sah es nach Arbeit aus. Eine waschschüsselgroße Schale voll eingeweichtem Knödelbrot klemmte zwischen zwei zusammengeschobenen Stühlen. Eier, Schnittlauch und gewürfelter Speck standen daneben, und was nicht mehr auf den Tisch gepasst hatte, lag verstreut darunter. Auf dem Herd, den ich gestern so schön gewienert hatte, brodelte ein Topf mit Gulasch, in dem immer wieder große Blasen zerplatzten, auf die heiße Herdplatte sprangen und stinkend verbrannten. Über dem Wasserschiff hing eine Schüssel mit Hefeteig, der die Wärme zum Aufgehen nutzte und über den Rand zu quellen drohte. Der Küchentisch war mit fertig ausgeformtem Brot bedeckt, das darauf wartete, in den

Backofen zu kommen, während Schaufel und Besen in der Ecke lehnten und neben einem Eimer mit dampfendem Putzwasser zur Arbeit riefen. Zwischen all dem Durcheinander stand ein Korb frischer Wäsche, darauf ein Stoß blütenweißer Schürzen, die über der Taille mit Edelweiß und Enzian und dem Schriftzug »Kerneralm« bunt bestickt waren.

Jetzt kam Dette mit der vollen Holzkiste unter dem Arm durch die Türe gerannt. »Hoi, bischt scho auf. Hättscht gut noch länger schlafen können«, war ihre einzige Begrüßung. Schwer schnaufend zog sie sich einen Stuhl heran und knallte die Kiste darauf. Mir blieb die Spucke weg. Wie man bei so einem Lärm, dem Geklapper und Motorengedröhne, schlafen sollte, war mir schleierhaft. Es war noch lange bis sechs und es ging schon zu wie in einer Hotelküche vor dem Staatsbesuch.

»Gut dascht da bischt, kannscht glei sehen, wie man die Butter macht«, rief sie in Vorfreude auf diesen in Bälde zu erwartenden Hochgenuss, die erste Almbutter dieses Sommers. Sie stürmte wieder hinaus, ohne mit einem Wort auf meine Frage einzugehen, für wen das alles sei. Müde blickte ich ihr nach, wie sie flotten Schrittes verschwand, um gleich darauf mit unserer gesammelten Sahne im Topf wiederzukommen.

Jetzt erst merkte ich, dass auch in der alten Hütte der Herd an war und Qualm aus dem Schornstein drang. Sollte wirklich, zusätzlich zu dem bereits jetzt ausufernden Treiben drüben in der Küche, der erste Käse gekocht werden? Mein schöner Sonntag, auf den ich mich so gefreut hatte, würde allem Anschein nach anders ablaufen, als von mir geplant, und ich konnte einen dicken Kloß im Hals nur schwer unterdrücken.

Ich ignorierte das Tun um mich herum, kochte Kaffee und deckte den Frühstückstisch. Dette werkelte unverdrossen und sang immer wieder das dämliche Lied vom »bisschen Haushalt«, der doch angeblich »kein Problem« war, vor sich hin.

Draußen ging das Aggregat aus und die Buben kamen vom Melken herein. Die Woche in der Sonne hatte ihre Haut golden gefärbt und Schweiß und Staub zeichneten sich darauf ab. Ein säuerlicher Geruch nach alter Milch, Kuhmist und Heu ging von ihnen aus und vermengte sich mit den Gerüchen der erwachenden Küche.

»Nach dem Frühstück geht ihr sofort duschen und zieht frische Sachen an«, verkündete ich entschieden.

»Erst müssen die Kühe raus und der Stall muss gemistet werden«, mischte sich Dette ein. »Und Florian hilft mir beim Treiben. Duschen läuft nicht davon, der Rest schon.«

Wer hatte jetzt eigentlich das Sagen? Meine Aufgaben waren mir von der Agentur für freiwillige Almhelfer eindeutig beschrieben worden. Ich war hier die Sennerin für einen Sommer. Ich sollte für die Kinder da sein, sie bekochen und Butter und Käse nach Anleitung zubereiten. Die Bauersfamilie hatte diese Hilfe beantragt, weil die Bäuerin sich um ihren kranken Mann kümmern musste und deshalb die Alm nicht mehr allein bewirtschaften konnte. Der Antrag war bewilligt worden und man hatte mich in Südtirol vermittelt. Das stand schwarz auf weiß in meinen Unterlagen. Ich brauchte die Papiere nur aus meiner Stube zu holen.

Ich wiederholte meine Anweisungen in leicht abgeänderter Form. »Nach dem Frühstück wird gemistet und dann sofort geduscht.«

Einen weiteren Aufschub wollte ich auf keinen Fall mehr dulden. Auch ich selbst stand vor Dreck, meine Haare stanken, und von der täglichen Katzenwäsche mit dem eiskalten Wasser hatte ich genug. Die Bäuerin schwieg, schluckte aber ihren Ärger hinunter. Am frisch gedeckten Frühstückstisch sammelte Dette die sauberen Teller von sich und den Kindern wieder ein und stellte sie zurück in den Schrank. »So vornehm sind wir net, als dass wir uns jeden Tag waschen müssten und Teller bräuchten. Muscht nur auch noch spülen«, entfuhr es ihr. »Wie im Hotel«, zischte sie hinterher. Ich schwieg, aß als Einzige mit Vergnügen von einem Teller, und gedachte, gleich nach dem Frühstück, sobald die Buben draußen waren, wichtige Grundsatzfragen mit Dette durchzunehmen. Beim Abspülen sprach ich sie an. Der Fall war schnell abgehandelt. »Selbstverständlich bischt die Sennerin«, raunte sie mir zu. »Zwei Sennerinnen braucht's net, die das Sagen han, da isch eine zu viel.«

Na, dann war das schon mal geklärt. Nur das »Wann i da bin, bischt's net«, was deutlich hinter ihrer Stirn geschrieben stand, verschwieg sie, und ich überhörte bewusst jeden Unterton.

Die Buben hatten ihre Arbeit getan, und ich verschwand mit Tobias im Bad, um mir den Gasboiler erklären zu lassen. Die Sache war einfacher als gedacht. Nach einem einzigen Fehlstart verflog meine anfängliche Vorsicht und ich beherrschte die entscheidenden Handgriffe. Herrlich heißes Wasser plätscherte aus dem Hahn und ich freute mich, dass ich die Dusche zukünftig in Gebrauch nehmen konnte, wann immer ich wollte. Gar nie nicht würde ich noch einmal eine Woche ungeduscht und mit ungewaschenen Haaren herumlaufen.

Ich wusch mich lange und genoss es ausgiebig, das weiche Wasser auf meiner Haut zu spüren. Durch die Wand hörte ich Dette schimpfen. »In der Zeit und mit dem vielen Wasser kannscht halb Südtirol waschen«, meckerte sie, um gleich darauf wieder zu singen. Eigenartig, zwischen lauthals Schimpfen und lauthals Singen vergingen oft nur Sekunden, und ich wusste nur selten, woran ich war.

Ich wickelte mich ins Handtuch und ging wieder in mein Zimmer. Es dauerte ewig, bis ich meine langen Locken entzaust hatte, und ich zog dicke Büschel ausgefallener Haare aus der Bürste. Bei dieser einseitigen Ernährung war das auch kein Wunder. Als Nächstes fallen dir dann die Zähne aus, bildete ich mir ein. Wer mich auch immer von »draußen« besuchte, musste mir Vitamintabletten mitbringen, sonst schleichen sich hier noch Mangelerkrankungen ein, und am Ende bekommt man Skorbut. Seit Langem cremte ich mich mal wieder ein, und es war seltsam zu sehen, wie meine schon dunkel gebräunten Hände über helle Haut glitten. Gesicht, Hals, Arme und Beine schauten aus, als ob sie einer anderen Person gehörten, so krass unterschied sich die Farbe des Rumpfes bereits jetzt vom restlichen Körper.

Durch mein Fensterchen schien die Morgensonne ungehindert auf beide Betten, und ich platzierte mich geschickt über die Fußenden, um den weißen Stellen meines Körpers auch ein paar Sonnenstrahlen zukommen zu lassen. Bei diesen Lichtverhältnissen konnte ich auch ohne Stirnlampe im Zimmer lesen, und ich vertiefte mich, so gut es ging, in mein Buch.

Irgendwoher war ein Kofferradio aufgetaucht, aus dem ein Gottesdienst übertragen wurde, den Dette jetzt mit Gesang und Gebet unüberhörbar begleitete, ohne dabei die Arbeit zu unterbrechen.

Von unten drangen fremde Stimmen herauf. Das Radio spielte jetzt Volksmusik und ich hörte Dette lachen. Widerwillig zog ich mich an und stieg die Stiege hinab. Im Flur lehnten Rucksäcke an der Wand und die laute Stimmung tönte mir entgegen. Als ich den Raum betrat, war jeder Platz besetzt, Tische und Stühle aus dem Nebenzimmer waren aufgestellt und Dette wirtschaftete in der zur Stube hin offenen Küche. Die Buben waren eifrig dabei,

Getränke auszuschenken, und Dette nahm Bestellungen entgegen. Irgendwann hatte sie sogar Zeit gefunden, sich saubere Sachen anzuziehen, und über einem bescheidenen Sonntagsstaat strahlte jetzt die reich bestickte Kerneralm-Schürze.

Wünsche nach Nudeln, Gulasch mit Speckknödeln, Kaspress-knödel, Speckknödelsuppe, Krautsalat und Kaiserschmarren wurden aufgenommen, und die heimischen Spezialitäten waren hier offensichtlich die lange entbehrten Renner.

Dette warf mir die gleiche Schürze zu und rief: »Koch viermal Spaghetti, der Sugo ischt im Glas.« Ich entdeckte ein Einmachglas mit Bologneser Soße neben dem Herd und machte mich ans Werk. Obwohl kein Scheit mehr ins Schürloch gepasst hätte und die Platte glühte, dauerte es ewig, bis auf diesem Herd das Wasser zu kochen anfing, und noch viel länger dauerte es, bis die Nudeln gar waren.

Die Spaghetti waren in einem durchsichtigen, viele Kilo fassenden Sack, und ohne Waage ging es rein nach Gefühl, die richtige Menge für vier Leute abzuschätzen. Inzwischen saßen auch auf der Terrasse etliche Wanderer, und wir hatten alle Hände voll zu tun, die Gäste zu bewirten.

Die Essenszeit der Buben war lange vorüber, überall türmten sich schmutziges Geschirr und Gläser, aber Dette schien in ihrem Element. Sie hielt Hof, lachte, kannte jeden und war nach dem, was ich unter großer Mühe den Gesprächen entnehmen konnte, mit fast jedem verwandt. Ich half, so gut ich konnte. Kochte, servierte, schenkte Getränke aus und versuchte, das Chaos zu begrenzen. Draußen hielt ein Auto und eine Frau entstieg mit ihrem Mann und zwei Kindern dem Wagen. Sie kamen herein und ich wurde knapp Dettes Tochter Doris vorgestellt. Sie überragte ihre Mutter um fast einen halben Meter. Bis auf die Haare und die Stimme war eine Ähnlichkeit nicht unbedingt auszumachen. Die Wahl ihrer Kleidung und ihres Schmucks sollte der einer Städterin angepasst sein und ging doch gründlich daneben. Himmelblaue Capri-Hosen und ein rosafarbenes Rüschen-Shirt bildeten einen harten Kontrast zur Almhütte und wirkten unfreiwillig komisch.

»Das ischt die Sibylle, die neue Helferin.«

Hätte ich keine Hand zur Begrüßung ausgestreckt, hätte ich keine bekommen, und auch die Kinder nahmen keine Notiz von mir. Stattdessen verlangte das etwa neunjährige, dunkelhaarige Mädchen, das Laura gerufen wurde und gewollt ähnlich gekleidet war wie die Mutter, beharrlich nach Kaiserschmarren von der Oma. Der jüngere Hubert, ein auffallend schwächlicher Junge, saugte an einem unansehnlichen Schnuller, lugte mürrisch hinter seiner Mutter hervor und schlüpfte bei der erstbesten Gelegenheit nach draußen.

Lustlos und träge begann Doris, zunächst ihrer Familie und dann den Buben Essen zu richten. Laura und die Jungen bekamen Kaiserschmarren, während Oskar, Doris' Mann, eine gewaltige Portion Gulasch mit Speckknödeln verdrückte, auf die meine Hirten neidvoll schielten. Heute, am Sonntag, hätte ich ihnen nach einer Woche fast ausschließlich mit Mehlspeisen einmal Fleisch gegönnt. Hubert war wieder hereingekommen und schrie unverständliche Laute vor sich hin. Anscheinend ging es um ein anderes Essen, das weder Gulasch noch Kaiserschmarren hieß. Auch ohne Schnuller in seinem Mund verstand ich kein Wort. Das galt aber nicht für die restliche Familie, denn in all dem Trubel begann Doris damit, ihm Käsespätzle frisch zuzubereiten. Jeder aß, wo er einen ihm genehmen Platz fand, keiner wartete auf den anderen. Meine Bemühungen der ersten Tage, den Kindern die Grundbegriffe von einer Tischgemeinschaft zu vermitteln, wurden unterwandert.

Dette aß im Stehen und immerzu zwischendurch, und es schien keine Minute zu vergehen, in der sie nicht irgendetwas im Mund hatte. Selbst vor Essensresten der Gäste schreckte sie nur manchmal zurück und übrig gebliebene, längst erkaltete Spaghetti und angebissenes Brot verschwanden unversehens in ihr. »Alles sagt, friss mi, friss mi, friss mi zu mir«, rief sie fröhlich, »und dann muss es in mich hinein.«

Mich fragte keiner, was ich essen wollte. Es grauste mich vor allem. Vor den abgefressenen Tellern, den vielen Töpfen, in denen an diesem heißen Tag ungekühltes Essen herumstand, und den immer lauter werdenden Gästen. An vielen Tischen war die Mahlzeit beendet. Die Teller wurden beiseitegeschoben, die Spielkarten ausgepackt und bis auf die Kinder vertieften sich die meisten ins Watten. Ich kümmerte mich um niemanden und begann, mich durch die Berge von Abwasch zu ackern. Während der Arbeit lauschte ich den immer lauter werdenden Gesprächen und versuchte, möglichst viel zu verstehen.

Keine Frage, vor lauter Neugierde auf die neue Sennerin war heute das Dorfvolk heraufgelaufen, und jeder, der nur irgend konnte, hatte sich auf den Weg gemacht. Das Wort Wette fiel mehrfach, und es ging, leicht erkennbar, um ordentliche Beträge, die auf meinen Kopf ausgesetzt waren und die Länge meines Aufenthalts auf dem Berg betrafen.

Menschen kamen und gingen und das dreckige Geschirr nahm jede freie Fläche in Beschlag. Die Hitze war unerträglich, aber ständig musste nachgeschürt werden, um genügend heißes Wasser für den Abwasch zu haben. Von dem langen Stehen an der für mich viel zu niedrigen Spüle schmerzte mein Rücken und ich sehnte mich nach einer Pause. Immer wieder unterbrachen Dette oder Doris ihr Kartenspiel, um zu bedienen oder zu kassieren. Letzteres geschah ohne Zweifel lieber als Ersteres, und die Freude über ihre Einnahmen war ihnen ins Gesicht geschrieben. Der große Kellnerinnengeldbeutel war prall gefüllt und zweimal verschwand Dette mit den Scheinen in ihrer Kammer.

Eine Gruppe Wanderer hatte sich auf der Terrasse niedergelassen und wartete auf Bedienung. Als draußen italienische Stimmen laut wurden, rührte sich keiner von seinem Platz und jeder vertiefte sich in seine Karten. Minuten vergingen. »Das sein Walsche«, rief Dette mir zu. »I steh net auf. Kannscht selber gehen und fragen, was die wollen.« Mir fehlten sämtliche Worte. Dass mit den »Walschen« die hier oben so wenig geliebten Italiener gemeint waren, hatten mir die Buben schon gleich zu Anfang der Almzeit erklärt, und ich hatte mir einen Abend lang den Mund fusselig geredet, um ihnen zu erklären, dass sie laut ihrem Pass selber Italiener seien.

»Mir sein Deutsche, das hörscht doch«, war die unmissverständliche Antwort.

»Da liegt sogar noch ein Land dazwischen«, versuchte ich es erneut.

»Das sein auch Deutsche, scho wegen der Sprach.«

Auch mein Beispiel, dass einer von ihnen sich vielleicht einmal in eine schöne Italienerin verlieben würde, erntete nur Hohn und Spott. So wie anderen aus dem Dorf, besonders närrischen Weibsleut', die ihr Glück an irgendeinen hergelaufenen Italiener gehängt hatten, werde es ihnen wahrlich niemals ergehen. Die brauchts sich nämlich für allezeit nie mehr im Dorf blicken zu lassen und auszuheulen, wenn die Liebe, wie vorhersehbar, zerbrochen war.

Ich hatte das Gespräch für diesen Abend beendet und mir fest vorgenommen, an diesem Thema noch einmal zu arbeiten, aber das Verhalten heute hatte doch eine neue Qualität. Dass jetzt auch die Erwachsenen ihre Feindschaft zu Italien laut aussprachen, ging meines Erachtens zu weit. Ich stellte mich taub und spülte ab.

»Hascht mi net gehört?«, rief Dette erneut.

»Ich habe dich schon verstanden«, versuchte ich, besonders freundlich zu bleiben. »Du musst schon selber gehen, so gut ist mein Italienisch nicht, als dass ich die Bestellung verstehen kann.«

Dette kochte vor Wut und schnauzte Florian an, sofort draußen bedienen zu gehen. Gezwungenermaßen legte er die Karten aus der Hand, stand auf und kümmerte sich mit Todesverachtung um die wartenden Gäste. Demonstrativ langsam schenkte er die bestellten Getränke in die Gläser ein und brachte sie nach draußen. Die Italiener hatten ungeniert ihr eigenes Essen aus den Rucksäcken ausgepackt und ließen es sich schmecken. Genau über ihnen an der Hüttenwand hing ein halb verwittertes, aber doch noch lesbares Schild auf Deutsch und Italienisch, worauf stand, dass der Verzehr von selber mitgebrachten Speisen auf unserer Terrasse verboten war.

Dette schimpfte vor sich hin. »Typisch Walsche, bestimmt lassen sie auch wie immer ihren Müll da«, keifte sie in ihre Karten, bequemte sich aber keinen Millimeter aus der Bank, um nach draußen zu gehen und dort Dampf abzulassen. Die Luft knisterte, und das Gewitter entlud sich Minuten später, als einer der Dörfler seine Karten aus der Hand legte und Dette fragte: »Wie heischt eigentlich deine Spülmaschine? Ist das am End auch eine Walsche, weil's nix red?«

Diesmal hatte ich genug verstanden. Hämisches Gelächter brach aus. Jemand stieß vor Lachen an den Tisch, Gläser klirrten und Weizenbier ergoss sich über den Boden. Dette und Doris konnten sich beinahe nicht mehr fassen, Tränen liefen über ihre Wangen, und wenn sich ihre Blicke trafen, prusteten sie erneut los. Tobias hatte sich vor Lachen auf die Bank fallen lassen und hinter sich den Vorhang aus der Schiene gerissen. Gequält drehte ich mich von der Spüle um und blickte in den Raum. Das Bild, das sich mir bot, hätte jedem beliebigen Bauerntheater alle Ehre gemacht und für einen Atemzug war ich nur Zuschauerin in dieser Schmierenkomödie. Voller Empörung rannte ich zu dem Wortführer, riss mir die Schürze vom Hals und knallte sie ihm vor die Füße.

»Du Arschloch«, brach es aus mir heraus, »die Spülmaschine heißt Sibylle – und, die geht jetzt.«

Das rettende Bankerl oder Berge in Flammen

Ich zerrte meine Jacke und das Fernglas vom Haken und rannte aus der Hütte. Meine Füße folgten dem nächstbesten Pfad. Blindlings stolperte ich über die Wiese und den Abhang hinunter. Vorbei an Kuhtränken waren in weitem Abstand Steine rot-weiß markiert und wiesen mich auf einem mir bis dahin unbekannten Weg bergauf. Scharfe, vertrocknete Almgräser streiften meine Füße und schnitten unblutige Wunden. Wieder war ich Hals über Kopf davongelaufen und wieder nur in Sandalen unterwegs. Tief durchatmend versuchte ich, mich zu beruhigen. Als die Alm außer Sichtweite lag, und ich auch die Tiere nur noch von fern hören konnte, verlangsamte ich meinen Schritt. Der Weg hatte mich auf der anderen Seite der Bergkuppe ein Stück ins Tal geführt und gab nun einen ungehinderten Blick auf die Landschaft unter mir frei.

Hohe, still graue Felsen, die im oberen Bereich unter riesigen, mit Schnee bedeckten Feldern lagen, säumten die Aussicht auf einen wolkenlosen Himmel. Tannengrüner Wald trennte weit entlegene Almwiesen von einzelnen Gehöften, die sich an manchen Stellen zu kirchenlosen Weilern zusammengerottet hatten. Entfernt unter mir lag die kleine Stadt, in der ich vor nur wenigen Tagen meine letzten Einkäufe wie Briefmarken und Handykarte erledigt hatte. So weit weg von hier schien es mir ewig her und eingebildet, jemals dort unten gewesen zu sein. Autoscheiben glänzten auf einer Landstraße in der Sonne und ein kurzer, bunt angemalter Zug schob sich auf einen Bahnhof mit vielen leeren Gleisen.

Dort wäre das Ende meiner Reise gewesen, wenn ich, wie ursprünglich geplant, von Deutschland aus mit der Bahn gekommen wäre. Da müsste ich auch hin, falls ich es nicht aushalten könnte und die Alm vorzeitig in Richtung Heimat verlassen würde. Der Weg müsste dann irgendwie auch mit Sack und Pack zu bewältigen sein, und der Anblick des Bahnhofs, wenn auch dermaßen weit entfernt, tröstete mein unruhiges Herz.

Mein Atem wurde ruhiger, und als vor mir eine kleine Bank auftauchte, ließ ich mich abgehetzt darauf nieder. Gedanken jagten durch meinen Kopf. Es gelang mir nur langsam, mich neu zu ordnen. So wie bisher konnte das Miteinander hier keineswegs bleiben, sonst war mein Einsatz verlässlich zum Scheitern verurteilt. Eine freiwillige Magd, die einen Sommer lang bei knapper Kost gehalten und dabei noch zum Gespött gemacht wurde, konnten die sich woanders suchen. Ich beschloss, morgen die Agentur anzurufen, um die Situation zu schildern und zu klären, wie es weitergehen sollte.

Zu meiner großen Genugtuung hatte ich diesmal nicht geweint, weder für mich allein noch vor den Deppen in der Hütte. Langsam verrauchte meine Entrüstung.

Meine Augen konnten sich nicht sattsehen an der Welt um mich herum. Ich kam mir vor wie das lustige Riesenkind im Märchen, das sich arglos ein lebendiges Bauernfuhrwerk mit Pferd und Wagen zum Zeitvertreib mit auf sein Schloss genommen hatte und nur schweren Herzens bereit war, das schöne Spielzeug unversehrt auf den Acker zurückzustellen. Alles wirkte so winzig unter mir, Häuser passten auf eine Fingerkuppe und weite Gebirgszüge in die flache Hand.

Die Bank, auf der ich saß, war hart und unbequem, aber einzelne Zigarettenkippen, leere Zigarettenschachteln unbekannter Marken und ein verblichenes Kondom unter einem Wacholderbusch wiesen darauf hin, dass es hier gelegentlich noch andere Menschen gab. Ich griff nach dem Fernglas und schaute mich um. Hoch über mir, auf meiner Talseite, arbeitete ein Mann allein an einem Weidezaun. Er war, wie viele hier, schon jetzt sonnengebräunt, und seine nackten Beine steckten in klobigen Bergstiefeln. Mit offenem Hemd und hochgekrempelten Ärmeln zeigte er einen muskulösen Körper, und mir drängte sich der Eindruck auf, dass diese Arbeit am Sonntag, genau oberhalb der Bank, eine exakt geplante Inszenierung war. Das konnte nur Sepp sein, der Nachbarsenner, vor dem mich meine Buben so gewarnt hatten. Er wusste bestimmt längst, wer neben ihm wohnte, und vielleicht hatte er darauf spekuliert, dass ich mich heute in meiner freien Zeit auf die schönsten Plätze der Alm zurückziehen würde. Mir war es recht und ich genoss die eingebildete Aufführung für einen Schauspieler und eine Zuschauerin auf einer prachtvoll dekorierten Freilichtbühne. Sein Hämmern durchdrang die Stille bis zu mir, und selbst, als er rückwärts mit einer Rolle Stacheldraht in den Händen zwischen den Zaunpfosten entlanglief, meinte ich, seine Schritte im Gras und das Knacken von Metall zu hören. Wie gut, dass ich ein Fernglas mithatte. So konnte ich ihn ungeniert beobachten und ihn so eher kennenlernen als er mich.

Hinter mir wehten Stimmen heran und ich drehte mich um. Ein paar der Kartenspieler machten sich auf den Weg ins Tal. Unzweifelhaft erkannte ich den Kerl mit der Spülmaschine an seiner Stimme wieder. Er war groß und stämmig. Unter einem braunen, verrutschten Toupet aus glattem, künstlichem Haar, das gleichmäßig über seinem Kopf hing, lief ihm der Schweiß den Nacken hinunter. Die Bank stand so nah an dem Trampelpfad, dass die vier, drei Männer und eine Frau, fast über mich drübersteigen mussten. Ich spürte ihre Blicke in meinem Rücken und blieb eisern sitzen. Als sie herankamen, verstummten ihre Gespräche, und einer nach dem anderen quetschte sich an mir vorbei. Ein Rucksack schob sich heran, seine harten Bänder waren zum Greifen nahe und streiften meinen Arm. Sie passierten meine Bank, eine unstete Fahne aus Schweiß, Kohlefeuer und Bier hinter sich herziehend. Nach wenigen Metern brach einer von ihnen erneut in dröhnendes Gelächter aus und spuckte auf den Boden. Auch die anderen lachten begeistert mit, und für einen Atemzug sah es so aus, als ob die Frau vor Lachen hinfallen würde. Sie strauchelte kurz, verhaspelte ihre Schritte und wurde im nächsten Augenblick von einem festen Männerarm hart nach oben gezogen.

Das Lachen ging in erbittertes Gezeter über, offenbar über den ihr zugefügten Schmerz. Üble Schimpfworte flogen durch die Stille und zwischen den zweien entwickelte sich ein hitziges Wortgefecht. Ich verstand keinen Ton, sah aber, wie der Mann die Hand erhob und der Frau mit einem Hieb drohte. Sie zuckte zusammen, duckte sich und wich dem Angriff gekonnt aus. Von all dem schienen die anderen ungerührt.

Einer der Kerle war bergab gelaufen und außer meiner Sicht im Wald verschwunden. Der Zweite hatte seine schmierige Hose aufgeknöpft, sich frontal zu mir umgedreht und erleichterte sich neben dem zankenden Paar ins Gras. Mit wässrigen Augen schaute er zu mir herauf und streifte sich mit einer kurzen, merkwürdig dicken, nur knapp die Mundwinkel erreichenden Zunge über die Lippen. Unvermittelt brach er sein Geschäft ab und verstaute sein tropfendes dunkles Glied in der offenen Hose. Ein feuchter Fleck breitete sich auf dem dünnen Hosenstoff aus und ein unverkennbarer Geruch nach Urin drang über die Wiese. Endlich setzten die drei ihren Weg fort und das anhaltende Gestreite verlief sich im Wald.

Ich blieb sitzen und schaute unbewegt auf die Stelle, wo sie verschwunden waren. Was tun, wenn einer von diesen Kerlen wirklich nachts raufkam und über mich herfiel? Viel zu weit, viel zu versoffen und viel zu feige, versuchte ich, mir einzureden. Allerdings nahm ich mir vor, in Zukunft abends gründlich abzuschließen und wachsam zu sein.

Hinter mir raschelte es und Florian kam außer Atem über die Weide gelaufen. »I dacht mir schon, dascht am Bankerl bischt. Kannscht wieder kommen. Sind alle weg zur Messe nach unten ins Tal.« Er wartete, bis ich mich aufgerafft hatte, und gemeinsam gingen wir zur Alm zurück.

Ich hatte den Anblick von Stube und Küche genau so erwartet und blieb nur kurz in der Tür stehen und schaute mich um. Das schmutzige Geschirr und die Gläser waren eilig auf einem der Tische abgestellt. Offene Flaschen standen angetrunken herum und auf dem erloschenen Herd türmten sich Töpfe und Pfannen. Eine Fliege war in ein Glas mit Wasser gefallen und ruderte haltlos darin herum. Das Radio spielte immer noch und in der Stube hing ein übler Geruch nach abgestandenem Bier, Käse und Vieh. Mein leerer Magen hob sich und instinktiv hielt ich mir die Hand vor den Mund. Ich lief zwischen den Tischen entlang, schaltete das Radio ab und öffnete weit die Fenster. Frische Abendluft strömte in den Raum und ließ mich nach dem sonnig-heißen Tag kurz vor Kälte zittern.

Ich zog meine Jacke über und machte mich ans Aufräumen. Die Kinder lagen, mit den Köpfen beieinander, im Winkel der Eckbank und schliefen. Ich schürte den Herd neu ein, spülte und trocknete ab und fegte Stube und Küche aus. Dann weckte ich die Kinder. Es war Zeit, die Tiere von der Weide zu holen, und gemeinsam machten wir uns auf den Weg.

Die Herde zog willig auf die Nachtweide und Kälbchen und Melkvieh verschwanden im Stall. Das Aggregat lief und ich wartete in der Abendsonne auf die erste Kanne Milch zum Zentrifugieren. Der Herd im alten Milchhaus war wieder erloschen. Dette hatte ihn in ihrem Gewurschtel vergessen – und das Käsemachen ebenfalls. Ich kochte uns Nudeln und wir aßen die Reste von Gulasch und Soße. Ausdrücklich war dieser Luxus nur für Gäste vorgesehen und ich hätte den Kindern wieder etwas anderes zu essen geben sollen. Mir war es nach diesem Tag einerlei, was die Bäuerin dazu sagte, von irgendetwas mussten wir ja satt werden.

Für den Abend hatten sich die Kinder etwas Besonderes für mich ausgedacht, und sie warteten sehnsüchtig darauf, dass es dunkel wurde. Als es im Haus endlich fast finster war, zogen wir uns an, und die beiden führten mich nach draußen. Ich durfte nur nach unten schauen, und an den mit Wanderzeichen bemalten Steinen erkannte ich den Weg in Richtung Bank. Dort angekommen, konnte ich sehen, was die beiden für ein Geheimnis gehütet hatten. Heute war der Sonntag nach dem Herz-Jesu-Fest und ringsum auf den Höhen und Hängen über den Dörfern brannten unzählige Feuer und tauchten das Tal in ein unwirkliches Licht. Die Gemeinden schienen miteinander zu wetteifern und hatten die Feuer zu gewaltigen Herzen oder Kreuzen aufgebaut. Entfernte Höhenzüge waren dicht an dicht mit kleineren Feuern bestückt, die sich wie eine flammende Perlenschnur am Grat entlangzogen. Betende Hände aus Licht streckten sich flehend dem Himmel entgegen und eine brennende Glocke erhellte die Nacht. Je dunkler es wurde, umso schöner leuchteten die Flammen, und immer wieder entdeckten wir neu entfachte Stellen. Es wurde kühl, und wir drei rückten auf der kalten Bank dicht zusammen und machten uns erst auf den Weg zum Haus, als die Flammen erloschen und nur noch rote Glutnester zu sehen waren.

Irgendwo war ein Gewitter und in weiter Ferne hörten wir den Donner. Als wir im Bett lagen, prasselten erste Tropfen über uns aufs Dach, und es war beruhigend, dem Trommeln des Regens auf den Holzschindeln zuzuhören, wie in einem Zelt im Trockenen zu liegen und darüber einzuschlafen.

Genug zum Lesen und
Zu wenig zum Reden

Lange bevor der Wecker klingelte, weckte mich der Regen. Er hatte in seiner Stärke nur gering nachgelassen. An den vier Ecken des Hauses rauschte das Wasser in den Fallrohren der Dachrinne auf die Erde. Nebel war durch das geöffnete Fenster gedrungen, rollte feucht durchs Zimmer und zog zum Dachgebälk wieder hinaus.

Ich stand auf und weckte die Buben. Keine Anweisung ließ mich wissen, wie bei solchem Wetter mit dem Vieh zu verfahren war und ob die Kinder tatsächlich den ganzen Tag mit den Tieren auf die Weide mussten.

Mit mir sprach ja von der Familie nur gelegentlich einer, und ich hatte es satt, mir die einsilbigen Antworten abzuholen. Untereinander redeten sie andauernd, nur verstand ich davon fast kein Wort, und war etwas überhaupt nicht für mich bestimmt, dann sprachen alle Ladinisch. Diese Sprache aus Urzeiten beherrschten überhaupt nur noch die älteren Mitglieder der Gemeinde. Verstehen konnte sie andererseits fast jeder.

Die Buben wussten aus den Jahren zuvor, dass sie bei Gewitter, wenn überhaupt, mit den Tieren nur in der Nähe bleiben durften. Also zogen sie nach dem Frühstück und dem Melken los, eingehüllt in gelbe Regenjacken und Gummistiefel. Sie taten mir von Herzen leid, jetzt rauszumüssen.

Ich war endlich einmal wieder allein und hatte das Haus für mich. Die Arbeiten, die anfangs so ungewohnt waren, gingen mir immer besser voran und vieles Tun, wie das Brotbacken, lief nebenher. Gleich, nachdem ich in der Frühe eingeschürt hatte, ging schon der Teig am warmen Herd auf, und bis die Zentrifuge wie jeden Morgen zerlegt und gespült war, duftete es bereits in weitem Umkreis nach frisch Gebackenem. Fast immer gelang es, leidlich erkennbare Laibe zu formen, und ich bewunderte dieses unter einfachsten Umständen entstandene Werk Tag für Tag dankbar aufs Neue. Manchmal drohten die Fladen zu schwarz zu werden, und ich musste die Hitze drosseln, so gut es ging, und wiederholt mit der Taschenlampe ins dunkle Ofenloch leuchten, um zu sehen, wie weit die Sache war. Die Kinder machten sich einen Spaß daraus, mich zu narren und immer wieder »Sibylle, das

Brot, ich schmeck's schon« zu brüllen, und ich rannte dann Hals über Kopf los, um es zu retten. Dass oft genug bei diesen Scherzen gar kein Brot mehr im Ofen war, merkte ich zu spät. Dann lachten sie sich scheckig und dieses Vergnügen funktionierte auch mit angeblich überkochender Milch und überlaufenden Eimern. Es klappte fast jedes Mal. Einer schrie und ich fiel darauf herein.

Auf der Ebene vor dem Haus sammelte sich Wasser in Pfützen und floss zu einer Seenlandschaft zusammen. Ich blieb in der offenen Haustür stehen und beobachtete die Rinnsale, die den Zulauf zu einem immer größer werdenden Gefüge bildeten. An einer Stelle erreichte das Wasser den Hang und ein handbreiter, flacher Bach fiel über die Kante. Glasige Luftblasen tanzten auf seiner Oberfläche und trieben immer eiliger dem Abhang entgegen. Warme Tropfen fielen vom Himmel und ließen beim Aufprallen auf der Erde wässrige Krönchen entstehen, während ich mich kurz mit dem Gedanken trug, einfach draußen zu duschen und Haare zu waschen. Im häufigen Wechsel hüllten milchige Wolken die Alm immer wieder ein. Konturen verblassten, kein Himmel war mehr zu erkennen, und die Welt verschwand in dichtem Nebel. Mich fror unvermittelt, ich vergaß mein Vorhaben und schloss die Tür.

Alles blieb still und neblig. Ich kochte mir Tee, schrieb im schwachen Licht Briefe und las bei Kerzenschein eines meiner mitgebrachten Bücher. Wenn das mit dem Arbeitspensum so weiterging, war genug Lesestoff für drei Sommer da, und es bestand keine Hoffnung, dass ich auch nur einen Teil davon schaffte. Ausreichend zum Lesen zu haben, war beim Planen der Reise eine ernst zu nehmende Sorge für mich gewesen, und eine große Tasche mit Büchern mitzuschleppen, wollte ich mir nicht nehmen lassen. Laufend hatte ich umgepackt und ausgetauscht. Reiseratgeber, Wanderkarten und Pflanzenführer verteidigten ihren Platz gegen neu erschienene Romane und wiederholt gelesene Lieblingsbücher, ohne die, wie ich mir einbildete, die Bergzeit für mich nicht auszuhalten wäre. Weitgehend überflüssig … Wie aus einer anderen Welt stand nun die kleine Reihe von Bänden, leicht talwärts geneigt, auf einer buchbreiten hölzernen Bettumrandung über meinem Kopf und drohte, des Nachts auf mich herabzustürzen. Weder Kleidung, Ausrüstung noch Medikamente hatten je bei der Planung so viel Raum und Zeit eingenommen wie die passende Lektüre. Bei fast allem, was womöglich fehlte, war ich mir sicher, im schlimmsten Fall bis ins Tal zu laufen, um es besorgen zu können. Nicht jedoch bei den Büchern, ohne die ich nur ungern losgefahren wäre.

Zum Lesen fehlte es jetzt, außer an der Zeit, an nichts, doch besser hätte ich auf mehr Nahrungsmittel und Süßigkeiten geachtet als auf bedrucktes Papier. Milch, Nudeln, Mehl, Reis und Butter standen fast unbegrenzt zur Verfügung. Bei Eiern, Weißkraut und allem anderen Frischen sah die Sache schon anders aus, und wir waren darauf angewiesen, vom Hof aus versorgt zu werden. Um außer Mehlspeisen auch einmal etwas anderes auf den Tisch zu bringen, hatte ich schon mehrfach meine mitgebrachte Notration angreifen müssen. Im Fach mit Schokolade und Puddingpulver taten sich bereits jetzt empfindliche Lücken auf. Die praktischen Tütensuppen, die ich zu Hause mied, waren hier Gold wert, und mein geheimer Vorrat an Würstchen im Glas musste gehütet werden wie ein Schatz.

Florian und Tobias kamen nacheinander zum Mittagessen und wärmten und trockneten sich leidlich in der Hütte. Die nassen Hosen klebten an ihren dünnen, nackten Beinen und in den Gummistiefeln stand das Wasser. Wir hatten zu tun, in einer alten Kleidertruhe auf dem oberen Flur im dämmrigen Licht genügend trockene Sachen zu finden; nur Strümpfe tauchten keine auf und ich holte welche von mir.

Mir fiel ein, dass Florians Mutter ja gestern kommen wollte, um frische Sachen für ihn zu bringen, aber keiner von seiner Familie hatte sich blicken lassen, und der Tag war verstrichen.

Die Kinder aßen hastig und ungeachtet der nassen Jacken und Gummistiefel rannten beide mit einem Stück Brot in der Hand wieder los zu den Tieren. Auf keinen Fall durften die Kühe bei diesem Nebel lange ohne Aufsicht bleiben und das Hüten war gefährlicher und anstrengender als an sonnigen Tagen. Die Tiere konnten im unwegsamen Gelände verloren gehen oder gar abstürzen. Die Herde musste immer wieder gezählt und beieinander gehalten werden. Da dachte ich einmal mehr an unsere Kinder in Deutschland, die sich so eine aufreibende Ferienarbeit für einen Hungerlohn von drei Euro pro Tag sicher nicht vorstellen konnten.

Ich spülte ab, hängte die nassen Kleider über den Herd und machte es mir einigermaßen auf der Eckbank gemütlich. Mein schlechtes Gewissen den Kindern gegenüber ließ mich nicht einschlafen, und ich überlegte, ob es sinnvoll wäre, einen von ihnen abzulösen und selber hinaus zum Hüten zu gehen. Doch wen von den beiden sollte ich dann heimlassen? Das bedeutete unter Umständen böses Blut und Einmischen in eine Arbeit, die ihre war und die ich bis jetzt auch nur ungenügend beherrschte. Ich blieb, wo ich war, und vertiefte mich in mein Buch.

Es dämmerte früh und eher als sonst kam die Herde von der Weide zur Tränke. Tobias stürmte herein, lief eilig an mir vorbei die Treppe hinauf und kam gleich danach mit einem vollgestopften Rucksack über der Schulter zurück. Er rannte durch den Regen über die Wiese und verschwand im Stall. Kurz darauf flog die Stalltür auf und Tobias schob ein Motorrad heraus. Er schwang sich darauf und ließ die Maschine an. Der Motor heulte auf und dichter Qualm kam aus dem Auspuff. Es kostete Tobias einige Kraft, die Maschine auf dem nassen Boden in Balance zu halten, und bevor ich ein Wort sagen konnte, brauste er davon und verschwand über die Weiden.

Die beiden mussten gestritten haben, war meine einzige Erklärung. Ab jetzt würde ich nur einen Hirten haben, und das war auch noch der eindeutig Schwächere. Aber woher kam das Motorrad? Durfte Tobias mit vierzehn in Italien überhaupt schon eine Geländemaschine von dieser Größe fahren?

»Florian«, rief ich in den Regen, bekam aber keine Antwort. Der wusste mit Sicherheit schon mehr als ich und blieb in Deckung. Ich zog mir meine Regenkleidung an und ging ihn suchen. Weit und breit war niemand zu sehen und mein lautes Rufen blieb ungehört. Was, wenn er im Streit auch schon lange weggelaufen war und ich mit den ungemolkenen Tieren allein dastand? Von unten würde bei dem Wetter keiner zu mir herauffahren, um mir zu helfen.

Erneut merkte ich eindringlich, dass ich mich für eventuelle Notfälle viel mehr mit den wichtigsten Arbeiten vertraut machen sollte. Die Erkenntnis nutzte mir zugegeben in dieser Lage nichts und ich suchte und rief nach ihm. Plötzlich ging hinter mir lärmend das Aggregat an und ich zuckte zusammen. Der Junge saß im Stall und hatte mit dem Melken begonnen. Seine Augen waren geschlossen und mit der Stirn ruhte er an der pulsierenden Flanke der Kuh. Erschrocken sprang er auf, als ich ihn unvermittelt ansprach.

»Was ist mit Tobias?«, versuchte ich in gelassenem Ton, aber mit doch leicht bebender Stimme, etwas aus ihm herauszubekommen.

»Montags isch doch Musikprobe, da darf der heim«, sagte Florian gequält und ich rechnete jede Minute mit Tränen auf seinem kindlichen Gesicht.

»Und warum sagt mir das keiner?«, fragte ich vorsichtig an.

»Es isch schon zu Dette gesagt worden, hascht sicher nur nit verstanden.«

Also wieder eines der Gespräche zwischen Dette und den Kindern, von dem ich kein Wort mitbekommen hatte. Keiner machte sich die Mühe, mir das Wichtigste zu erklären. Jetzt Dette anzurufen und mich zu beschweren, dass das kein normaler Umgang war und dass es so nur schlecht mit uns ging, sparte ich mir. Wie ich sehen konnte, ging es ja doch. Und wenn es hundertmal bei uns draußen anders war und ohne konkrete Absprache selten etwas lief, hier war und blieb alles wie gewohnt. Mit mir zu reden, war offenbar nur anstrengend, und meine Antworten und Bitten blieben Dette fremd.

Florian war wütend, dass er hierbleiben musste, und empfand es als ungerecht, auch noch die meiste Arbeit allein zu haben. Ich half ihm, so gut es ging, schleppte Kannen, ließ mir das Anlegen der Melkmaschine an die Euter der Kühe zeigen und molk nach kurzer Einführung zum ersten Mal unsere beiden Ziegen mit der Hand. Jetzt genoss er es, mir jeden Griff zu erklären. Endlich war er die Nummer eins und brauchte nicht hinter dem helleren und geschickteren Tobias zurückstehen. Das Sprechen bei laufendem Aggregat war anstrengend und so arbeiteten wir schweigend vor uns hin.

An manchen Stellen war der Stall undicht und Regen tropfte durch das Gebälk. Die Tiere dampften die Nässe des Tages ab und ihre Wärme sorgte für eine wohlige Behaglichkeit. Die starken Leiber der trächtigen Kühe standen gedrängt und dicht aneinandergeschmiegt. Mit ihren großen Augen sahen sie mich neugierig an und spürten genau meine scheue Zurückhaltung ihren gewaltigen Körpern gegenüber. Willig ließen sie sich streicheln und lauschten gespannt meiner Stimme.

Bei unserem einsamen Abendessen erklärte mir Florian die Sache mit dem Motorrad. Während er sprach, hielt er die Tränen nur mühsam zurück und schluckte sie tapfer hinunter. Die Geländemaschine gehörte Tobias' Onkel – und durfte natürlich noch nicht von Tobias gefahren werden. Schon gar nicht hier. Das Fahren mit Motorrädern auf den geschützten Almen war strengstens verboten. Florian hoffte, dass Tobias einer gerechten Strafe entgegenraste und fortan auch montags auf der Alm bleiben müsste. An mehrere Gatter hatte er untertags sogar dicke Steine gerollt, damit Tobias anhalten und absteigen musste, um sich den Weg zeitraubend frei zu machen. Florian würde den ganzen Sommer nicht nach unten kommen und zu Hause schlafen. Die Ungerechtigkeit lag auf der Hand und viel Trost außer Schokolade fiel mir nicht ein.

Den ungestörten Abend hielt ich für günstig, mich mit Florian an die vielen Hausaufgaben zu machen. Einen Anlauf hatten wir schon unternommen, waren aber kläglich an seiner mangelnden Mitarbeit gescheitert. Der Junge hatte keinen blassen Schimmer von dem verlangten Stoff. Mir war es schleierhaft, wie er überhaupt versetzt worden war. Tobias ließ ihn fast nie zu Wort kommen und mischte sich, wo es nur ging, als allwissend ein. Florian hatte keine Chance und wurde immer wieder unbarmherzig wegen irgendeiner Unwissenheit ausgelacht. Die Unterschiede zwischen den Kindern waren mehr als gravierend, und es war unglaublich, dass die zwei nur ein Schuljahr trennte. Meine Versuche, Tobias zum Schweigen zu bewegen, nutzten meist wenig. Ich konnte ihn ja nicht aus der einzigen, spärlich beleuchteten Stube schicken, um am Abend mit Florian zu lernen.

Heute waren wir allein, und ich schlug vor, uns künftig montags um die Schule zu kümmern. Doch Florian weigerte sich, überhaupt nur die Schulsachen zu holen, und verschwand frühzeitig ins Bett. Damit war auch die zweite Gelegenheit zur Erfüllung der Hausaufgaben verstrichen, was aber seinen gesegneten Schlaf nicht störte.

Alle Weiber sind gleich oder Was sagt dein Mann dazu?

Der Regen hatte aufgehört und eine verspätete Abendsonne schien über die Wiesen. Ich holte mein Fernglas und hielt nach den Murmeltieren Ausschau, die aus ihrem Bau krochen. An sonnigen Tagen durchschnitt ihr schrilles Pfeifen schon in aller Frühe die Luft und warnte die Gruppe, sobald sich einer von uns draußen sehen ließ. Am Hang gegenüber hatten einzelne Familien ihre Höhlen und morgens sah man auch am Haus von ihnen plattgetretenes Gras. Hübsch fand ich sie nicht, doch ihr Treiben war eine witzige Abwechslung in unserem Alltag, und wir betrachteten sie in Ermangelung eines Fernsehers gerne. Ein Tierfilm in Ton und Farbe mit fast täglichen Fortsetzungen. Doch heute ließ sich keines entdecken. Sie hatten den Regentag unterirdisch verbracht und verschlafen. Ich lehnte mich auf der noch feuchten Bank zurück, schloss die Augen und dachte über den Tag nach. Wenn ich nach oben ging, konnte ich ihn im Kalender ausstreichen und über alle Unbilden hinwegsehen.

Wieder war er einfach vergangen, ohne dass ich zu dem gekommen war, was ich mir vorgenommen hatte. Immer reichte die Zeit nur zum Nötigsten, und ich spürte irgendeinen für mich unsichtbar geschriebenen Plan, in den, dessen war sich der Schreiber sicher, ich mich schon noch einfügen würde. Jeden Tag regte ich mich über etwas anderes auf. Mehrmals war ich kurz davor gewesen, meinen Aufenthalt sofort abzubrechen oder mich über die Missstände gebührend zu beschweren. Hatte ich endlich Zeit und das Handy in der Hand und gerade gewillt, die Agentur anzurufen, um die meiner Ansicht nach unhaltbaren Zustände anzuprangern, war entweder der Akku leer, Sonntag oder Feierabend.

Und dann begann ein neuer, frischer Tag, auf den ich mich freute. Mit unbekannten Herausforderungen lag er jungfräulich und unangetastet vor mir, und ehe ich mich versah, waren auch diese Stunden wieder abgelaufen, und ich lag, müde und kaum zum Umdrehen fähig, in meinem Bett.

Aber jeder noch so schwierige Tag wurde am Abend in gnädiges Licht getaucht, die vermisste Stille kehrte spätestens zur Nacht ein und ließ uns drei friedlich schlafen.

Schwere Schritte neben mir auf dem Holzboden holten mich aus meinen Träumen und ich fuhr hoch.

»Sachte, sachte, raschten gehört zum Tag und zum Abend erscht recht«, sprach mich eine tiefe Stimme an. »Hascht noch einen Roten, mei Nachbarin, mei Sennerin, dann komm i rein. Hier steht eine durschtige, weit gelaufene Seele.«

Mir verschlug es die Sprache. Immer noch hing ich halb sitzend, halb liegend auf der Bank, und über mir blendete mich eine Stirnlampe mitten ins Gesicht.

»Der Sepp bin i von der Materlalm, und heit hat's mir grad passt, dass ich mal nach dir schau.«

Diese Erklärung hätte er sich gut sparen können. Wer sollte es sonst sein, der sich so spät am Abend hier blicken ließ. Ausgerechnet heute, wo ein Kind schlief und das andere zu Hause war, kam der vorbei, vor dem sie mich schon gewarnt hatten.

»Ob's mir heit grad passt«, stand anscheinend auch nicht zur Debatte, denn mein Almnachbar hatte schon die Lampe gelöscht und war in der Stube verschwunden. Drinnen klapperten Flaschen und Gläser und ich zog mich müde von der Bank. Als ich die Hütte betrat, war Sepp mit dem Feuer beschäftigt. Er stand mit dem Rücken zu mir vor dem offenen Ofenloch und seine sehnigen braunen Beine in kurzen Stoffhosen und Bergstiefeln leuchteten rot im Schein der Flammen.

»Des derfst net so weit runterbrennen lassen, sonscht frierschst noch aufd Nacht, und i muss di wärmen«, erklärte er, ohne sich nach mir umzudrehen.

Ich zündete ein paar Kerzen an, um es heller zu machen, setzte mich an den Tisch, auf dem schon eine geöffnete Flasche Rotwein und zwei Gläser standen, und sah zu ihm hinüber. Er hantierte immer noch am Herd, füllte den Wasserspeicher auf und holte einen großen Korb Brennholz von draußen.

»So, jetzt passt's.« Mit diesen Worten ließ er sich mir gegenüber an den Tisch fallen.

Vor mir saß ein altersmäßig nur annähernd zu schätzender drahtiger Mann von vielleicht fünfzig Jahren, der mich mit den blauesten Augen, die ich jemals gesehen hatte, aus einem unverschämt braunen, wettergegerbten Gesicht strahlend anschaute. Seine Haare waren grau und ließen an wenigen Stellen auf ihre frühere tiefschwarze Farbe schließen. Eine schwarze Fleecejacke, unter der ein ehedem weißes T-Shirt herausschaute, umhüllte muskulöse Arme und ließ an den zu kurzen Ärmelenden den Blick frei auf derbe Hände, unter deren sonnenverbrannter Haut kräftige Adern pulsierten. Ich wusste nicht, wo ich hinschauen sollte, und hielt meinen Blick auf den blau verfärbten Daumennagel seiner rechten Hand gerichtet.

Er langte über den Tisch, fasste mich unters Kinn und schob mein Gesicht ins Licht. »Hab mir scho sagen lassen, wie's ausschaut, die Sibylla, damit i di erkenn, wann i komm.«

Ich mir auch, dachte ich im Stillen.

Wir prosteten uns zu und tranken das erste Glas auf die gute Nachbarschaft.

»Schöne, wilde Haar hascht, hams alle gesagt, aber das so wild san, hätt i mir net gedenkt.«

»Und ich mir nicht deine Augen«, rutschte es aus mir heraus.

»Alle Weiber san's gleich, immer die Augen. Könnt's net mal woanders hischaun?«

Ich werde mich hüten, dachte ich, und erkundigte mich stattdessen lieber lange nach seiner Alm.

Den nun folgenden Erzählungen nach schien Sepp da ein weitgehend sorgenfreies Leben zu führen. Die Alm gehörte seinem Patenkind und hatte kein Milchvieh. Es gab auch keine Hirten, die Tiere liefen am Tag frei herum und kamen nur nachts auf eingezäunte Weiden, die immer wieder gewechselt wurden. Um die Tiere einzupferchen und zu zählen, schlug Sepp angeblich abends nur mit zwei Topfdeckeln gegeneinander. Dann kamen die Kühe freiwillig angetrabt und jede bekam ein Leckerli zur Belohnung. Ich konnte das nicht ernsthaft glauben, wenn ich an den abendlichen Zirkus bei uns dachte, um die Herde auf die Nachtweide zu treiben und zu zählen.

»In Faulenzeralm sollte man deine umbenennen«, sagte ich und wir lachten.

Gespannt hörte er mir zu, wie mein Tag aussah und was mich hierhergetrieben hatte. Die Worte brachen nur so aus mir heraus und ungesäumt fanden die bisher ungehaltenen Reden ihren Weg aus meinem Herzen. Die unzugängliche Dette, die Buben, die tägliche Überforderung mit der vielen Arbeit und das ungewohnte Essen, meine elende Matratze, der Kampf mit der Zentrifuge und dass von der Bauersfamilie keiner viel mit mir sprach. Alles knallte ich ihm um die Ohren wie Peitschenhiebe und haltlos quollen Tränen ungewollt aus meinen Augen.

Nach Hilfe sinnend schaute er mich an. »Und was sagt dein Mann dazu?«, fragte er, als ich mit meinem Bericht fertig war und mich halbwegs gefangen hatte.

»Alle Männer sind gleich«, sagte ich und lachte unter Tränen. »Wollt ihr nicht mal was anderes wissen?«

In der Tat hatte er mit dieser Erkundigung die mit Abstand am häufigsten vor meiner Abreise gestellte Frage im Originaltext formuliert. Niemand sagte: Wie kommst du denn da drauf, ohne Erfahrung auf eine Alm zu gehen? Immer kam zuerst: »Und was sagt dein Mann dazu?« Anfangs lachte ich noch darüber, aber nach der x-ten Wiederholung konnte ich es schon nicht mehr hören, und nahm die Antwort vorweg: Mein Mann weiß schon Bescheid und kommt zurecht.

»Ich werd's schon noch zu hören kriegen, der Sommer ist noch lang«, sagte Sepp. Er trank sein Glas aus, stand auf und griff nach seiner Stirnlampe. »Zeit zum Gehen«, sagte er, »sonst kommscht morgen nit raus und i bin schuld.«

Er zog einen Rucksack von der Bank, den ich bis dahin übersehen hatte, nestelte daraus umständlich einen leuchtend roten Anorak hervor und schlüpfte hinein. Es dauerte eine Ewigkeit, bis er den Reißverschluss und die Knöpfe geschlossen hatte, der Rucksack auf dem Rücken saß, die Stirnlampe brannte und er endlich startklar war.

»Was kriegst für den Wein?«

»Nix, es passt schon, bist eingeladen und danke für deinen Besuch.« Wir standen unter der offenen Tür. Frischer Wind kam auf und verströmte einen aromatischen Duft nach trockenem Gras und Wacholder über uns. Ein Himmel, bedeckt mit wahllos verstreuten Sternen, war über der Alm aufgegangen, und der zunehmende Mond leuchtete über Wiesen und Wege. Sepp löschte die Stirnlampe wieder, fasste ein zweites Mal unter mein Kinn, hob meinen Kopf und zog ihn zu sich heran. Um dem Sog seiner blauen Augen zu entgehen, hatte ich vorsichtshalber schon meine Augen geschlossen und hielt still.

»Bischt schon noch da, wann i das nächste Mal kimm«, flüsterte er mit einer seltsam gepressten Stimme und sein freier Arm zog mich zu sich heran.

»Ich versprech's dir«, entfuhr es mir, und ich traute meinen eigenen Ohren nicht, was ich da selber von mir hörte.

Eben erst hatte ich einem Wildfremden mein Leid geklagt, was hier für Nöte herrschten, und schon wenige Minuten später entwand ich mich unwillig seinem Zugriff und flüsterte, seinen angenehmen, herben Atem an meinem Gesicht spürend, Versprechen unterm nächtlichen Sternenhimmel. Schlimmer konnte es in keinem Heimatfilm kommen. Zögernd wand ich mich aus seiner Hand, schob ihn mit sanftem Druck von mir und drehte ihn in Richtung Treppe.

»Bis bald einmal«, sagte ich und schloss die Tür hinter ihm.

»Komm mich mal besuchen und denk an die Kerzen«, flüsterte es durch die Nacht.

»Versprochen«, rief ich ihm zu und drehte den Schlüssel um. Ich lehnte mich an die Tür und ließ mich an ihr hinunterrutschen. Meine Beine waren weich, gaben nach, und ich umschlang meine Knie fest mit den Armen. Mein Kopf ruhte auf den Ellbogen und mit geschlossenen Augen wartete ich so lange, bis mein aufgewühltes Herz sich beruhigt hatte und wieder gemächlicher schlug. Durch die Ritzen im Ofen drang schwacher Feuerschein und flackerte an den Wänden. Die Kerzen brannten sinnlos vor sich hin, aber ich war zu verstört, um aufzustehen, um bis auf die eine notwendige alle anderen zu löschen.

Belagerungszustand oder
Die Gäule gehen durch

Lange bevor ich Tobias mit dem Motorrad über die Anhöhe kommen hörte, war ich wach und auf den Beinen. Die Sonne brannte schon von einem wolkenlosen Himmel und ich wusch mich im Freien an der Tränke. Mein Blick hing am Weg zur Materlalm und ich erwischte mich bei einem Gefühl des Wartens. Was bildete ich mir bloß ein. Bis dort hinauf lief man strammen Schrittes sicher fünfzig Minuten. Meinte ich vielleicht im Ernst, der nette Kopfverdreher vom vorigen Abend werde sich gleich am nächsten Morgen schon wieder auf die Beine machen und nach der Heulsuse aus Deutschland schauen?

Die Buben würden »Feuer!« schreien, wenn sie mir auf die Schliche kämen, und mich fortan Tag und Nacht bewachen. Einmal, wenn man mich fünf Minuten alleine ließ, war schon der gefürchtete Senner da. Über den gestrigen Abend galt es zu schweigen. Tobias war im Tal gewesen und Florian hatte alles verschlafen – oder er schwieg.

Heute war Mittsommer und es versprach ein traumhaft schöner Tag zu werden. Ich sang vor mich hin, mein Handtuch flatterte im Wind und auf dem Rückweg von der Wäscheleine schaute ich in das kleine Bodennest von den Feldlerchen. Alle vier waren geschlüpft, räkelten sich in der plötzlich zu engen Behausung und reckten ihre hungrigen Schnäbel dem neuen Tag entgegen. Nach anfänglichem Zögern duldete die Lerchenmutter meine Anwesenheit so nah am Nest, und für ein Weilchen sah ich zu, wie sie die Jungen unermüdlich fütterte.

Ausgerechnet morgen wollte der Bauer endlich das neugeborene Kätzchen bringen und ich erwartete nichts Gutes. Katze frisst Vogel. Das wird auch hier so gelten, dachte ich und ein leichter Schatten legte sich kurz über den strahlenden Morgen. Überhaupt war mir die Ankunft der Katze nicht geheuer. Zum Schluss verliebte ich mich noch in sie und wollte sie am Ende des Sommers nicht wieder hergeben, sondern behalten. Das konnte ich meiner alten Katze Sally, die zu Hause der uneingeschränkte Liebling unserer Familie war, keinesfalls antun.

Der kranke Bauer war immer auffallend nett zu mir und hielt sich gern in meiner Nähe auf. Gegen Mittag kam er mit Dette auf die Alm und brachte mir einen Arm voll blühender Gartenblumen mit. So groß wie der Strauß war, fand ich gar keine passende Vase. Weil sich nichts Besseres bot, stellte ich ihn in eine rostige Blechbüchse, die vor langen Jahren Sonnenblumenöl beherbergt hatte. Die gelbe Blume auf der Dose leuchtete mit den Blüten aus dem Strauß um die Wette. Wie selten vorher freute ich mich über diese Blumen. Dass jetzt im Tal die Gärten blühten, hatte ich vergessen – oder verdrängt. Inzwischen war ich schon an die karge Vegetation gewöhnt und doch konnte ich nicht ohne Wehmut an dem Strauß vorbeigehen. Alfons bemerkte mein Herzeleid und goss uns beiden ein Glas Rotwein ein.

Bernadette schaute uns argwöhnisch zu und machte keinen Hehl daraus, dass ihr das nie passieren würde, mich am helllichten Tage zu Wein einzuladen. Sie bezeichnete sich wahrheitsgemäß selbst als geizig. Gern griff sie dafür zu dem, was ich mitgebracht hatte. Bratwurst, Suppe, Pudding und besonders Schokolade, alles verschwand in ihrem gierigen Mund. In ihrer Kammer verwahrte sie einen großen Karton mit Spitzbuben, die sie selber gebacken hatte. Verkauft wurden sie an die Gäste, angeboten bekamen wir keinen. Geiz ist eines, Sparsamkeit das andere. Selbst die kümmerlichste Speckschwarte wurde noch dreimal verwendet, bevor sie in den Schweinekübel wanderte.

Auch beim Aufheben und Neuverwerten von Lebensmitteln schieden sich wieder und wieder unsere Geister. Das wäre halb so schlimm gewesen, wenn es nur eine ausreichende Kühlung gegeben oder Dette die Speisen wenigstens ordentlich abgedeckt hätte. Ohne Strom keinen Kühlschrank. So nutzte ich die Reste einer Wochenendausgabe der heimischen Zeitung und holte die ausgelesenen Seiten reumütig aus der Holzkiste unter dem Herd zurück. Alles deckte ich mit Zeitungspapier ab und erntete dafür ein mildes Lächeln. Noch nie nicht sei jemals eins bei ihnen von verdorbenen Lebensmitteln oder durch die vielen Fliegen krank geworden. Das kannte ich schon. Egal, es schüttelte mich und ich beantragte Frischhaltefolie.

Zum großen Überfluss kam heute auch wieder Dettes Tochter mit ihren Kindern. Vor deren zerstörerischen Händen galt es, alles zu schützen. Hatte ich nur kurz meine Sachen außer Acht gelassen, war schon mein Briefpapier bemalt und die Nadel aus dem Strickzeug gezogen. Um dies zu umgehen, nahm ich meine Sachen an mich und verstaute sie in meinem Zimmer. Bloß nichts herumliegen lassen.

Wie schon am Sonntag hatte Laura ihren Schulranzen dabei und sollte Rechnen und Lesen üben. Keiner der Familie hatte Lust, sich mit dem Kind abzugeben, und sie war glücklich, als sie mir vorlesen durfte.

Ihr kleiner Bruder Hubert redete mit niemandem, außer mit seiner Mutter. Sein Gesicht wirkte auf eine verstörende Art greisenhaft und aus seinen umschatteten Augen, die in dunklen Höhlen lagen, sprach eine abgrundtiefe Traurigkeit. Hubert war fortwährend erschöpft und müde. Er trug mit seinen vier Jahren noch immer nachts und beim stundenlangen Mittagsschlaf Windeln. Wo er ging und stand rannte Doris hinter im her und paßte fürsorglich auf ihn auf.

Die Geschwister waren keinen einzigen Tag in einem Kindergarten gewesen und ohne die Gesellschaft Gleichaltriger auf einem abgelegenen Hof aufgewachsen. Der nichtigste Anlass genügte, dann schlugen beide um sich, besonders nach der Mutter, die sich das unberührt gefallen ließ.

Einmal unbeobachtet sperrte der Bub heute, nachdem er vor die Speisekammertür gepinkelt hatte, die Tür von außen ab und schob den Schlüssel durch eine Ritze im Holz nach innen in die Kammer.

Unterdessen hatte sich die Terrasse mit Gästen gefüllt, und es gab Arbeit ohne Ende, nur kamen wir nicht mehr an die Vorräte. Wie öfter bei solchen Zwischenfällen brach nun tiefe Ratlosigkeit aus, die Hände wurden in den Schoß gelegt und keiner tat etwas. Es herrschte eine lähmende Stille und Überforderung sprach aus den Gesichtern. Nachdem ich endlich Dette dazu bewegen konnte, mir eine Zange zu bringen, hebelte ich die Nägel an einem der Fenster heraus und nahm die Scheibe vorsichtig ab. Florian stieg dann durch das Loch hinein und holte den Schlüssel. Von selber wäre offenbar niemand auf eine Lösung gekommen, und das

Essen wie der Verdienst wären ausgefallen, bis sich ein Schlosser der Sache angenommen hätte.

Mein Einsatz wurde wortlos hingenommen, und ich verstand, dass meine einfache Handlung ihnen ihre Ohnmacht vor Augen führte. Keiner verlor über die Angelegenheit ein Wort, auch kein Danke, und ich lernte dazu. Neuartige Probleme waren für die Bauersleute eine große Herausforderung, wenn nicht gar eine schwere Heimsuchung.

Als endlich wieder Ruhe auf der Alm herrschte, und ich Briefe schreiben wollte, schlich Laura sich an mich heran und kippte mir Kaffeepulver von hinten in die Bluse. An dieser Stelle gingen mir für diesen Tag endgültig die Gäule durch. Ich schrie auf und schnappte mir das Glas mit dem Pulver aus ihrer Hand. Hier, wo sowieso alles so rar war, ging es mir um jedes Körnchen von meinem Kaffee, und ich hielt ihn heilig. Mein Schrei hatte gesessen und Laura flüchtete über die Wiese in Richtung Stall. Bernadette schreckte von ihrem Mittagsschlaf auf der Eckbank hoch und glaubte mindestens, es sei Feuer ausgebrochen. Nun hoffte ich, der Rotzlöffel werde ein für alle Mal die Finger von meinen Sachen lassen. Die ungewohnte Aggressivität war mir fremd und ich erkannte mich kaum wieder. Um ein Haar hätte ich nach dem Kind gegriffen. Da zog ich es vor, mich für eine Zeit lang vom Haus zu entfernen. Mit meinem Buch und dem angefangenen Brief wanderte ich über den Pfad zum Bankerl.

Wieder so ein Tag, an dem die Familie auf der Alm einfiel und später Haus und Hof verwüstet zurücklassen würde. Sicher vermissten sie ihre Almwirtschaft und hatten bis jetzt kein Vertrauen, dass wir drei ohne sie zurechtkämen. Aber musste deswegen jedes Mal, wenn es etwas zu helfen gab, die gesamte Großfamilie anrücken und Urlaub auf meine Kosten machen? Bis da jeder sein extra Essen hatte, sah es in der Küche aus wie nach einem Wirbelsturm, und dann ließ man alles stehen, wie es war, und eilte am Abend nach Hause. Gern backte Dette an solchen Tagen auch noch das Brot für die Leute am Hof. Dazu kam sie unten nur gelegentlich und auf der Alm stand angeblich der bessere Ofen. Auch dieser zusätzliche Abwasch wurde stillschweigend mir zugemutet.

Bis heute betrieb Dette ihre Käsewirtschaft alleine und ich war auch nicht böse darum. Das durfte meinetwegen ruhig ihre Aufgabe bleiben. Auch das Buttermachen war eine Wissenschaft für sich, an die sie mich nur ungern heranlassen wollte. Entsprechend oft konnte ich mit ihrem Erscheinen rechnen, nur dass jedes Mal die ganze Sippschaft auftauchte und eine täglich wachsende Gästeschar die Alm heimsuchte, machte mir zu schaffen.

Einmal die Woche langt oder Gewitter am Traumpfad

Die Kerneralm lag nahe am Wanderweg von München nach Venedig mit zahlreichen Übernachtungsmöglichkeiten – genau zwischen zwei Hütten. Als ich mir meinen künftigen Einsatzort zum ersten Mal auf einer Wanderkarte betrachtet hatte, war mir der Weg schon aufgefallen. Nicht im Traum wäre ich allerdings darauf gekommen, wie viele Menschen im Lauf eines Sommers diese Route zwischen Marienplatz und Markusplatz nutzten. Wer nicht lief, einzeln oder in Gruppen, kam mit dem Mountainbike oder zu Pferd. Selbst eine Alpenüberquerung mit Lamas erlebte ich.

Bedingt durch unsere Lage fielen die meisten genau zur Mittagszeit bei uns ein. Dette hatte vorsorglich eine umfangreiche Speisekarte verfasst, die an unserer Hüttenwand prangte. Außer einer beachtlichen Anzahl an Rechtschreibfehlern bot sie eine breite Auswahl an Gerichten der herzhaften Südtiroler Küche: Speckknödel in diversen Variationen, Pasta und Kaiserschmarren ... Dies stand im Widerstreit zu dem »kleinen Ausschank für gelegentlich vorbeikommende Wanderer«, den mir die Vermittlungsstelle angekündigt hatte. Wer bitte sollte das alles kochen und vorbereiten und wie sollten die Speisen ohne Kühlung frisch bleiben?

Sehnsüchtig wanderte mein Blick zur Materlalm. So wie dort droben hatte ich mir mein Almleben eher vorgestellt. Kein Milchvieh, keine Bewirtung, keine Gäste und keine Großfamilie, die Ferien auf der Hütte machten. Heute war keiner am Hang über mir zu sehen, und außer einer schwach wahrnehmbaren weißen Rauchfahne, die sich aus dem Schlot schlängelte, blieb das Bild regungslos.

Ich versuchte, meinen angefangenen Brief zu beenden, aber es gelang mir keine Fortsetzung. Die Buchstaben sträubten sich gegen das Papier und barsche Worte drängten sich mir in den Stift. Alles, was ich schrieb, war eine einzige Anklage, und ich zerriss Blatt um Blatt. Meine fröhliche Stimmung vom Morgen war dahin und keinen Augenblick faszinierte mich heute die betörende Aussicht. Als ich mich auf den Rückweg machte, stand die Sonne schon weit im Westen und der bisher heißeste Tag dieses Sommers verging.

Auf der Alm waren mehrere Bauern in der Stube versammelt, die nach ihren Kühen geschaut hatten. Die neunundsechzig Rinder, davon zwölf Stück Milchvieh, stammten von verschiedenen Höfen und waren nach und nach zu uns heraufgekommen. Jetzt waren alle da, und insgeheim freute ich mich über jede zu melkende Kuh, die im Tal blieb.

»Hoila«, grüßte ich beim Eintreten. Das Südtiroler »Hallo« hatte ich mir leicht angewöhnt, und ich hoffte, über täglich neue gelernte Vokabeln besser verstanden und einbezogen zu werden.

Die lauten Gespräche rissen abrupt ab und jeder starrte stumm auf die Tischplatte. Bis auf einen jüngeren Bauern, der schon einmal mit seiner Frau und drei Kindern da gewesen war, grüßte mich keiner zurück oder erkundigte sich gar nach meinem Befinden.

Ich setzte mich auf die Eckbank, denn außer nach draußen oder in mein Bett konnte ich ja nirgendwo hin. Dette hatte die Gäste schon freigiebig bewirtet und die Familie saß vereint bei der Marende. Selbst die Buben aßen vom Schinken und vom Käse und Tobias fragte mit vollem Mund: »Magschst nix essen? Bischt net hungrig?« Er rückte ein Stück zur Seite und schob mir sein rot-weiß kariertes Stuhlkissen zu.

Jetzt blieb Dette vor den Leuten nicht viel anderes übrig, als mich auch dazuzubitten. »Geh, setz di her«, sagte sie auffallend freundlich und schenkte mir sogar ein Glas Wein ein.

Falsche Schlange, lag es mir auf der Zunge, ich ließ mich aber nicht noch mal bitten und langte beherzt zu. Wenn es Suppe regnet, muss man den Löffel aufhalten, dachte ich und ließ es mir schmecken. Im Vergleich zu dem, was in unserer Speisekammer hing, war dieser Speck mager und köstlich. Ich hatte keinen Hauch einer Idee, wo Dette ihn vor uns versteckt hielt. Scheinbar brachte sie ihn jedes Mal in Erwartung von so hohem Besuch von unten mit herauf. Die Bauern mussten hofiert werden, denn die Almwirtschaft hing davon ab, dass sie gegen Geld ihre Kühe hier versorgen ließen.

Neuigkeiten aus den Tälern wurden ausgetauscht, und ich war überrascht, wie viel ich inzwischen schon verstand. Irgendeiner, den sowieso niemand so genau kannte, hatte sich im Wald an einem Hochsitz aufgehängt. Man vermutete Probleme mit dem

Finanzamt. Angeblich war die Finanzpolizei da gewesen. Das Aufhängen wurde noch weitgehend hingenommen, aber dass die Witwe ihren Mann, ohne Trauerfeier, allein mit dem Pfarrer und den vier Kindern beerdigen wollte, löste allgemein jähes Entsetzen aus. Auch dass er verbrannt werden sollte, wurde heftig diskutiert. Jetzt versündigten sich alle. Erst der Mann durch Selbstmord und dann auch noch die Frau und die Kinder. Alle ließen, wie bei solchen Nachrichten üblich, prompte Bekreuzigungen folgen.

Draußen wurden Stimmen laut und Florians Mutter Petra schaute zur Tür herein. »Hoila, seid's grad beim Essen?«, grüßte sie außer Atem in die Runde. Florian sprang auf und umarmte seine Mama. Seine kleinere Schwester und sein großer Bruder Alex waren auch dabei und standen vor der Hütte. Alex hatte in der vergangenen Woche seinen letzten Schultag gehabt und war auf dem Weg zur noch höher gelegenen Bergspitzalm. Dort würde er seinen dritten Sommer als Hütebub mit einem alten Senner verbringen. Ein prall gefüllter Rucksack lag auf der Bank vor dem Haus, den Mutter und Sohn abwechselnd heraufgeschleppt hatten.

»Dette«, sprach Petra, »kann der Alex heit net hier übernachten? Der fängt morgen beim Bergspitzler an und hat's dann nit mehr so weit.«

Florian freute sich und rief: »Da braucht's kein extra Bett, der kann bei mir mit rein.«

Dette war strikt dagegen, auch wenn es nur um eine Nacht ging. »I hab' mir nur den Florian bestellt«, raunte sie Petra zu. »Behalt deine anderen Esser unten. Unnütze Esser kann i net durchfüttern.«

Sprachlos schaute ich von einem zum andern, aber weder die Tochter noch einer von den eben noch unüberhörbaren Bauern machte sein Maul auf.

»Das Gepäck kannscht da lassen, wanscht willst, schlafen kommt net infrage.«

»Das kannst du doch nicht bringen«, sagte ich leise zu Dette. »Den ganzen Weg wieder runter und morgen früh alles wieder rauf.«

»Halt du dich da raus«, schnauzte mich Dette an.

Ich verließ wortlos den Raum. Alex, überlegte ich, lauf hoch bis zum Sepp und schlaf da, das schaffst du noch im Hellen, sagte aber kein Sterbenswörtchen. Das wussten die ja selber viel besser, und wer weiß, was der Sepp zum Übernachtungsbesuch gesagt hätte. Mir tat das in der Seele weh. Was hätte es ausgemacht, wenn der Junge bei seinem Bruder geschlafen hätte? Jetzt, wo er schon fast auf der Höhe war, hätte es für den Aufstieg am Morgen eine große Erleichterung bedeutet. Noch dazu mit dem schweren Rucksack. Aber nachdem auch die Mutter nichts ausrichten konnte, blieb mir keine andere Wahl, als mich rauszuhalten.

Hier musste ich weg. Ich holte tief Luft, zog mir meine Schuhe an und rannte in einer halben Stunde bis zum Laurentiusstein. Dort stand eine kleine Kapelle, ein weiß gestrichenes Häuschen mit Platz für genau eine Person. Sie war nach dem heiligen Laurentius benannt, dem Schutzpatron der Hirten, und lag am Weg zur Materalm.

Als ich zurückkehrte, konnte man in der Hütte keinen Fuß mehr vor den anderen setzen. Zu den vielen Besuchern hatte Dette eine große Waschwanne voll krümeliger weißer Käsemasse ins Haus geholt und arbeitete mit beiden Armen darin herum. Der Käse wurde mit Salz und Pfeffer gewürzt und in mit Eisen beschlagene Reifekörbe aus Holz gefüllt. Überall war etwas danebengegangen und die ehedem geputzte Stube war nicht wiederzuerkennen. Der Herd glühte, damit es der Käse schön warm hatte und abtrocknen konnte, und mitten darauf blubberte ein Kübel Milchreis.

Das Durcheinander regte mich auf. Mir stand der Sinn danach, mit Petra und ihren Kindern auf Nimmerwiedersehen ins Dorf zu laufen, und ich hatte immer noch miserable Laune wegen der Sache mit Alex. Als Dette ihm dann auch noch einen randvollen Teller mit Milchreis hinschob, verstand ich die Welt nicht mehr. Das Bergleben folgte strengsten, für mich nur manchmal nachvollziehbaren Prinzipien, wie idiotisch sie mir als Außenstehender auch erschienen. Eben war es Dette noch um einen Esser mehr am Tisch gegangen, der jetzt vor einem dampfenden Teller saß. Aber auf jedes »Warum?« kam sowieso nur als Antwort »Tradition«. Punkt.

Die brach ich dann doch noch, denn nach dem Abendessen erklärte ich vor den Anwesenden, ich ginge jetzt zum Duschen. Ungläubige Blicke ruhten auf mir, und man war gespannt, wie dieser neuerliche Machtkampf an diesem Abend entschieden würde.

»Willscht net bis Sonntag warten? Dann duschen alle. Einmal die Woche langt«, hörte ich Dette loslegen, aber da war ich schon draußen.

Das mit dem Boiler hatte ich mir gemerkt und endlich rieselte nach sechs Tagen wieder heißes Wasser über meinen Körper. Welche Wohltat. Ich dachte daran, wie ich vor einem Jahr keine fünfzig Kilometer von hier Urlaub in einem Alpenhotel mit herrlichem Wellness-Bereich gemacht hatte. Vielleicht würde ich nach den zwölf Wochen hier auf der Alm einfach ins Hotel im Nachbartal spazieren und einmal Frühstücksbuffet und Baden bestellen. Aber so verkommen, wie ich jetzt aussah, würden die Inhaber an ihrer holzgetäfelten Rezeption wohl denken, vor ihnen stehe die Hölleisengret.

Dette nutzte die Gelegenheit, in Gesellschaft der Bauern nach Hause zu kommen, und verschwand mit den Männern ins Tal. Durch das gekippte Badezimmerfenster rief sie mir einen kurzen Gruß zu. Sie wolle zu ihrem Mann und diesmal unten das Brot backen.

»Hoffentlich auch einmal duschen«, entfuhr es mir, aber da war sie sicher schon außer Hörweite.

Am Abend bettete sich die Hütte in Wolken. Sie kamen in Windeseile von Westen herauf und legten alles in einen dicken Nebel, sodass es schon um sieben düster war. Bald brannte die Gaslampe und tauchte die Stube in ihr eigentümliches, fahriges Licht. Als der Nebel noch dichter geworden war, hatten die Kinder ihr Vergnügen an dem Unsinn, ihn in dicken Schwaden durch Fenster und Tür ins Haus zu lassen und sich draußen zu verstecken. Florians Ärger über Tobias' Bevorzugung war verflogen, und er war froh, seinen Hirtenkollegen wieder bei sich zu haben.

Zu dem gemütlichen Abend genehmigte ich mir ein kleines Bier und den Jungen spendierte ich statt der obligatorischen Ziegenmilch mit getrocknetem Brot eine große Flasche Limonade. Dazu gab es Schokolade aus meinem Fundus. Beides löste so große, dankbare Freude aus, dass ich restlos gerührt war und mich fragte, wie wohl Stadtkinder nach einem Tag Arbeit über Limo und eine Tafel Schokolade zu dritt als Belohnung dächten.

Hier machten sich die Jungen eilends und mit schlechtem Gewissen über die Sonderration her, während der Blick immer wieder unruhig zur Tür ging. Selbst die späte Stunde und die Unmöglichkeit, dass jetzt noch einer vom Hof heraufkam, nahm ihnen nicht die Angst vor Dettes Missbilligung. Mein Beteuern, dass ich die Sachen selbstverständlich bezahlt hatte, und es damit Dette nur recht sein konnte, halfen nichts. Beide konnten weder Limo noch Schokolade genießen und nach dem letzten Schluck wurden die Gläser sofort abgespült und im Schrank verstaut. Was waren das hier für vergangene Sommer, nur mit den beiden ja noch jüngeren, ängstlichen Kindern und der strengen Dette auf diesem Berg?

Die Jungen gingen früh zu Bett und ich löschte bei meinem abendlichen Kontrollgang die Lampe. Das Leben ohne elektrischen Strom war immer noch ungewohnt und instinktiv tastete ich beim Betreten meiner dunklen Kammer nach dem fehlenden Lichtschalter. Dankbar für alle Arten von Leuchtkörpern, nutzte ich auch jetzt meine Taschenlampe, um noch eine Weile im Bett zu lesen. Natürlich herrschte bei meinen Hausgenossen völliges Unverständnis für solche Gewohnheiten. Ins Bett ging man, um zu beten und um zu schlafen. Manchmal fiel es mir schwer, in Anbetracht all dessen, was man angeblich tat oder nicht tat, bei mir selbst zu bleiben und mich nicht völlig anzupassen.

In der Nacht kam das erste Gewitter und zog machtvoll über uns hinweg. Es goss in Strömen und der Wind peitschte den Regen ungehindert über unser Dach. Blitze erhellten meine Kammer und greller als jede heiße Sonne des Tages durchzuckten sie den Raum. Sofort darauf raste krachend ein Donner hinterher und die inzwischen eisige Luft fiel auf den erwärmten Boden.

Aus den Wiesen stieg Dampf auf und trieb, vom Wind angefacht, den tief hängenden Wolken hinterher. Die Kühe brüllten in ihrem Gatter, drängten gegen den Elektrozaun und wollten zu den anderen in den Stall. Vorsichtig wagte ich mich ans Fenster und versuchte, die Tiere, die sich unter meinem Fenster angstvoll an die Hauswand drückten, zu besänftigen. »Kuschilan, Kuschilan«, so oder ähnlich hatte ich es von Dette gehört, wenn sie in einer der raren zärtlichen Minuten mit den Tieren sprach. Immer und immer wieder rief ich mein Zauberwort in die Dunkelheit. Wichtig war nur, die Herde blieb im Pferch und brach nicht aus. Wie hätten wir sie in dieser Nacht wieder zusammentreiben sollen, in der niemand auch nur einen Fuß aus der schützenden Behausung setzen konnte?

Das Gewitter war ins Tal gezogen und hinterließ einen überirdischen Geruch nach Sauerstoff und Wasser. Der Donner verlief sich, prallte gegen die steingrauen Felswände in endloser Ferne und schickte sein Echo zu uns auf die Alm. Wetterleuchten durchbrach den pechschwarzen Himmel, und obschon es tiefe Nacht war, erhellten sich die Gipfel rings um uns wie im Morgenrot. Die Kühe hatten sich beruhigt und in dichten Gruppen auf die Weide gelegt. Ihre Leiber ragten wie atmende Steine aus der dunstigen Hülle und ihre hellen Glocken klangen wie durch Watte zu mir herauf. Mir wurde kalt und ich drückte das Fenster in seinen verzogenen Rahmen.

Unglaublich, aber die Buben hatten von all dem keinen Mucks mitbekommen und lagen schlafend in ihren Betten. Ich sah nach ihnen, deckte sie zu und kroch selber wieder in mein Lager.

Lange lag ich wach und wanderte in Gedanken zur Materalm. Wie mochte das Gewitter da oben erst gehaust haben, wo es hier schon in seiner Stärke schwerlich zu überbieten war? Ob unten im Wirtshaus noch welche saßen und grölend lachten, wie damals, als sie mich vor meinem ersten Gewitter auf dem Berg warnten?

Vor den Eichen sollst du weichen.
Und die Weiden sollst du meiden.
Zu den Fichten flieh mitnichten.
Linden sollst du finden.
Doch die Buchen musst du suchen.

Wie aus heiterem Himmel kreisten die Verse plötzlich in meinem Kopf und zogen sich in einer Endlosschleife dahin. Nicht ein Zweig der genannten Bäume war hier zu finden, und ich war froh, ein festes Dach über dem Kopf zu haben.

Tanz der Lesben oder
Besuch vom Horners Loisl

Beim Frühstück erzählte ich den Kindern von dem Unwetter der vergangenen Nacht, doch sie bezweifelten, das alles verschlafen zu haben. Erst als Dette anrief, um sich nach den Tieren zu erkundigen und ob das Haus noch stehe, nahmen sie mich ernst. Florian, der alte Schussel, verschüttete vor Aufregung seine Milch, und nach der Mahlzeit gab es unter seinem Platz etwas mehr als das sonst übliche, versehentlich Herabgestürzte aufzufegen. Dafür, dass ich unverdrossen hinter ihm herräumte und aufputzte, wurde ich oft mit einem hurtig zusammengeklaubten Alpenblumenstrauß beglückt, der mit einem herausgestammelten »Für di« aus seiner noch halb kindlichen in meine Erwachsenenhand wechselte. Die Geste wog jede Tafel Schokolade und jede Flasche Limo auf und die Blumen füllten alle nur irgend entbehrlichen kleinen Gefäße.

Im Unterschied zum stürmischen Florian war Tobias deutlich ruhiger. Dafür hatte er das Herzige eines Kindes auch schon großteils abgelegt und sein hoch aufgeschossener Körper überragte den stämmigen Jüngeren um Haupteslänge.

Dass die Knäbelein beileibe nicht so harmlos waren, wie sie taten, brachte der Abend zutage. Tobias hatte sich vom Verdienst der letzten Hütezeit ein brandneues Handy gekauft, auf das er sich, in kluger Voraussicht zahlloser langer Abende, einen Berg Kurzvideos geladen hatte. Einträchtig steckten sie ihre Köpfe über dem Apparat zusammen und schauten mit hitzigen Backen gebannt auf das Display. Allein die Laute, die zu mir herüberdrangen, waren eindeutig, und als zum wiederholten Mal unter dreckigem Getuschel der Film »Voll in die Eier« angekündigt wurde, stand ich doch von meiner Bank auf und guckte den Bürschchen über die Schulter.

Nachdem ich ihnen offensichtlich inzwischen als Verbündete galt, wurde mir der Streifen auch bereitwillig vorgeführt. Nur mit Nachdruck konnte ich mich dagegen verwahren, dass ich dieses Oscar-verdächtige Highlight der Filmgeschichte auf der Stelle auch auf mein Telefon übertragen bekam.

Ich wusste jetzt Bescheid, womit sie sich die Zeit vertrieben, und anscheinend übte sich früh, was ein echter Latin Lover werden wollte. Mein Verzicht auf weitere Vorführungen aus dem ungemein reichhaltigen Angebot wie »Tanz der Lesben« und »Hurenböcke am Schafott« wurde nur ungern akzeptiert. Doch ab da war klar, dass sie sich mit mir als verschwiegener Mitwisserin einfach wohler fühlten und dass sie das Handy nicht mehr vor mir verstecken mussten. Die Erleichterung über mein Dulden ihres Zeitvertreibs war ihnen anzumerken und ihre enthemmte Fröhlichkeit sprach Bände.

Wieder war ein schwerer Arbeitstag zu Ende gegangen, an dem ich mir schon am Morgen gewünscht hätte, dass mich auch einmal einer vom Hof anrufen würde, um sich zu erkundigen, wie es uns ging. Aber wie immer drehte sich alles nur um die Tiere, maximal noch ums Haus, und telefoniert wurde sowieso nur mit den Kindern. Einmal mehr fühlte ich mich übergangen und selbst im größten Gewühl einsam und auf mich gestellt. Die viele Arbeit und das andauernde Kommen und Gehen auf der Alm strengten an. Trotz innerer Verlassenheit sehnte ich mich nach Ruhe und einem Platz für mich allein. Um in Ruhe einige Briefe zu schreiben, verzog ich mich jetzt in den ungeheizten zusätzlichen Gastraum. Gegen die Kälte hier half nichts anderes, als die Tür zur Küche offen zu lassen. Das hieß aber nicht nur, Wärme hereinzulassen, sondern auch das Gejohle von fünf Watten-Spielern zu ertragen.

An diesem Tag hatte Dette Manuel, ihren Sohn, und seine Freundin mit nach oben gebracht. Manuel war zwar weit über zwanzig, verstand sich aber bestens mit den pubertierenden Knaben und mischte die Gruppe mit einem schweinischen Witz nach dem anderen auf. Ich wartete darauf, dass Dette einschritt und ihn bremste, aber sie lachte hemmungslos und laut mit. Als erwachsener Sohn genoss er beinahe Narrenfreiheit und kostete es weidlich aus, Hausherr zu sein. Beim Kartenspiel wurde es immer lauter und zum hundertsten Mal fiel das Wort »Haschisch«. Das hatte Bernadette vor Tagen einmal mit viel Gezische und Gespucke ausgesprochen und die Kinder lachten sich über den feuchten Versprecher halb tot. In dieser ereignisarmen Welt langte das, um sich Tage darüber auszulassen.

Meine Laune für diesen Tag war auf dem Nullpunkt und ich verzog mich ins Bett. Bei dem Getöse unter mir war an Schlaf nicht zu denken, und ich lag wach, bis sich endlich alle wieder nach Hause aufgemacht hatten.

Die Tage ohne Heimsuchungen aus dem Tal hatten ihren Rhythmus gefunden und die Arbeiten gingen mir mit Leichtigkeit von der Hand. Aufstehen, einschüren, Kinder wecken, Milch zentrifugieren, Kannen spülen, Frühstück bereiten, Betten machen, drinnen putzen und draußen fegen – und spätestens jeden zweiten Tag Brot backen. Alles reihte sich nahtlos aneinander und bis gegen elf war die meiste Arbeit des Morgens geschafft. Dann wurde es höchste Zeit, sich um das Mittagessen zu kümmern, und der Vormittag war um.

Einmal war ich beim Kochen, da hörte ich einen Traktor und Stimmen. Johann und seine Freundin Monika waren auf die Alm gekommen. Schnell schob ich den Topf vom Herd und ging nach draußen, um sie zu begrüßen, aber außer einer Wagenladung Brennholz, das vor der Hütte lag, war weit und breit keiner mehr zu sehen. Monika unterhielt sich als Einzige ab und zu mit mir und fragte, wie es mir ging. Sie nahm meine Wäsche mit nach unten und brachte sie gewaschen und gebügelt wieder. Auch hatte sie mir eine italienische Telefonkarte für mein Handy besorgt, was mit einem großen Aufwand für sie verbunden war. Umso schlechter verstand ich, dass sie und Johann nach dem weiten Weg hier herauf einfach die Holzscheite abluden und grußlos kehrtmachten.

Wenigstens das versprochene Kätzchen hätten sie endlich mitbringen können. Meine Sehnsucht nach der Katze und somit etwas zum Kuscheln wuchs mit jedem Tag. Von ihrem Wurf war der Mutter nur ein einziges Junges geblieben. Die anderen hatte Johann in der Regentonne ertränkt.

Am Nachmittag machte ich mich daran, das Holz vor dem Haus wegzuräumen und an der schmalen Seite des Schuppens ordentlich aufzustapeln. In den Wochen seit Almbeginn hatte ich klafterweise Holz verschürt und an der Wand fehlte schon eine Unzahl von Scheiten. Jetzt machte es mir Freude, Reihe um Reihe wachsen zu sehen und Scheit um Scheit zu verräumen.

Die Kinder hatten sich freiwillig sofort nach dem Essen wieder zu den Kühen begeben. Das war ungewöhnlich, denn an anderen Tagen konnte die Mittagspause nicht lange genug ausgedehnt werden. Der Anblick des Holzhaufens hatte ihnen genügt und gleich, nachdem der letzte Bissen verschwunden war, rannten sie auch schon über die Wiesen davon. Mir gefiel die Arbeit. Die Sonne schien, ich war draußen, und alles war gut.

Nachdem ich zum Trog gelaufen war, um Wasser zu trinken, staunte ich nicht schlecht, als ich mich umdrehte und einen Mann auf der Terrasse sitzen sah. Er musste schon eine Zeit lang da gewesen sein, denn vor ihm stand ein halb volles Glas Rotwein, und er beobachtete mich bei meiner Arbeit. Ich grüßte freundlich und starrte auf das Glas Wein.

»I bin's, der Loisl«, sagte er, »Horners Loisl«, fügte er gnädig hinzu. »Mir brauchst nix zu holen. I hoab mi schon bedient, i kenn mi aus in deiner Küchn.«

So, da war er nun also. Der Horners Loisl, nach dem Dette die Kinder schon fast jeden Tag gefragt hatte und dem ich auf gar keinen Fall etwas zum Saufen geben sollte. In früheren Jahren war er selber Senner auf einer Alm in dieser Gegend gewesen. Aber wegen seines unkontrollierten Hangs zum Alkohol war er in Ungnade gefallen und wurde hinausgeworfen. Wenn ihn der Rappel packte, wie Dette es nannte, lief er gegebenenfalls auch mitten in der Nacht bis ins Dorf, um seine Gier nach Wein und Schnaps zu befriedigen. Hatte das Wirtshaus dort schon geschlossen, schrie er so lange herum, bis sich einer erbarmte und ihm etwas zu trinken gab. Währenddessen waren die Kinder und das Vieh allein auf dem Berg und je nachdem, wie viel er erwischt hatte, tauchte der Loisl erst nach Tagen wieder auf der Alm auf.

»Der kriegt hier keinen Tropfen«, hatte Dette angeordnet. »Der zahlt net und den wirscht nimmer los.« Zu spät, denn jetzt sah ich auch eine fast volle Rotweinflasche zwischen allerlei Gehölz und Wurzeln aus einem grünen Stoffrucksack ragen, der aufrecht neben ihm auf der Bank stand. Hinter seinem Rücken zog ich die Haustür zu, sperrte von außen ab und versenkte den Schlüssel in meiner Hosentasche. Notgedrungen musste ich jetzt draußen bei ihm bleiben und machte mich schweigend wieder an meine Arbeit mit dem Holz. Bis zum Abend würde die Literflasche Kalterersee hoffentlich reichen, und dann wären die Buben wieder da, um mir im Falle eines Falles beizustehen.

Wenn ich mich bückte, schaute ich von unten auf die Terrasse und beobachtete den kleinen alten Mann, den ich gut und gern auf Ende siebzig geschätzt hätte. Über die Hälfte seines Gesichts war unter einem dichten Bart versteckt, der in verklebten grauen

Zotteln auf seinem aus borstiger Wolle handgestrickten Pullover hing. Eine volle, noch pechschwarze Haarpracht drang rings unter der Krempe eines verschossenen grünen Filzhutes hervor und fiel strähnig über die unbehaarte Hälfte des Kopfes. Tiefe Falten hatten sich im Lauf der Jahre in seine gebräunte Stirn gegraben, auf deren Grund jeweils eine dünne Linie schwarzer Dreck zu sehen war. Seine Hände waren sonnenverbrannt und teerige Harze hatten sich in landkartenartigen Flecken darauf verewigt. Die Füße steckten mitsamt dem Stoff einer erstaunlich gut erhaltenen schwarzen Cordhose in nur lose geschnürten Wanderschuhen. Er redete ununterbrochen mit mir und meine einsilbigen Antworten schienen ihn nicht zu stören.

Vierundfünfzig sei er heuer geworden und erst seit voriger Woche aus dem Spital in Österreich entlassen. Hier im Ort hätten sie ihn ja nur sterben und an seinem Speiseröhrenkrebs verrecken lassen wollen. Aber da draußen, da seien die Herren Doktoren noch was wert. Sie hätten ihm auch seine drei bis vier Zigaretten pro Tag gegönnt, an denen seine Erkrankung ja nur lag. Da tippte ich eher auf einige Viertel billigen Fusel zu viel, die ihm den Hals verätzt hatten, aber meine Meinung war nicht gefragt. Tatsächlich sprach er auch heute dem Rotwein reichlich zu, und nach einem nächsten Schluck aus dem Glas machte er sich noch nicht einmal mehr die Mühe, die entwendete Flasche wieder im Rucksack verschwinden zu lassen.

»Hascht was zu rauchen für mi?«, bettelte er mich unvermittelt an.

Da hatte er einen kleinen wunden Punkt bei mir getroffen, denn obwohl ich zu Hause seit Jahren überhaupt nicht mehr rauchte, hatte ich mich für das Projekt Alm mit einem überschaubaren Vorrat an Zigaretten eingedeckt, von denen ich mir auch heimlich, fernab von den Kindern, hier und da eine genehmigte, wenn mir alles über den Kopf wuchs. Etwas von diesen Seelentröstern für höchste Not jetzt an den Horners Loisl abzugeben, kam mich hart an, denn woher sollte Nachschub kommen, wenn die Letzte geraucht war. Allerdings dauerte mich der Alte, und nach einem wehmütigen Blick von ihm griff ich in meine Tasche, holte die Zigaretten hervor und bot ihm eine an.

Er riss sie mir ohne Dank aus der Hand, steckte sie sich an, rauchte, von einer plötzlich aufkommenden Unruhe getrieben, fahrig zu Ende, leerte sein Glas und zog sich den Rucksack auf den Rücken, in dem er vorher den Rotwein nachlässig verstaut hatte. Wortlos, wie er gekommen war, brach er auf und verschwand mit weit ausladendem Schritt über die Wiesen.

Als ich ihm nachschaute, blieb mein Blick an der Tür zur Hütte hängen. Über dem bis dahin unscheinbaren Querbalken hing auf einmal ein rauer, silbrig grüner Wacholderzweig, in den mit einem Stück verwitterter Kordel liebevoll ein rostiges Hufeisen hineingewunden war. Kein noch so edler Blumenladen in der Stadt hätte mit diesen knappen Handgriffen unser Sommerhaus schöner schmücken können und ich konnte mich lange nicht satt-sehen an dieser gelungenen würzigen Verzierung. Mein »Danke!« verhallte ungehört über den Almwiesen, denn der Gast hatte sich längst aus meiner Sicht entfernt und war auf der steinigen Drift entschwunden.

Ich machte mich wieder an die Arbeit, und der gewaltige Holz-haufen fügte sich nach meinem Diktat immer höher, Holzscheit um Holzscheit, unter das alte Schindeldach.

Als ich fast fertig war, hörte ich Schritte und der beinahe zahn-lose Alte stand wieder vor mir. Er stellte mir seinen Rucksack vor die Füße, öffnete ihn geschickt und zog zwischen diversen Plas-tikbeuteln mit Arnikablüten, Isländisch Moos und Beeren die vier herrlichsten Steinpilze hervor, die ich mir nur vorstellen konnte.

»Sin für di«, murmelte er.

Ich war überwältigt. So eine Bereicherung unseres kargen Spei-seplans ließ mir das Herz vor Freude springen und ich füllte ihm zum Dank noch ein Viertel Rotwein in seine Flasche. Er packte alles wieder ein, und als er schon halb verschwunden war, schrie ich ihm aus vollem Hals hinterher: »Tausche jederzeit Steinpilze gegen Rotwein und Zigaretten.«

Ohne sich umzudrehen, winkte er kurz und ein wenig schroff mit einer Hand ab und war gleich darauf hinter einem Hügel verschwunden.

Die Aussicht auf dieses fürstliche Abendmahl ließ mir das Was-ser im Mund zusammenlaufen, und ich überlegte gründlich, wie ich diesen Schatz mit unseren beschränkten Mitteln zubereiten könnte. Viel zur Auswahl gab es nicht. Schlussendlich hatte ich nur für ein Risotto mit Salat alles da und beeilte mich, die lange Kochzeit vor der Rückkehr der hungrigen Jungen zu bewältigen.

Ein verlockender Duft nach gebratenen Pilzen und Weißwein breitete sich aus, und ich wartete ungeduldig, bis die Kinder zum Essen kamen.

Schon von Weitem hatten sie Witterung aufgenommen und ich hörte ihr unflätiges Geschimpfe. »Das stinkt nach Pilzen«, sagte Florian. »Kannscht nit was Normales kochen? Pilze ess i nit.«

Auch Tobias maulte, dass er, wenn überhaupt, nur Champignons aus der Dose zu sich nehmen würde, und beide drohten mir mit Verweigerung des Abendessens. Heute blieb ich hart und nötigte sie, das Gericht wenigstens zu probieren. Mein Entschluss, ihnen heute absolut nichts anderes mehr zu kochen, ließ sie zögerlich zulangen und lustlos im Reis herumstochern.

Draußen fuhr ein Motorrad vor und Manuel schaute zur Tür herein.

»Stinkt ja zum Kotzen hier«, war sein grußloser Kommentar.

»Dann bleib halt draußen, wenn es dir da besser passt«, fuhr ich ihn an.

Er ließ die Tür sperrangelweit hinter sich offen, krallte sich einen Teller aus dem Schrank und schob sich an unseren Tisch auf die Eckbank. Ungebeten schöpfte er sich auf und schickte dann Florian in die Speisekammer nach Ketchup. Unterdessen goss er sich vor meinem entgeisterten Blick einen Großteil der Salatsoße aus der Schüssel über das Risotto und vermanschte schließlich den Reis mit Ketchup.

»So kann man's essen, so geht's langsam«, beschied er und schaufelte sich, einhändig, mit dem anderen Arm bis zum Ellbogen den Teller umfassend, den Brei hinein.

Die Kinder wieherten vor Vergnügen, denn was der Jungbauer vormachte, durfte man selber auch. Ich konnte mir noch rechtzeitig eine Portion Risotto ohne Salatsoße und Ketchup retten und verzog mich mit meinem Teller an einen anderen Tisch.

Mir blutete das Herz neben diesen Banausen. Das Risotto hätten mir die Italiener hier aus der Hand gerissen und es hätte jede Almwirtschaft zum Gourmettempel erhoben. Ich schwor mir, dass dies der erste und letzte Versuch in Sachen Pilze war. Die nächsten Pilze würde ich allein genießen.

In der Nacht lag ich lange wach und die Dunkelheit wollte nicht weichen. Mir war übel und Pilze, Reis und Wein hatten sich in meinem Inneren zu einem unverdaulichen Gemenge verbunden. Im Dunkeln bis zur Toilette würde ich es sowieso nicht mehr schaffen, und so hatte ich mir von Anfang an vorgenommen, im Notfall einfach aus dem Fenster auf die Weide zu speien. Das wäre mit einem Eimer Wasser am nächsten Tag den Hang hinunterzuspülen gewesen oder mit dem nächsten Regenguss verschwunden. Diese Anweisungen hatte ich höchst vorsorglich auch den Kindern gegeben, die es weidlich ausnutzten, bei nächtlichem Bedarf aus dem Fenster pinkeln zu dürfen. Insgeheim beneidete ich sie um diese Möglichkeit, mir blieb aber nichts anderes übrig, als nachts mit der Stirnlampe zur Toilette zu laufen, wenn es denn sein musste.

Ich verfiel in tiefe Grübeleien. Was sollte das hier alles? Von wegen Almhilfe und soziale Unterstützung. Unten im Tal wohnte die Bauersfamilie für unsere Verhältnisse wie in einem Schloss. Das hätte ich bei meiner Anreise einfach nicht sehen dürfen, dann ginge es mir jetzt besser. Das Haus war kürzlich neu erbaut, das alte einfach weggerissen worden, und bei einer gründlichen Führung zeigte man mir bereitwillig das Anwesen. Es bot Platz für zwei bis drei Familien und jeden erdenklichen Komfort. Goldfarbene Türgriffe, Solaranlage und eine komplette Werkstatt vereinten Leben und Arbeiten für Generationen unter einem ausladenden Dach. Das genaue Gegenteil zu dem, was mir und den Hütebuben hier so vorgegaukelt wurde, nämlich die blanke Armut.

Als an einem der vergangenen Tage Dette mit einem sündhaft teuren Topf auf der Alm erschienen war, platzte mir der Kragen. Von dem Preis der Töpfe hätte ich gar keine Vorstellung gehabt, wäre ich nicht erst zu Hause auf einer entsprechenden Verkaufsparty gewesen. Unter Hunderten von Euro gab es da noch nicht mal einen Deckel. Man konnte aber auch herzlich gern für Tausende Euro ein Set bekommen. Wie sich ein solcher Besitz mit drei sozialen Hilfskräften auf einem Bergbauernhof vertrug, war mir ein Rätsel und auf meine entsprechende Frage hin bekam ich nur eine ausweichende Antwort. Der Topf verschwand für diesen Sommer von der Bildfläche und mit ihm leider auch der darin transportierte Hackfleischsugo. Er wurde aufgekocht, heiß in Gläser abgefüllt und war selbstverständlich nur für zahlende Gäste vorgesehen.

Vielleicht kaufe ich mir mal eine Portion davon, malte ich mir aus. Dazu setze ich mich dann an einen der Gästetische und warte, bis er mir mit Nudeln, Parmesan und einem Stückchen selbst gemachter Butter von der Bäuerin serviert wird. Wenn schon, denn schon. Die Hütebuben lade ich dann gleich mit ein. Mal sehen, was der alte Geizkragen Dette dazu sagt ...?

Über diesen Gedanken schlief ich endlich ein und träumte selig, bis um halb vier ein Handyweckerterror losbrach. Der Witzbold Manuel hatte wohl, bevor er sich zu einem Dorffest aufmachte, unsere drei herumliegenden Handys zum Wecken programmiert. Es klingelte zeitversetzt an allen Ecken und Enden. Wutentbrannt rannte ich durch die Räume, um die Dinger zu suchen und auszuschalten.

Läschtige Säcke oder
Es kütt, wie es kütt

Es war Sonntag und wir hätten länger schlafen können. Aber nach der Handyattacke hatte ich kein Auge mehr zugetan. Entsprechend schlecht gelaunt war ich und sperrte mich im Lauf des Tages wiederholt im Bad ein, nur um allein zu sein und meine Ruhe zu haben.

Schon als ich morgens in die Küche kam, war Dette da und – tüchtig am Arbeiten. Ärgerlich berichtete ich ihr von unserer unsanften Nacht. Wortlos werkelte sie weiter vor sich hin, ungläubig den Kopf hin und her schüttelnd. Der Teig für viele Speckknödel stand fertig da und auf dem Herd kochte ein großer Kübel Kartoffeln. Ich machte Frühstück, und als Florian zur Tür hereinkam, bekam er vollkommen ungerechterweise die Schelte für die Sache mit den Handys ab. Dette tobte. Das arme Kind hatte keinen Begriff, worum es ging, verteidigte sich mit Händen und Füßen und beteuerte seine Unschuld. Dass ihr lieber Sohn uns hier so zusetzte, wollte einfach nicht in ihren Kopf hinein, und erst als Tobias auftauchte und ebenfalls sein Nichtwissen beteuerte, griff sie zum Telefon und jagte ihren versoffenen Jüngsten aus dem Bett, der schließlich auch gestand. Zu der von seiner Mutter geforderten Entschuldigung kam es nicht, darauf konnten wir wahrscheinlich lange warten.

Den Hütebuben war für heute ein erholsamer Tag versprochen worden. Nach dem Melken, Ausmisten, Ziegen- und Schweinefüttern und dem Verarbeiten der Milch sollten sie die Kühe nur auf die eingezäunte Sonntagsweide bringen. Danach hätten sie bis zum Abend frei und endlich einmal Zeit zum Duschen und für ein Wiedersehen mit ihren Familien. Das kam anders. Dette hatte schon am frühen Morgen die Nase voll von allem, was Kind hieß. Ihren Ärger über Manuel und meine Beschwerde über ihn wurde jetzt an den Buben ausgelassen. Ohne Erklärungen nahm sie ihr Versprechen zurück und schickte die Jungen, wie schon an den Tagen zuvor, auf eine abgelegene Waldalm, die bergab auf dem halben Weg ins Dorf lag.

»Das ist nicht fair, Dette«, mischte ich mich ein. »Heute ist Sonntag, die Kinder sollten sich waschen und vielleicht kommen ihre Eltern und dann sind sie nicht da.«

»Wann's rauflaufen, kommen's schon an denen vorbei. Müssen's halt schauen, wo ihre Brut ist, dann ham's auch net so weit.« Hier oben sollten die Weiden für den langen Sommer geschont und nicht schon Anfang Juli komplett abgefressen werden. »Weil sich die Hirten wohl für die Sonntagsarbeit zu fein seien«, nuschelte sie leise vor sich hin. »Solche läschtigen Säcke von Hirschten und so eine Plage von Sennerin sind mir im Leben noch nie nicht untergekommen«, entfuhr es ihr zunehmend lauter. Währenddessen riss sie ein verstaubtes weißes Plastikeimerchen vom Haken, in dem sich in grauer Vorzeit Marmelade befunden hatte, und füllte den Kindern ihr kärgliches Mittagessen aus Speckknödeln in kalter Brühe hinein.

Mich schüttelte es, und ich war froh, aus den Erzählungen der Kinder zu wissen, dass es auf dieser Weide eine kleine Jagdhütte gab, in der man sich bei Regen unterstellen und sein Essen auf einer Feuerstelle wärmen konnte. Heimlich steckte ich ihnen noch etwas zum Naschen zu, und als Trost für den verdorbenen Sonntag trennte ich mich für diesen Tag von meinen beiden leuchtend roten Schweizer Messern, die ich mit Schokolade in ihrem Rucksack versenkte. Seit Almbeginn bettelten sie mich an, die Messer mit zum Hüten nehmen zu dürfen, um damit Stöcke zu schnitzen. Sie besaßen zwar jeder ein feststehendes Messer, aber die nachvollziehbare Faszination lag in den vielen Funktionen und der Schärfe der nagelneuen Taschenmesser. Von Anfang an waren die Messer von mir als Abschiedsgeschenk für die Jungen gedacht gewesen, und wenn sie jetzt verloren gingen, würde ich mit leeren Händen dastehen. Sie versprachen mir hoch und heilig, darauf aufzupassen und sich auch nicht damit gegenseitig zu massakrieren. Nachdem eine große Plastikflasche mit Holunderwasser gefüllt und eingepackt war, trotteten sie getröstet und umgeben von ihrer Herde talwärts.

Dette und ich arbeiteten wortlos vor uns hin. Eben hatte ich meine morgendlichen Aufgaben beendet, da rückte eine erste Wandergruppe aus einundzwanzig Mitgliedern des Deutschen Alpenvereins an. Meine frisch gewischte Stube war zum Bersten voll, und wir hatten zu tun, alle zu bewirten.

Immer noch kamen Dörfler auf den Berg und wollten die Deutschländerin sehen, die hier umsonst ihren Dienst tat. Dann wurde getuschelt und lauthals über mich gelacht. So blöd konnte einfach keine sein, ohne Not hierherzukommen und ausgerechnet bei Dette zu arbeiten. Tatsächlich war Dette die Erste aus dem Dorf, die sich eine freiwillige Helferin geordert hatte, und entsprechend misstrauisch wurde das Unternehmen beäugt.

»Bischt scho ganz mager geworden, vor allem am Balkon. Kriegst nichts zum Essen von der Chefin oder bischst arbeiten net gewohnt? Kannscht zu mir kimmen, dann geht's dir glei besser.«

»Wer weiß, wie's dir dann geht und ob was geht«, gab ich zurück.

Der Wortführer lachte enthemmt los und versuchte, als ich ihm sein nächstes Bier brachte, mich auf seinen Schoß zu ziehen. »Streck mal dei Fingerle aus, des prüf i jetzt jede Woche. Du musst der Hexe a Holzstöckerl hinhalten, sonst schiebt sie di noch in den Ofen. Ob'st für mi noch genug auf den Ripperln hast, prüf i woanders.«

Die Hütte bebte vor Lachen und ich lachte mit. Fürs Erste hatte ich mich an ihre derbe Art und die zotige Anmache der Einheimischen gewöhnt und spielte mit. Es war immer das Gleiche. Einer führte das Wort, und die Gruppe bildete die verlässliche Masse, in der sich alles hochschaukelte. Verirrte sich mal einer von denen am Abend allein oder mit seiner Frau zu mir herauf, waren es die harmlosesten Wesen unter der Sonne und trauten sich höchstens, das Maul aufzumachen, um etwas zu bestellen.

Zu allem Überfluss kam, wie bisher an jedem Wochenende, Doris mit ihren Kindern. Das hieß: Extra Essen für jeden, andauerndes Bedienen mit Getränken, und außerdem durfte man Laura und Hubert keine Sekunde aus den Augen lassen. Wanderer gingen nach kurzer Zeit entnervt weiter, weil das Mädchen ihnen keine Ruhe ließ. Distanzlos und ohne Hemmungen saß sie nach kurzem Kennenlernen bei fremden Gästen am Tisch oder gar auf dem Schoß und heischte Aufmerksamkeit. Heute, wo kein Florian und kein Tobias und keine Tiere da waren, langweilten sich die Kinder mehr als sonst, und keiner hatte Zeit, sich mit ihnen zu beschäftigen.

Irgendwann, als ich zum fünften Mal eine sich nicht leeren wollende Wanne abgespült hatte, reichte es mir. Ich zog die Schürze aus, holte die Bergschuhe unter der Ofenbank hervor, schlüpfte in die darin vergrabenen Socken und schnappte mir meine Trekkingstöcke. Bloß raus hier, bevor ich platzte. Jetzt musste auch für mich einmal Sonntag sein und ich schickte mich zum Gehen an. Dette blieb der Mund offen stehen und sie wechselte einen vernichtenden Blick mit Doris.

»Das kannscht jetzt nit machen, einfach weglaufen und uns hier mit der Arbeit sitzen lassen«, zischte sie mich an. Aber ich drehte mich um und ließ Mutter und Tochter stehen. Ihre stechenden Blicke bohrten sich in meinen Rücken und brannten auf meiner Haut.

»Nimmscht gefälligst die Kinder mit«, brüllte Doris mir nach und ihre Stimme überschlug sich vor Erregung. Ich tat, als ob ich nichts hörte, und lief einfach los.

Nach wenigen Metern bemerkte ich Schritte hinter mir, Laura und Hubert hatten mich eingeholt.

»Wir sollen mit, hat die Mama gesagt.«

»Und ich sage, ihr geht heim, ich will meine Ruhe haben«, brach es in beeindruckender Lautstärke aus mir heraus. Die Kinder erschraken, starrten mich an, griffen sich an den Händen und rannten zum Haus zurück.

Mit langsamen Tritten stieg ich auf einem für mich neuen Pfad den Hang hinauf und ließ alles hinter mir. Weiße Wolkenfelder strichen über den hoch über mir liegenden Grat, verschmolzen zu unförmigen Gebilden und zerfielen wie Schaum im aufkommenden Wind. Stetig ging es bergauf, kleine Geröllstücke lösten sich unter meinen Füßen, und ohne feste Schuhe wäre ich dieses Mal zur Umkehr verurteilt gewesen. Mein Gesicht glühte vor Anstrengung und ein trockenes Schluchzen schnürte mir den Hals zu.

Endlich hatte ich die höchste Stelle erreicht und warf einen Blick zurück. Weit unter mir lagen die drei Gebäude der Alm in der Sonne und boten das einträchtigste Bild, das man sich nur vorstellen konnte. Meine diesmal selber gewaschene Wäsche, die ich am Abend vergessen hatte abzuhängen, bewegte sich sachte auf der Leine, und die Holzschindeln der Dächer schimmerten silbern im Sommerlicht. Die Tür zum Milchhaus stand weit offen und ein Tisch und der daruntergerückte Hocker nahmen ein ungewohntes Bad in der Sonne. Leise drangen die Stimmen von unten herauf und der hellere Tonfall der Kinderstimmen übertönte tiefere Lagen. Die beiden hatten mich längst vergessen und jagten mit einem Kinderrädchen auf platten Reifen holpernd über die Wiesen.

Ich hatte mich langsam beruhigt, als mir ein deutsches Ehepaar entgegenkam, das bereits am Morgen bei mir auf der Alm eingekehrt war. Die Kölner hatten die ungute Stimmung in der Hütte wahrgenommen und mir mit unverkennbar rheinischer Frohnatur Mut zum Durchhalten zugesprochen.

»Et es wiet es und es kütt wie es kütt und et hätt noch immer jot jejange«, sagte der Mann und klopfte mir aufmunternd auf die Schulter.

Jetzt waren sie froh, mich allein anzutreffen, und selbstverständlich neugierig auf die Umstände meines Almlebens. Wir rasteten gemeinsam und nach einem gehörigen Herzausschütten ging es mir fühlbar besser.

Wir trennten uns mit den besten Wünschen füreinander, und ich setzte erleichtert meinen Weg fort, der sich jetzt ebenerdig auf einem gewaltigen Hochplateau hinzog. Wie eine wuchtige Hintergrunddekoration hatte sich der Kernerkofel vor mir in den Himmel gerammt und seine mächtige graue Nordfassade ragte mit zwei sich übertrumpfen wollenden schneebedeckten Gipfeln schroff in die Höhe. Eine tiefe Scharte spaltete den Bergrücken in zwei Hälften, die sich gestochen scharf vor Himmel und Wolken abzeichneten. Das war der Berg, der für alle München–Venedig-Wanderer eine weitere Prüfung darstellte, denn die begehrten Schlafplätze auf der Hütte wollten rechtzeitig erreicht sein, und ohne Trittsicherheit und Ausdauer ging hier nichts mehr. Beeindruckt von diesem gewaltigen Massiv, hoffte ich sehnlich, die Zeit zu finden, um auch einmal hinaufzulaufen und dort zu übernachten.

Wegweiser kündigten näher rückende Bergseen und die dahinterliegende bewirtete Maiwaldhütte an. Es war das erste Mal, dass ich einen Hinweis auf meine südlichen Nachbarn bekam, und ich konnte mir ein Bild machen, wie weit es bis dorthin war. Vor mir tauchten die Teiche auf, und ich musste schmunzeln, als mir einfiel, dass ich allen Ernstes bei meinen Reisevorbereitungen erwogen hatte, hier zu baden. Die Seen waren zu kalt, um überhaupt nur einen Fuß für längere Zeit hineinzustecken, und mein Badeanzug würde unbenutzt wieder nach Hause reisen. Auf dem kleinsten der drei Weiher zog zu meinem großen Erstaunen ein Schwanenpaar lautlos seine Kreise. Ihr Schönheit betrachtend, fühlte ich mich ihnen verbunden. Sie erschienen mir genauso fremd und unwahr in dieser Höhe wie ich auf meiner Alm.

Mehrere Wege zweigten ab. Hier trennte sich ein Tal vom anderen und bis zur nächsten Hütte ging es auf schmalem Pfad bergab. Nachdem ich kein Geld mithatte, um dort einzukehren, verschob ich meinen Antrittsbesuch bei den Nachbarn auf einen anderen Tag und genoss die Aussicht für mich allein.

Zwei Bänke und ein Tisch aus Holz waren aufgestellt, und weil die Bank zu schmal war, legte ich mich bäuchlings auf die sonnenbeschienene Tischplatte und war in wenigen Minuten eingeschlafen. Ich wachte auf, weil mich fröstelte und das Geläut von Kuhglocken zu mir drang. Die Sonne hatte sich verzogen, aber noch immer spiegelten sich das Gebirgsmassiv und die Wolken in dem glasklaren Wasser. Eine kleine, liebevoll gezimmerte Holzhütte stand auf Pfählen mitten im See. Sie wartete auf den Einzug einer Entenfamilie und bot jetzt Rast für zwei Libellen. Die Schwäne waren nirgendwo mehr zu sehen, dafür stieß ein Schwalbenpaar immer wieder pfeilschnell ins Wasser, um zu trinken.

Ich trennte mich von der bewegenden Aussicht, von Einsamkeit und Stille, sprach mir selber laut Mut für die kommenden Tage zu und machte mich ausgeruht auf den Heimweg. Unterwegs schwor ich mir, beim nächsten Mal früher eine Pause zu machen und rascher das Handtuch zu werfen, wenn es mir reichte. So eine Nacht und danach so ein Tag waren nur schwer zu packen. Dann ging die Spülmaschine zukünftig einfach mal eher.

Schon von Weitem drang Motorenlärm zu mir herauf, und als die Alm wieder in Sichtweite kam, war es mit der Einsamkeit vorbei. Der Vater von Laura und Hubert war angekommen und fuhr mit beiden Kindern gleichzeitig auf dem »Motorradl« über die heute Morgen doch noch so schonungsbedürftigen Almwiesen. Vor kurzer Zeit hätte ich dem Fahrer eine saftige Strafe an den Hals gewünscht. Jetzt übte ich mich in Gelassenheit und freute mich mit den Kindern an dem unerlaubten Vergnügen. Hauptsache einer war da, der heute Zeit für sie hatte und etwas mit ihnen unternahm.

Der Abend verlief still. Die Besucher hatten uns verlassen und ich genoss die letzten Sonnenstrahlen und ein Hefeweizen auf der Terrasse. Die Buben spielten Karten, sogar leise, ohne zu streiten, und obwohl es noch heller Tag war, zog es uns alle beizeiten ins Bett. Hier konnte ich noch für eine Weile mit der Taschenlampe lesen und das war nicht nur dank des Mobiliars eine Szene wie aus dem Schullandheim.

Montagsfreuden oder
Lektüre mit Nebenwirkungen

Nach einer Nacht mit erquickendem Schlaf fühlte ich mich wie neu geboren, und die Schwermut der vergangenen Tage war mit dem vielen Wind, der um die Gebäude strich, wie weggeblasen. Am strahlend blauen Himmel trieben kühle Luftströme sahnig weiße Wolkenfelder über die Gipfel und überzogen uns alle mit einem steten Wechselspiel von Licht und Schatten.

Wir drei waren in bester Stimmung. Tobias und mir gelang es, allerdings nur unter Androhung von Frühstücksentzug, Florian nach dem Melken unter die Dusche zu zerren. Heute, nachdem er schon viele Tage ohne Wasser auf der Haut war, ließ ich mich auf keine Verhandlungen mehr ein. Nach einem harten Kampf erschien er frisch gewaschen und sauber gewandet am Frühstückstisch. Kaum wiederzuerkennen war er, mein Hütebub, er glänzte richtig, und seine tief gebräunte Haut schimmerte golden im Morgenlicht.

Tobias duschte montags zu Hause und kam immer sauber und gepflegt wieder bei uns an. In dieser wöchentlich neu aufflammenden Ungerechtigkeit, dass Tobias nach Hause durfte, lag vermutlich der Grund für Florians Verweigerungshaltung der Körperpflege. Wenn ich es erlaubt hätte, wäre er flinken Fußes mit Freuden bis nach Hause gelaufen, nur um sich zu waschen, und dann tausendeinhundert Höhenmeter wieder aufgestiegen. Einfach der Gerechtigkeit halber.

Die Arbeit ging mir locker vom Fleck und bis zum Mittagessen hatte ich viel frei. Mein Handy klingelte und Freunde aus Nürnberg erkundigten sich nach mir. Was für eine Freude. Allein schon mit jemandem zu sprechen, der meine Sprache ohne Probleme verstand, war tröstlich. Viele Freunde aus Deutschland hatten vor meiner Abreise vollmundig ihren Besuch bei mir auf der Alm angekündigt. Eindringlich schilderte ich ihnen, worauf sie sich da einlassen wollten, aber sie waren alle guter Dinge und durch nichts abzuschrecken. Noch freute ich mich auf jeden und war gespannt, wer wirklich kommen würde.

Etwas schwer lag mir das letzte Juliwochenende im Magen. Da feierte meine Tochter ihr Staatsexamen und ich wollte unbedingt dabei sein. Der Bauersfamilie gegenüber hatte ich diesen Wunsch schon im Vorfeld geäußert, und sie waren gerne bereit, mir dies zu ermöglichen. Jetzt hoffte ich nur, dass Dette und der Bauer sich an unsere mündliche Abmachung vom März erinnerten, und nahm mir vor, sie gleich beim nächsten Wiedersehen darauf anzusprechen.

Bestimmt freute sich die Familie auf ein Wochenende ohne mich, an dem Dette oder ihre Tochter wieder allein Regie führen konnte.

Wenn alles klappte, würde mich ein Bekannter, der in Bozen arbeitete, am Freitag hier abholen und am Sonntag wieder bis zum Hof bringen. Nur … So, wie es mir manchmal ging, war ein Abstecher nach Hause ziemlich riskant. Am Ende fehlte mir vielleicht die Kraft, um auf die Alm zurückzukehren, und ich würde den Berg gegen die Stadt eintauschen.

Die erste Anreise hierher war eine Fahrt in ein völlig unbekanntes Leben gewesen. Schwierigkeiten hatte mir eine lästige Blasenreizung bereitet, die mich tagelang schmerzhaft aufs Klo zwang. Der Druck in meiner Blase entsprach dem Druck, der auf mir lastete, und statt mich auf das Packen zu konzentrieren, verbrachte ich meine Zeit in ärztlichen Wartezimmern.

Doch je näher mich das Auto meinem Ziel brachte, umso mehr verflog der Spuk, und sobald die Psyche über den Körper siegte, entflocht sich das gespannte Nervengewirr in mir. Serpentine um Serpentine zog mich die Straße nach oben, die verkrampften Muskeln lockerten sich, und bis wir auf dem Berg ankamen, war alles vergessen.

Beim nächsten Mal würde ich nicht ins Ungewisse fahren. Im Gegenteil. Dann konnte ich mich nur sehenden Auges wieder hierher begeben. Das Wochenende zu Hause lag so etwa in der Hälfte meiner Almzeit und bis dahin wollte ich in jedem Fall durchhalten.

Zum Mittagessen startete ich einen neuen Versuch mit Risotto. Diesmal mit Tomatenmark und klein geschnittenen Würstchen aus dem Glas. Alles ging gut und die Kinder erlaubten sich, nicht zu murren, weil zwei Schnapsdrosseln am Nachbartisch saßen. Sie standen offenbar auf Nassfütterung, und nach der dritten Runde Obstler, bei der ich wieder meine Mahlzeit unterbrechen musste, stellte ich ihnen, einen wahrnehmbaren Hauch zu heftig, die Flasche auf den Tisch. Hunger hatten sie anscheinend keinen, und ich war damit zufrieden, dass der Herd kalt bleiben konnte. Während ich abspülte, unterhielten wir uns noch nett, und dann zogen sie weiter.

Bei uns übernachtet hatte in dieser Zeit noch niemand, und außer einem liebenswürdigen, allein nach Venedig ziehenden Systemadministrator aus München gab es bisher keine nennenswerten Bekanntschaften. Mit dem wäre ich vielleicht mitgewandert, der hatte so eine unbändig schöne Stimme.

Solche Gemütszustände waren hier selbstverständlich fehl am Platz, und damit ja keiner auf dumme Gedanken kam, hing es noch hübsch farbig auf Leinen gestickt über dem Ofen:

> Auf der Alm, da gibt's ka Sünd',
> weil die Wanderer zu müde sind.

Das traf hier nur bedingt zu, denn wer bei uns auftauchte, hatte erst die halbe Tagesetappe hinter sich und musste sich sputen, es bis zu den großen auf Übernachtungsgäste eingestellten Hütten zu schaffen. Ich war nicht böse darum, dass keiner länger blieb, obwohl selbst ohne Matratzenlager fünf leere Bettstellen zur Verfügung standen.

Am Nachmittag brachte uns Manuel endlich die Katzen. Seine verschämte Art und dass er nach einem harten Arbeitstag als Handwerker bis zu mir auf die Berg heraufkam, ließ ich als wortkarge Entschuldigung für die nächtliche Terz mit den Handys gelten und verlor kein Wort mehr über die Sache. Er war sichtlich erleichtert, und auf seinem stark aus der Familienart geschlagenen zarten, mit Dreckspritzern übersäten Gesicht zeigte sich ein nur zu erahnendes Lächeln, als er den Kofferraum öffnete. Die von der langen Fahrt verschreckten Katzen sprangen heraus und suchten sofort ihr Heil in der Flucht.

Katzenmutter und Kind verschwanden im Stall und wurden bis auf Weiteres nicht mehr gesehen. Liebe auf den ersten Blick, den ich erhaschen konnte, war es sicherlich keine, denn schwarzweiße Katzen, gar mit rosa Schnauze und Pfoten, waren noch nie mein Fall gewesen.

Am Abend gelang es Florian mit viel Geduld und einem Schälchen Milch, das noch unglaublich kleine Katzenbaby aus dem

Heu zu locken. Mina, die neugierige Mutter, hatte sich schon nach kurzer Zeit besonnen und war in der Küche erschienen, um zu trinken.

Die Erinnerung an die verjährten Bergsommer ihres Lebens war in ihren gefleckten Kopf zurückgekehrt, und gleich darauf lag sie, wenn auch im Schlaf unruhig zuckend, vor der Tür auf der Bank in der Sonne. Ihr Junges vertraute sie uns blindlings an und unsere Freude darüber war groß.

Nun bangte ich natürlich um unsere Vogelkinder, die prächtig gewachsen und gediehen waren. In den ersten Stunden hatte ich versucht, draußen, so gut es ging, Wache zu schieben, aber die Natur würde auch hier ihren Lauf nehmen.

Heute fiel Tobias der Abschied schwer, denn es war Montag, und er durfte nach Hause.

Ich war froh, dass Florian so viel Spaß mit dem winzigen Katzenwesen hatte, dass ihn das Zurückbleiben nur wenig kümmerte. Erneut fiel mir auf, wie schnell er beim Laufen außer Atem war und sich immer wieder hustend auf die Bank fallen ließ. Auch ich war anfangs in dieser Höhe viel rascher erschöpft gewesen, hatte mich aber längst daran gewöhnt und brauchte nur noch bei außerordentlichen Anstrengungen mehr Luft.

»Was machen wir bloß mit deinem Gehuste?«, fragte ich ihn an diesem ruhigen Abend. »Wenn die Mama das nächste Mal anruft, sag ihr, sie soll Saft raufschicken.«

»Da brauchst keinen Saft, das kommt von drinnen«, sagte er ernst und griff sich mit einer Hand unter das verschwitzte Hemd.

»Was heißt das, von drinnen?«, bohrte ich nach und setzte mich neben ihn auf die Eckbank.

Ohne Antwort zog er mit verschränkten Armen sein Hemd über den Kopf und verharrte in dieser schon geübten, den Kopf verhüllenden Position mit mir leicht zugewandtem Körper.

Jetzt war es an mir, nach Luft zu ringen, denn das Bild, das sich mir bot, ließ mich erstarren. Eine senkrechte Narbe mit einer Unzahl von hässlichen, viel zu groß geratenen, roten seitlichen Einstichstellen zog sich von kurz über seinem Bauchnabel bis millimetergenau unter den halsnahen Rand des Unterhemds. Irgendetwas zwischen Schrei und Pfeifton quälte sich aus meinem Mund. Mit geschlossenen Augen wandte ich mich ab und kam erst wieder zu mir, als Florian lachte.

»Kannscht die Augen ruhig aufmachen, es isch scho wieder weg.«

Ich schaute ihn an und versuchte ein mühsames Lächeln. »Was ist denn da passiert?«, erkundigte ich mich sanft.

Langsam und mit mageren Worten erklärte er mir, dass er als Kind schwer an der Lunge erkrankt und in Innsbruck operiert worden war. Was genau die Ursache war, wusste er nicht, und es schien ihn auch weder sonderlich zu bekümmern noch zu interessieren. Außer dass er ruck, zuck aus der Puste war, machte es ihm angeblich keine Probleme. Damit war für ihn das Thema vom Tisch, und ohne noch zu erläuternden Ausführungen bereit zu sein, spielte er weiter mit der Katze.

Ich drückte mich von der Bank hoch und ging nach draußen. Lass dir jetzt ja nichts anmerken, flüsterte ich mir zu und zog die Hüttentür leise hinter mir ins Schloss. Äußerlich ruhig, lief ich ein Stück vom Haus weg, dann verharrte ich und brüllte einen mörderisch lauten Fluch in den abendlichen Himmel. Das durfte doch nicht wahr sein. Die ließen mich hier, fernab jeder Zivilisation, mit zwei fremden Kindern allein, von dem man das eine von oben bis unten aufgeschnitten hatte, weil es schwer krank gewesen war. In dieser Höhe körperlich zu arbeiten, strengte jeden an, aber wie ging es da erst dem Jungen? Was sollte ich machen, wenn das Kind einen Atemstillstand bekam oder was auch immer für eine Attacke?

Vor einigen Tagen hatten wir noch gelacht, weil Dette erzählte, dass die von der Bergrettung unten im Ort, wenn kein Einsatz war, gern mit dem Hubschrauber auf die Alm zum Mittagessen kamen. Da sollte ich drauf gefasst sein und mich nicht erschrecken.

Der käme mir recht, der Notarzt. Bevor der sich hier hinsetzte, wären meine Buben auf Herz und Nieren und auf Almtauglichkeit zu untersuchen. Bis dahin würde ich erst mal den Einsatz für Florian gewaltig runterfahren und selber noch mehr mit anpacken.

Zurück auf der Alm, überredete ich das Kind endlich, die Büchertasche zu holen und mir einmal ausführlich zu erklären, was an Schularbeiten bis zum Ende der Ferien zu erledigen war. Außer italienische Vokabeln und Grammatik zu üben, die kleinen Lücken im Bruchrechnen zu schließen und einer Buchnacherzählung sei fast alles gemacht, verkündete er mir ungewohnt willig. Nämlich nur noch laut Deutsch und Italienisch lesen üben.

Mein Schreck über die Masse an Hausaufgaben war ehrlich und um ihm ein Bild von der kurzen noch verbleibenden Zeit zu vermitteln, holte ich den mit farbenfrohen Dolomitenbildern illustrierten Kalender der Stadtsparkasse von der Wand. Je nachdem, wie früh der Winter kam, dauerte der Almsommer maximal dreizehn Wochen. Zwei Montage waren schon tatenlos vergangen, und ohne sanften Druck meinerseits drohte den anderen Montagen, die wir für die Schulaufgaben vorgesehen hatten, ein ähnliches Schicksal.

Florian starrte mich mit großen Augen an und strich gleich noch einen der jetzt fürs Lernen markierten Tage im August aus. »Da isch am Sonntag davor Bergmesse, da lern i montags nix.«

Gern hätte er mir jetzt alle mit der Bergmesse auf uns zurollenden Traditionen und Aufgaben ausführlich erläutert, aber für dieses Mal bremste ich ihn, und wir machten uns an die Arbeit. Das zu lesende Taschenbuch hatte noch nicht einmal die Alm erreicht und ruhte in Florians Zimmer unten im Tal. Erstaunlicherweise wusste er den Titel, und ich bereitete mich im Innern darauf vor, das offenbar nur in den Südtiroler Hochlagen bekannte Werk »Minnewitt macht nicht mehr mit« zu lesen und zu bearbeiten.

Für heute widmeten wir uns der höheren Mathematik und mithilfe einer nur zum Rechnenüben freigegebenen Tafel Ritter Sport Vollmilch näherten wir uns Halben, Vierteln und Achteln. Ohne Tobias' Anwesenheit lief die Sache wesentlich besser, und wir kamen ein Stück voran, nachdem sich die kleinen Lücken im Rechnen gelinde gesagt als schwarze Löcher erwiesen hatten.

Das Lernen machte Florian hungrig und zum dritten Mal für diesen Tag servierte ich aufgewärmtes Risotto. Gierig schaufelte er den Rest in sich hinein, kümmerte sich um das Einholen der Fahne und verschwand sofort darauf im Bett.

Ich räumte das Schulzeug weg und setzte mich vors Haus. Ein böiger Wind war aufgekommen, und mein Vorhaben, draußen noch ins Tagebuch zu schreiben, gestaltete sich schwierig. Der Wind blies alles durcheinander und vor lauter Festhalten von Papier und Stiften konnte ich keinen klaren Gedanken fassen. Obgleich es draußen noch so schön hell war, blieb mir keine

Wahl, als beim Licht meiner aufladbaren Campinglampe in der Stube weiterzuschreiben.

Ich nutzte die Ruhe, um noch einen langen Brief an Gordon in Sydney zu verfassen und eine Geburtstagskarte an eine Freundin. Der Brief an Gordon fiel mir schwer. Er würde mit Leichtigkeit alle Zwischentöne herauslesen und sich fragen, was seine Mama hier so machte. Das wusste ich oft genug selbst nicht, aber in der vielen Zeit, die ich bei den täglichen Routinearbeiten zum Nachdenken hatte, würde sich vermutlich noch manches klären.

Jetzt schien ein Dreiviertelmond zum Fenster herein. Er stand hell und klar über dem Joch und erleuchtete das stille Zimmer. Ich sang mir alle Strophen von »Der Mond ist aufgegangen« vor, die mir einfielen, und war erleichtert, als mein Mann anrief und mich aus meiner schwermütigen Stimmung herausriss. Ich vermisste ihn und die Kinder. Mir fehlte die Ansprache. Oft, wenn die Jungen unterwegs waren und kein Bergsteiger kam, redete ich laut vor mich hin. Die Angewohnheit, mit Selbstgesprächen meine Arbeiten zu begleiten, kannte ich schon von zu Hause, sie hatte sich hier allerdings, wie so manches andere, auffällig verstärkt.

Vor dem Einschlafen leistete ich mir noch den Luxus einer Lesestunde mit Campinglampe und vertiefte mich in den Roman »Das tägliche Nichts«. Vom Titel her hätte er ja vielleicht hierher gepasst. Was den Inhalt betraf, eignete sich die Lektüre eindeutig nicht für einsame Zeiten, und ich fragte mich, mit welchen Hintergedanken mir die prüdeste meiner Freundinnen genau diesen Schmöker mit ins Exil gegeben hatte. Sie, die schon bei der kleinsten Kussszene im Kino verschämt im Sitz versank und schwer atmend die Augen schloss, legte mir dieses Buch ans Herz. Ich muss schon sagen. Na ja, jetzt war es weit nach Mitternacht, der Lampenakku alle, das Buch aus, und es würde mir gelingen, ohne Begleitung einzuschlafen.

Knödelberge und Sommerschnee

Nach einer stürmischen Nacht wachte ich erst um halb sieben auf, als die Melkmaschine zu laufen begann. Selbst Tobias' Ankunft mit dem Motorrad hatte ich verschlafen. Es grenzte an ein Wunder, dass Florian von allein aufgewacht und längst bei der Arbeit war. Ein kalter Wind blies immer noch ausdauernd und Regen rauschte vom Himmel. Dementsprechend schlecht waren die Lichtverhältnisse, und ich musste in der stockdunklen Küche schon am Morgen mit Kerzen umgehen, um das Frühstück zu bereiten. Als es mir endlich gelungen war, im Wettlauf mit Regen und Wind, der sich heulend in unserem Schornstein fing, das Herdfeuer zu entfachen, kam wenigstens aus dem Ofenloch ein kleiner, heller Schein.

Bis zum Frühstück waren beide Kinder bereits nass bis auf die Haut, und ich war froh, dass ich sie zum Hüten noch mit trockenen Anoraks aus meinem Schrank ausrüsten konnte. Ohne die Jacken hätte ich sie in ihrem nassen Zeug wieder nach draußen schicken müssen.

Die Jungen waren losgezogen und ich widmete mich hingebungsvoll dem Höhepunkt eines jeden Tages, dem Reinigen der Milchzentrifuge. Alles in allem war ich damit immer ein Stündchen beschäftigt und ich fragte mich: Hatte es ein Leben ohne Zentrifuge gegeben? Ich konnte mir das schon gar nicht mehr vorstellen und liebäugelte spaßhaft mit einer Anschaffung derselbigen für zu Hause.

Den Flur zu fegen oder die Toilette zu scheuern, ließ ich neuerdings bei den täglichen Arbeiten gut einmal ausfallen. Ich nahm, wenn auch mit einer gewissen Verwunderung, eine ungewohnt lockere Art im Umgang mit Sauberkeit in Bezug auf mich und meine Umwelt wahr. Einzig mit dem Milchgeschirr und unserem Essen duldete ich keinerlei Nachlässigkeit, aber tagelang keine Dusche oder etwas Kuhmist im Bett steckte ich unbesorgt weg.

Als das Haus sauber war, wurde es auch schon höchste Zeit, die täglich benötigten Knödel zu produzieren, die auf der Alm je nach Ansturm dutzendweise vertilgt wurden. Laut der Karte, die immer noch draußen hing, und die ich, wenn ich allein war, weitgehend boykottierte, gab es auf der Kerneralm Spinatknödel, Speckknödel und Käse- oder Pressknödel. Zubereitet entweder in Brühe oder wahlweise mit Krautsalat und Gulasch.

Heute waren Käse- und Speckknödel an der Reihe. In zwei Plastikschüsseln hatte ich das klein geschnittene Knödelbrot in lauwarmer Milch und gequirlten Eiern eingeweicht, je zur Hälfte mit Graukäse und gewürfeltem Speck. Sobald das trockene Brot durchfeuchtet war, kamen Zwiebeln, zerlassene Butter und Schnittlauch dazu. Die Käseknödel wurden geformt, mit der Hand zu ovalen Talern gepresst und anschließend in heißem Fett ausgebacken. Die Speckknödel blieben roh; nachdem ich sie mit Salz und Pfeffer abgeschmeckt und gerollt hatte, legte ich sie in die Schüssel zurück. Das ergab einen kleinen Vorrat für die nächsten Tage – und natürlich wieder jede Menge Abwasch.

Dem schlechten Wetter ausweichend, saßen die ersten Wanderer in der Stube und schauten mir gespannt zu, wie ich in der zum Gastraum hin offenen Küche hantierte. Außer einem schweigsamen jugendlichen Pärchen hatte sich eine Gruppe von neunmalklugen, vermeintlich deutschen Sterneköchen eingestellt, die es leider nicht aushalten konnten, ohne jeden meiner Handgriffe zu kommentieren und zu verbessern.

Dieses Über-die-Schulter-Schauen war mir schon als Schulkind ein Gräuel. Lehrer, die sich von hinten anschlichen und beim Blick in mein Heft nur »mh, mh« oder »so, so« machten, hasste ich wie die Pest. Dann war mir meine Mutter schon lieber. Die pirschte sich bei den Hausaufgaben von hinten an uns Geschwister heran und zeigte jedem mit Kennerblick sofort die Fehler auf der Seite.

Zu meinem Leidwesen kamen ungefragt Ratschläge vom Tisch in der Stube: nämlich, dass man Kaspressknödel auch mit Wasser statt mit Milch machen könne.

Ich musste schwer an mich halten, um sie nicht mit Knödeln zu bewerfen. »Macht euch doch euren Käse selber«, schlug ich vor und schob ihnen die teigverschmierte Emailleschüssel mit Schwung unter die Nase.

Jetzt war urplötzlich Ruhe und ich konnte ungestört weiterarbeiten. Nachdem die vier fertig gegessen hatten, zahlten sie auch schon und verließen fluchtartig die Stube. Bei so einer Durchgeknallten wollte keiner freiwillig eine Minute länger bleiben als nötig, und ich hatte die Besserwisser draußen. Solche Gäste konnten mir gestohlen bleiben, und als sie sich ein Stück weit entfernt hatten, schrie ich ihnen nach:

»Grüßt mir Venedig, und vergesst nicht, mit dem Pizzabäcker zu diskutieren, was der in den Teig tut. Waaaaaaassser oder Miiiiiiiiilch«, brüllte ich aus Leibeskräften. »Gebt mir Bescheid, wenn ihr wieder vorbeikommt.«

Die Herren machten, dass sie davonkamen, selbst das Lachen war ihnen vergangen. Nur einer drehte sich noch einmal um und fuhr sich mit einer eindeutigen Handbewegung vor seiner Stirn hin und her.

»He du«, rief ich jetzt aus vollem Halse, »am besten, ihr klärt das und bringt mir eine Pizza mit. Ich nehme Schinken und Oliven.«

Die letzten Worte schluckte der Wind, und ich zweifelte, ob meine Bestellung noch angekommen war. Die Typen war ich sicherlich ein für alle Mal los, und es dauerte nicht lang, bis die anderen beiden auch bezahlten. Endlich hatte ich die Hütte für mich allein.

Es war schon Nachmittag geworden und die Stunden verflogen. Ausgestreckt auf der Eckbank starrte ich müde auf den Wandbehang über mir.

> Wo das Edelweiß, die Alpenrosen blühen
> und im Abendsonnenschein die Berge glüh'n,
> in diesem Hüttlein in stiller Ruh',
> bring ich mein Alpenleben zu.

Den Wandbehang hatte Dettes Tante gestickt. Die lebte als Nonne in einem Konvent. Recht hatte sie. Wenn ich das nächste Mal den Hang zu Einkehrtagen verspüren sollte, dann würde ich sicherlich nicht wieder auf eine Alm gehen, sondern hinter klösterliche Mauern. Hier glühte nur eines, und das waren meine wehen Füße.

Den ganzen Vormittag hatte ein einziges Kommen und Gehen geherrscht und die Wanderer gaben sich die Klinke in die Hand. Wenn es draußen so kühl und regnerisch wie heute war, fand das Leben in der Hütte statt. Unmengen von Speckknödeln und Kaiserschmarren kamen vom Herd, und übrig blieb ein Abwaschberg, so hoch wie der Laurentiusstein.

Ich fiel in einen leichten Schlaf und wachte auf, als mein Arm von der schmalen Bank rutschte. Es war höchste Zeit aufzustehen und den Buben in Richtung Tal entgegenzulaufen, um ihnen beim Herauftreiben der Kühe zu helfen, mit denen sie schon seit Tagen auf der tiefer gelegenen Waldalm waren.

Der Regen hatte nachgelassen, und als ich mich auf den Weg machte, zogen versprengte dunkle Wolkenfelder über mich hin. Der Himmel war zerfurcht von zerfließenden Kondensstreifen. Ein silbrig glänzendes Flugzeug schob sich aus einer Wolke, und für einen Moment war ich versucht, der Masse aus Metall und Mensch zu winken. Eine schwach sichtbare Mondscheibe hatte sich dazugesellt und so bildete sich aus den immer ruheloser ziehenden Wolken und den jetzt hörbaren Motoren eine ungewöhnliche Einheit von Natur und Technik.

Die Wiesen lagen im satten Grün unter meinen Füßen und noch immer konnte ich an schattigen Stellen das Royalblau eines nachzügelnden Enzians entdecken. Die ersten Frühlingsblumen waren verblüht. Von den eben noch strahlend gelben Küchenschellen, die für Tage wie ein herniedergefallener Sternenhimmel die Weiden geschmückt hatten, war außer ihren silberhaarigen trockenen Blütenköpfen keine Spur von Schönheit mehr zu entdecken.

Von Weitem hörte ich die Kühe, und ich beeilte mich, mit dem wild verzierten Stock, den mir die Kinder geschnitzt hatten, ihnen noch etwas beim Treiben zu helfen. Der Himmel begann, sich erneut zu verdüstern, und wir schafften es in Eile, alle Arbeiten im Freien zu erledigen, bevor uns ein heftiges Gewitter fluchtartig in die Hütte zwang. Blitze durchzuckten den Himmel wie die Linien auf einem gigantischen Schnittmusterbogen, dessen vorgezeichnetes Werk nur höheren Mächten zugänglich war. Wie dunkler Samt sank die Nacht vom greifbar nahen Himmel auf uns und verhüllte die eben noch wahrnehmbare Welt vor unseren Augen.

Wo der Blitz für Bruchteile von Sekunden Stall und Scheune taghell erleuchtet hatte, würde im nächsten Moment kein Fremder mehr irgendetwas anderes vermuten, als dass sich hinter dieser Schwärze geradewegs der Abgrund zur Unterwelt auftat.

Das war unser erstes Gewitter, bei dem nicht jeder für sich im Bett ausharrte und seine Not mit sich selber ausmachte. Meine Ängste spiegelten sich im Gesicht der Kinder, aber ich strengte mich an, nach außen hin zuversichtlich zu wirken. Seit diesem Sommer hatte das Haupthaus einen Blitzableiter und kein noch so starker Blitz sollte je wieder Löcher in die Wände schlagen oder gar Feuer entfachen.

Anders war das bei den Kühen, deren angstvolles Gebrüll das Grollen des Donners durchdrang. Im Sommer zuvor hatte der Blitz in einen metallenen Gullydeckel im Stall eingeschlagen. Das kostete fünf Tiere das Leben. Beim selben Gewitter traf der Blitz auch noch eine Kuh auf der Weide und der Rundgang nach dem Unwetter muss ein einziger Alptraum gewesen sein.

Diesmal blieben alle Schäden aus, und so unvermittelt, wie das beeindruckende Theaterstück begonnen hatte, verschoben sich die Kulissen, und die beklemmende Vorführung war, von meinem innigen Dank begleitet, zu Ende. Ein schräg fallender Regen hatte eingesetzt und ließ die immer noch aufgeregten Tiere langsam zur Ruhe kommen. Nach diesem lärmenden Spektakel genossen wir einen umso stilleren Abend, während es in der Ferne noch vereinzelt donnerte.

Tobias weigerte sich zum ersten Mal, mit Florian Watten zu spielen. Er hatte mein Sudoku-Buch entdeckt und verfiel völlig der Anfängerleidenschaft. Erneut war ich froh über alles, was ich zur Unterhaltung dabeihatte. Mit viel Überredungskunst gelang es mir, Florians Interesse an meiner Patience zu wecken. Es würde sicher noch etwas dauern, bis er die Regeln in seinem Kopf verankert hatte, aber das für mich undurchschaubare Watten konnte er ja auch.

Später lag ich im Bett und die Dunkelheit quälte mich. Längst vergessen geglaubte Liedverse und Gebete der Kindheit wie »Breit aus die Flügel beide« fielen mir bruchstückhaft ein. Etliche Strophen von »Geh aus mein Herz und suche Freud« sagte ich mir vor, doch irgendwann bei einem der vielen Verse von »Großer Gott, wir loben Dich« fiel ich in einen leichten Schlaf.

Irgendetwas war fremd in dieser Nacht. Eine kostbare Stille hatte sich breitgemacht. Die zum offenen Fenster hereinströmende Luft hatte einen deutlich anderen Charakter, dessen Zuordnung mir im Unterschied zu den vielen Liedern des Vorabends absolut nicht einfallen wollte.

Obgleich es erst fünf Uhr war und ich schlecht geschlafen hatte, erwachten meine Sinne, und ich begann zu ahnen, was mich erwartete. Die Gewissheit kam beim Aufstehen und beim Blick aus dem Fenster. Der Regen der Nacht war lautlos in Schnee übergegangen und hatte alle Hügel ringsum und unsere kleine Almwelt weiß unter sich begraben. Alles, einschließlich der vor sich hin kauenden Kühe, war verschneit. Als kurz darauf die Sonne aufging, rannte ich mit meinem Fotoapparat los, um hoffentlich schöne Bilder der unerwarteten Winterwelt zu machen. Fasziniert von diesem Naturschauspiel hätte ich am liebsten die Kinder geweckt, um meine Freude mit ihnen zu teilen, konnte mich dann aber doch beherrschen und ließ sie schlafen.

Dieser Schnee würde sich bestimmt in der Morgensonne noch etwas halten. So war es auch und es gab nach dem Frühstück genug Zeit für eine Schneeballschlacht und einen Schneemann im Sommerwinter.

Im Lauf des Vormittags tauchte unsere kleine, von den Kindern auf den Namen Heidi getaufte Katze wieder auf. Sie war gleich nach ihrer Ankunft bei uns verschwunden und wir hatten sie verzweifelt gesucht. Ich glaubte sie schon in den Klauen eines Adlers oder eines Marders verloren. Offenbar hatte sie sich aber nur besonders gut versteckt und der Hunger trieb sie durch den ersten Schnee ihres Lebens zurück zu ihrer Katzenmutter.

Der Schnee schmolz und die letzten Überbleibsel wusch ein für den Rest des Tages gleichmäßig vor sich hin rauschender Regen ab. In dichten Reihen fiel er aus eintönigem, schmutzgrauem Himmel, und je nachdem, ob er auf Stein, Erde oder Holz traf, entstanden unterschiedliche Geräusche. Das Wasser sammelte sich auf den Dächern und die Dachrinnen gaben es an ihren offenen Enden sturzbachartig dem Boden zurück. Vor dem Fenster tanzten drei Falter, unbeirrt, als hätte weder der Schnee des Vormittags noch der Regen den wenigen Sonnenschein der letzten Tage abgelöst.

Die geruhsame Stunde vor der Dämmerung verging mit einem angenehmen letzten Gast. Unvermittelt stand ein durchnässter Mountainbiker in meiner Stube und zog sich nach knapper Begrüßung ohne große Worte vor mir und dem Ofen bis auf die Haut aus. Wortlos wie er harrte ich der Dinge, die da kommen sollten.

Nackte, an den typischen Stellen braun gebrannte Extremitäten und ein im Vergleich zum restlichen Körper extrem weißer, knackiger Po bewegten sich ungeniert im Raum und verweilten vor meinen Augen. Ohne Eile wurschtelte er aus seinem Rucksack trockene Kleidung hervor, zog das Scherengitter über dem Herd auseinander, hängte, immer noch hüllenlos, seine nassen Sachen darauf und schlüpfte danach gelassen in Leggings und Hemd. Blonde schulterlange Haare hingen lose von einem schwarzen Gummiband gehalten seitlich über sein Gesicht und gaben nur manchmal den Blick darauf frei.

Während des Umziehens hatte er, als wäre er an diesem Herd groß geworden, den Ofen kräftig eingeschürt, und genau, als er fertig angezogen war, kochte das Wasser im Kessel, von dem ich noch nicht einmal wusste, wann und wie er ihn nebenbei aufgestellt hatte.

Wir tranken Pfefferminztee und aßen Apfelstrudel, und er erzählte mir, dass er der Sohn von den Besitzern der Schroffstein-alm und auf Urlaub zu Hause sei. Er und seine Geschwister betrieben im Wechsel die Alm, die nur am Wochenende für Wanderer bewirtschaftet wurde. Im richtigen Leben arbeite er im Allgäu auf einer Samenbank für Simmentalerkühe, das klassische orange-rote Fleckvieh. Heute sei er nur zum Betrachten der neuen Sennerin bei dem Sauwetter überhaupt aufgebrochen.

Die Dunkelheit kroch durch die Fenster, als er sich wieder auf den Weg machte. Die Zeit war rasch vergangen, und er beschwor mich beim Abschied, wie bereits der Sepp zuvor, nur ja durchzuhalten.

»An der Bergmess besuch i di wieder, dann bist scho noch do.«

Ich hatte von dem Ereignis gehört, mir aber nicht gemerkt, wann das sein sollte. Leichtsinnig versprach ich, mein Bestes dafür zu tun.

Zum Nachtessen gab es zum zweiten Mal Fleisch. Ich machte uns Schweinegulasch aus einem seit mehreren Tagen offenen Glas heiß und kochte dazu Polenta. Jeder bekam genau fünf Bröckchen Gulasch. In der Hoffnung, dass es noch unverdorben war und wir ohne Bauchweh davonkamen. Aber wir vertrugen alles bestens und waren satt und zufrieden.

Wieder hatte ich mich an Essen vergriffen, das nur für zahlende Gäste gekocht war. Dette hätte es uns sicher missgönnt. Allerdings wäre das Fleisch sonst ohnehin verschimmelt, und ich versuchte, mich damit für den Fall einer Rückfrage zu wappnen.

Am Abend dieses an angenehmen Ereignissen reichen Tages widmete ich mich dem Abwasch.

»Übrigens ist heute ein Lostag«, hatte mir der freundliche Radfahrer noch erklärt. »Da bleibt das Wetter sieben Wochen so.«

Bloß nicht, dachte ich und lehnte meine Stirn müde gegen den feuchten Oberschrank, denn draußen goss es noch immer in Strömen.

Zweierlei Butter oder
Dem Land Tirol

Mit der Wetterprognose lag der Mountainbiker von der Schroff-steinalm falsch. Am nächsten Morgen war alles dick bereift und die Bergketten hatten den Neuschnee auf ihren Gipfeln behalten. Der Tag jedoch entwickelte sich sonnig, wenn auch kalt und windig, und bis zum Abend fiel kein Tropfen Regen. So blieb es bis auf Weiteres.

Die Zeit verging im täglichen Einerlei. Bis auf das Manko, dass Manuel, weil er krankgeschrieben war, hier herumhing, war alles zu ertragen. Jetzt meinte er, mir und den Kindern Gesellschaft leisten zu müssen, oder er war vom Hof als Beobachter unseres Almlebens abgestellt worden. Ich hoffte, er werde bald wieder seiner Arbeit nachgehen können und mich und vor allem die Jungen in Frieden lassen.

Florian hatte mir heute seine schmerzenden Brustwarzen gezeigt. Sie waren grün und blau verfärbt, weil Manuel bei jeder Gelegenheit daran herumdrehte. Das Kind wehrte sich nur hin und wieder gegen den Sohn vom Hof und ließ sich allerhand gefallen. Besser nicht darüber grübeln, was sie in der langen Zeit auf den Weiden sonst noch so trieben, wenn Manuel sie begleitete. Vielleicht war Brustwarzendrehen noch harmlos.

Zu den Brustwarzen musste ich mir Manuel gleich vorknöpfen. Es gab genug zu tun, und ich hatte keine Lust, hier noch häusliche Krankenpflege für von Pubertätsspielchen geschädigte Kinder zu leisten. Gegenüber der Familie bediente er sich ja eines ziemlich losen Mundwerks, was ich mir im Gegensatz zu den anderen allerdings nicht gefallen lassen wollte.

Dettes strenge Erziehungsmethoden hatten hier gründlich versagt. Ein verwöhntes Kerlchen war da aufgewachsen. Es war mir rätselhaft, was die nette Freundin Bärbel an dem Hallodri fand. Mit etwas Glück würde sie noch rechtzeitig merken, an wen sie da geraten war, bevor sie einen dicken Bauch bekam und gezwungenermaßen die Hochzeitsglocken läuteten.

Ziemlich zerknirscht stand er nun vor mir und warf einen bitterbösen Blick zu Florian hinüber.

»Lass ja das Kind in Ruhe«, herrschte ich ihn an und diesmal traf ich offenbar gleich den richtigen Ton. Er nickte stumm und zog sich die Kappe noch tiefer vor seinen düsteren Blick. Der Spaß am Almleben war ihm fürs Nächste vergangen. Bevor noch weiteres Gezeter auf ihn einprasselte, griff er schleunigst seine Sachen und fuhr mit dem Auto bergab.

Vor zwei Tagen hatte ich zum ersten Mal allein gebuttert und das Ergebnis konnte sich sehen lassen. Die schönen Model aus Holz ließen sich gut füllen und es entstanden viele Butterstücke zu je einem Pfund mit Rosenmuster und ein kleineres Stück mit Edelweißabdruck. Das Buttern oder Kübeln, wie es hier hieß, war eine echte Knochenarbeit und am besten mit dem Elan des frühen Morgens zu erledigen. Nachdem der Rahm drei Tage bei Raumtemperatur in der Gaststube stand, wurde er in die zuvor ausgewaschene Holztrommel geschüttet. Dann galt es, lange außen an der Kurbel zu drehen, was zunächst auch noch recht einfach ging. Je fester die Butter wurde, umso schwerer ging das Kurbeln vonstatten, und es begann ein Krafttraining der besonderen Art. Trotz der Kühle in der Butterkammer trieb es mir den Schweiß auf die Stirn. Urplötzlich ging es dann wieder leichter und aus der Trommel drang ein wässriges Klatschen. Jetzt hatte sich die Butter zu einem Kloß geformt, das Wasser war weitgehend aus dem Rahm herausgetrieben, und alles schwamm in Buttermilch. Die wurde in einen Eimer ausgeschüttet und von den Kindern getrunken oder verkauft.

Nun kam noch mehrmals eiskaltes Wasser in die Trommel und die Butter wurde wie Wäsche mit den Händen ausgedrückt. Anschließend konnte ich sie in die alten Formen pressen, sofort ausklopfen und schwimmend in kaltem Bergwasser lagern.

Die Butter wurde mit Abstand zu meinem liebsten Almprodukt. Ungeachtet des kalten Raums und des Hantierens in dem eisigen Wasser war es eine schöne Arbeit. Nach dem Werkeln mit dem vielen Fett fühlten sich die Hände zur Belohnung an wie Samt und Seide.

Als meine erste Buttermilch fertig war, kamen zwei Wandergesellen vorbei. Sie bestellten davon in unverkennbar hessischem Tonfall. Wir hatten viel zu erzählen, als sich zeigte, dass die Jungs nur etwa fünfzehn Kilometer von meinem Geburtsort im Taunus lebten, einen Steinwurf von da, wo ich jahrelang gewohnt hatte. »Erbarme, zu spät, die Hesse komme.«

Auch hier war das beherrschende Thema, wie man denn auf die Idee verfällt, den Sommer auf einer Alm zu verbringen, und ich erklärte bereitwillig aufs Neue meinen lang gehegten Lebenstraum.

Die Hessen waren von den vielseitigen Aufgaben angetan und konnten sich so ein Leben sofort auch für sich vorstellen oder hatten mindestens einen im Freundeskreis, dem sie das auch zutrauen und empfehlen wollten. Wenn die nur wüssten, was das im Detail bedeutet, dachte ich tief in mir, dann wäre der Traum wohl rasch ausgeträumt. Wild entschlossen ließen sich meine hessischen Landsleute auch gleich die Anschrift der Vermittlungsstelle geben, und ich bedauerte es heftig, dass ich nie erfahren würde, ob jemals einer von ihnen oder den vielen anderen Verzückten dem Vorsatz wirklich Taten folgen ließ.

Nachdem die Hessen angeblich unterwegs Pilze gesehen hatten und am Nachmittag noch Wanderer mit Steinpilzen da gewesen waren, brach ich auf, um selber welche zu suchen. Obwohl ich weit in den Wald hinunterging, weil auf Höhe der Alm heute Nacht schon Frost geherrscht hatte, fand ich kein einziges Schwammerl. Also würden wir uns zum Abendessen wieder einmal mit Dosenthunfisch und Brot begnügen müssen.

Beim Vorbereiten unserer Mahlzeit hörte ich draußen die Kühe mit ihren lauten Glocken nach Hause kommen. Die beiden Hütebuben hatten alle Hände voll zu tun, die weit verstreute Herde in den Nachtpferch zu treiben und die Melkkühe in den Stall. Mit ihren, dank meiner Messer, jetzt kunstvoll geschnitzten Stecken fingen sie selbst das störrischste Rindvich ein und scheuchten es auf seinen Platz. Das war ein Laufen und Rennen, bergauf und bergab. Die Wege, die die Kinder dabei zurücklegten, gingen im wahrsten Sinne des Wortes auf keine Kuhhaut.

In meinen ruhigen Minuten, mit dem Tagebuch vor mir auf dem Tisch, dachte ich später an den Schroffsteinalmer. Sein »Bischt scho no do, wann i zur Bergmesse kim« und mein darauf folgendes »Ja« lasteten mir auf der Seele. Hier galt es, ein Versprechen einzuhalten, das mehr wog, als ich mir eingestehen wollte. Zu Hause hatte ich auf alle ähnlichen Fragen geantwortet: »Wer weiß, vielleicht bin ich in einer Woche wieder zurück«, und Zusagen oder gar Versprechen waren mir garantiert keine über die Lippen gekommen. Und hier? Wenn mich einer so treuherzig anguckte, konnte ich niemals Nein sagen.

In Gedanken beschäftigte ich mich mit dem Besuch von daheim, den ich mir so sehr wünschte. Meine Gemütsverfassung war stabiler geworden und die häufigen Tränen waren versiegt. An den Abschied meiner sehnlichst erwarteten Gäste durfte ich deshalb nur so selten wie möglich denken und vielleicht war es dafür überhaupt zu früh.

Während ich schrieb, strich Heidi um meine Füße. Sie war am Morgen in den Rahmtopf gefallen und ihr zartes Babyfell stand jetzt in fettigen Haarbüscheln von ihrem dünnen Körper ab. Zum Trocknen hatte sie sich sinnigerweise ein warmes Plätzchen in der Herdschublade auf den frischen Trockentüchern gesucht. Jetzt lockte ich sie auf meinen Schoß und ein sahniger Geruch stieg mir in die Nase. Willig ließ sie sich von meinen Fingern entzausen und statt viel Text im Tagebuch hatte ich am Abend ein halbwegs präsentables Kätzchen mit Punkfrisur.

In der Nacht plagten mich schwere Träume von einer oberen Alm, die ich zusätzlich versorgen musste. Und genau als ich dort war, wollten mich auf der unteren Alm, die völlig verwaist dalag, Freunde von zu Hause besuchen. Sie konnten sich nicht erklären, wo ich steckte, und wanderten weiter. Vor der Tür hinterließen sie als Geschenk für mich eine eingepflanzte Zeder in einem schlanken Terrakottatopf. Bei meiner Rückkehr fand ich den Topf und darunter einen Brief, und ich war grenzenlos enttäuscht, die Gäste verpasst zu haben.

Als ich aufwachte, war ich heilfroh, dass ich alles nur geträumt hatte. So etwas durfte nicht passieren. Es würden sich ja hoffentlich alle anmelden, bevor sie mich besuchen kamen. Und eine obere Alm, für die ich ebenfalls verantwortlich war, gab es gottlob auch keine.

Der nächste Tag begann bereits konfus. Bernadette war angerückt und hatte wieder sämtliche anstehenden Arbeiten gleichzeitig begonnen. Selbst mit gutem Willen gelang es mir nicht, ihre inneren Pläne zu erkennen, und ich wusste nie im Vorraus, wo ich zuerst anpacken sollte. Abspülen, Zentrifuge reinigen, Frühstück machen oder Dette beim Buttern helfen?

Das also hatte sie so früh schon heraufgetrieben. Die Aufgabe überstieg ihr Vertrauen in mich, denn ihren Ruf, die beste Almbutter weit und breit herzustellen, wollte sie als Hotellieferantin gerne behalten. Als würde einer von den Hotelgästen schmecken, ob die Butter von der Alm oder vom siebenhundert Meter tiefer gelegenen Hof stammte.

Mit einigen Ermahnungen bekam ich den Schrubber, der hier Stielbürste hieß, in die Hand gedrückt, und die Zutaten für den Brotteig landeten auf dem Tisch. Jetzt näherte sich der Moment, in dem ich am liebsten für heute den Besen ganz in die Ecke gestellt hätte. Und wie so oft, wenn es zwischen uns brenzlig wurde, zog sie Kopftuch und Schürze aus und verschwand seelenruhig nach Hause. Ihre frische Delikatesse trug sie lose in Zeitungspapier gewickelt davon.

Zu diesen Stippvisiten fuhr Alfons sie auf die Alm und oft genug bekamen wir den Korb mit frischer Wäsche oder Lebensmitteln wie Gemüse und Eier nur hingestellt, ohne dass er auszusteigen brauchte.

Gleich nachdem Dette wieder fort war, kamen bereits die ersten Urlauber – fast noch im Morgengrauen. Heute waren es drei »Telekommander«, einer in unserer Familie gebräuchlichen Wortschöpfung für Mitarbeiter der deutschen Telekom, aus Köln. Auch sie wollten natürlich genau wissen, wie es mich hierher verschlagen hatte, und während ich erzählte, machten sie sich über mein inzwischen fertig gebackenes Brot her.

Dafür erhielt ich einen kostenlosen, unfreiwilligen Einführungskurs in mein Handy, mit dem ich – zu ihrem großen Entsetzen – bisher schon zufrieden war, wenn es nur zum Telefonieren diente. Angeblich konnte ich damit auch jederzeit ins Internet oder meine E-Mails abrufen. Ich tat überrascht. Internet auf der Kerneralm. Bedauerlich fanden die Männer, dass ich durchaus nicht wissen wollte, wie das ging, und das Kölner Dreigestirn musste sich zufriedengeben, hier mit ihrem umfassenden Technikverstand wenig ausrichten zu können. Sie ließen es sich jedoch nicht nehmen, mir als kleine Hilfe die Uhr richtig einzustellen, und ich versprach, immer an sie zu denken, wenn ich darauf schaute.

Die drei zogen los, und ich fragte mich, was an meinen Schilderungen bei den Wanderern auslöste, dass sie so gern mit ihren eigenen Fähigkeiten herausrückten. Ich hatte wirklich über jede meiner Verrichtungen Kommentare erhalten, wie man Brot backte oder Speckknödel rollte, und jetzt auch, wie man ein Handy richtig bediente. Nur wie man den Stall sauber ausmistete, hatte mir noch keiner vorgemacht. Das konnte noch dauern, bis dazu der entsprechende Experte auftauchte.

Vermutlich war ich wegen des Traums heute so durch den Wind, und Kaffee hatte ich auch viel zu viel getrunken. Der Kaffee wird morgen mal ersatzlos gestrichen, nahm ich mir vor, sonst brennt wegen meiner fahrigen Art noch irgendwann die Hütte. Vorerst war Gott sei Dank nur die Wachstuchdecke verkohlt. Auf die hatte ich versehentlich das heiße Backblech gestellt, als mich die frühen Wanderer aufscheuchten.

Am späten Vormittag kam Doris mit ihrem Anhang und brachte eine Handvoll Pfifferlinge mit.

»Die können wir uns dann zum Abendessen teilen«, verkündete sie im Ernst.

So wurde mir umschrieben, dass die Familie den Tag auf der Alm zu verbringen gedachte und, wie mir die Kinder freudestrahlend zuriefen, eventuell auch noch die Nacht. Jeder kam, ging und aß hier, wann er wollte, und mir gegenüber brauchte es dazu kein klärendes Wort.

Wenn ich wenigstens bei der Benutzung des Kofferradios mit einbezogen worden wäre. Doris hielt es keine Minute ohne Musik auf der Alm aus und dauernd dudelte das Ding vor sich hin. Niemand hörte wirklich zu. Doch immer wurde es sofort bemerkt, wenn ich den Kasten heimlich abschaltete. Den ganzen Tag tönte im Radio derselbe Sender, wobei man den Liedern auf dem Niveau von »Ich liebe den Sommer, der Sommer liebt mich! Ich liebe die Liebe und drum lieb ich dich …« mitnichten anmerkte, dass der Sender schon den letzten Jahrtausendwechsel mitbekommen hatte.

Zu allem Überfluss wurde mir jetzt auch noch eine Kassette von einem Volksmusiksänger aus dem Grödnertal vorgestellt. Keiner konnte glauben, dass ich noch nie etwas von diesem weit über Südtirols Grenzen hinaus bekannten Musiker gehört hatte. Zur Kassette überreichte Laura mir eine Autogrammkarte mit seinem Konterfei. »Bleib munter und froh« hatte sie mit ungelenken Buchstaben hinten auf die Karte gekritzelt, und das war bei diesen anstrengenden Kindern ein wahrhaftiger Herzenswunsch meinerseits.

Das Mädchen warb hartnäckig um meine Freundschaft, und es tat mir sogar ein wenig leid, dass ich so ungern bereit war, etwas von meiner knappen freien Zeit mit ihr zu verbringen. Wenn sie einmal jemanden am Wickel hatte, ließ sie ihn für Stunden nicht mehr los. Das war mir lästig, aber alle meine Versuche, sie still zu beschäftigen, scheiterten.

Am Abend kam noch Manuel mit seiner Freundin Bärbel auf die Alm. Die schwarze Schirmmütze tief ins Gesicht gezogen, zeigte er Tobias und Florian aufgeblasen sein neues T-Shirt. Das schwarze Hemd zierte ein roter Adler und die Aufschrift »Dem Land Tirol«. Die jungen Hirten waren begeistert und himmelten Manuel an.

Zu acht war die Stube mal wieder gut besetzt und ich wusste nicht mehr wohin. Außer dem Wohnraum an der Küche gab es keinen Ort zum Rückzug. Alle anderen Zimmer waren ungeheizt, und nachdem es aus sternenlosem Himmel unablässig regnete und es außerdem frostig kalt war, blieb mir nur noch das Bett.

Ich hatte noch nicht lange geschlafen, da brach draußen ein gewaltiges Gewitter los, das die bisher als heftig erachteten weit übertraf. Wie bei Sprengungen in einem Steinbruch krachte der Donner rund ums Haus und ein schwefeliger Gestank, der aus dem Innersten der Erde zu kommen schien, drang durch alle Ritzen.

Unter mir schrien Doris' Kinder in ihren Betten. Die Glocken aller Kühe läuteten wild durcheinander und der Himmel drohte auf uns herabzufallen. Der Wechsel zwischen Blitz und Donner vollzog sich rasant und himmlischer Strom erhellte meine Kammer sekundenlang. Ich schlüpfte in meine Jacke und wagte mich barfuß nach unten, um nach den anderen zu schauen.

Während Manuel, seine Freundin und die Buben unbeeindruckt weiter Karten spielten, hatte Doris die Kinder und sich schon komplett angezogen und betete laut mit ihnen am Tisch. Vor ihnen stand eine weit heruntergebrannte schwarze gewendelte Kerze auf einer Untertasse und erleuchtete die Szene spärlich. Die gedrehte Kerze war in der Kirche geweiht worden und man durfte sie nur zum Schutz bei Gewitter entzünden. Die Angst war der besorgten Mutter ins Gesicht geschrieben und ihr schweißgebadeter Körper verströmte einen strengen Geruch.

»Gut, dass endlich da bischt. Hilf mir, die Kinder ins Auto tun. I fahr heim.«

All mein beschwichtigendes Reden blieb ungehört. Auch als ich mich weigerte, überhaupt nur einen Fuß vor die Tür zu setzen, geschweige denn, mit einem Kind auf dem Arm zum Auto zu laufen, ließ sie sich nicht von ihrem Vorhaben abbringen. Keine Minute länger wollte sie in dieser Hölle bleiben und die Hirten nähme sie auch gleich mit. Da hätte sie die Verantwortung zu tragen.

»Das bestimm' ich! Die bleiben, wo sie sind«, sagte ich, »und du kannst mit deinen Kindern machen, was du willst!«

Manuel machte keinerlei Anstalten, seiner Schwester beizustehen, und führte am Spieltisch lautstark das Wort. Solange der hier hocken bleibt, dachte ich, lasse ich mich draußen auch von keinem Blitz treffen, und ging zurück in mein Bett.

Unter mir schlugen Autotüren, Scheinwerfer leuchteten auf und ein Motor wurde angelassen. Das Geräusch entfernte sich, Blitz und Donner ließen nach, und fast zeitgleich mit dem Wagen zog das Gewitter aus unserer Nähe fort.

Kaum war ich wieder eingeschlafen, kamen die Kartenspieler polternd die Stiege herauf und weckten mich mit ihrem Radau. Tobias und Florian waren vom Spiel und vom Gewitter noch wie aufgezogen und fielen lachend über die Stufen. Noch aufregender wurde es allerdings, als sie Manuel und sein Mädel, die in eine Kammer abgebogen waren, kurz darauf dort aufschreckten.

Das war ein gelungener Abend für meine pubertären Milchgesichter, und mir leuchtete glockenklar ein, was die jungen Dörfler in der Nacht auf der Alm wollten. Bestimmt nicht nur mit den Burschen Karten spielen.

Mir war es egal, was und wie es die beiden miteinander trieben, und ich schlief ein, auch wenn das Getuschel und Rumoren nicht aufhören wollten. Auch, dass das junge Glück ausgerechnet in Bernadettes Bett lag, ging mich nichts an, das sollten die bei Bedarf selber mit ihrer Mutter ausmachen.

Was mich umso mehr etwas anging, war der Zustand von Küche und Stube am nächsten Morgen. Die Herrschaften hatten in der Nacht noch einmal gegessen und das anschließende Ordnungmachen mir überlassen. Offener Käse und rohe Zwiebeln lagen neben einer halb ausgegessenen Thunfischdose, aus der ein traniger Gestank aufstieg und sich mit dem Geruch von kaltem

Rauch und verschüttetem Bier mischte. Angewidert riss ich die Fenster auf und lüftete. Dann deckte ich den Kindern und mir einen anderen Tisch zum Frühstücken und ließ allen Dreck liegen, wo er war.

Als Manuel und das Mädchen herunterkamen, hockte er sich auf die Eckbank, schob die Reste vom Vorabend mit seinem angewinkelten Unterarm beiseite und erwartete offensichtlich Bedienung.

Während die vergessenen Spielkarten neben den Zwiebelschalen auf der Gegengeraden vom Tisch fielen und die Thunfischdose unbeachtet hinterherrollte, platzte mir der Kragen. Ein wortgewaltiger Erguss über »drei Monate freiwillig auf einem Berghof« brach aus mir heraus und ich setzte hinzu, »dass ich jederzeit gehen kann«. Ein für alle Mal sollte dem halbstarken Blindgänger klar sein, dass ich nicht seine Magd war. Aber selbst jetzt, inmitten der größten Tirade, konnte Manuel nicht seine Klappe halten.

»Es hat dich keiner geheißen, was wegzuräumen«, zischte er mich an und erhob sich teilnahmslos von der Eckbank. »Kannscht ruhig alles liegenlassen. Tritt sich fest.«

Er schob sich an mir vorbei und wollte zur Tür hinaus.

»Hiergeblieben«, brüllte ich ihn an. »Erst aufheben und sauber machen«, aber inzwischen hatte sich schon Bärbel erbarmt und klaubte, auf Knien rutschend, alles auf.

»Sigsch, 's geht doch mit dene Weibersleut. Muscht nur warten können«.

Es war erbärmlich anzusehen, wie das junge Ding da herumkroch und sich, ohne aufzuschauen, derart abfällig behandeln ließ.

Bereits jetzt fertig für diesen neuen Tag, widmete ich mich den Kindern, die der jämmerlichen Vorführung stumm gefolgt waren. Vielleicht kannten sie ja solche Szenen, jedenfalls blieben sie ruhig und beugten sich über ihre Teller.

Wo die Krokodile baden oder
Wissen macht Kopfweh

Manuel und sein Mädchen verzichteten auf ein Frühstück mit uns und verschwanden überstürzt in Richtung Tal.

Die anfängliche Schweigsamkeit an unserem Tisch nahm ein unerwartetes Ende, als hinter Florian eine Kuh zum Fenster hereinschaute. Sie stand auf der Veranda, und für eine kurze Zeit waren wir versucht, darüber zu lachen. Schnell wurde uns allerdings klar, dass sie da nicht hingehörte. Wir sprangen auf und rannten nach draußen.

Versprengt bis zum Horizont, weideten unsere Tiere, wo auch immer sie wollten. Die Kühe hatten während der Nacht, in ihrer Panik vor dem Gewitter, den elektrischen Weidezaun niedergetrampelt und waren davongelaufen.

Es dauerte Stunden, die Tiere zusammenzutreiben, in den Pferch zu sperren und immer wieder aufs Neue zu zählen. So eine bewegte Masse zahlenmäßig zu erfassen, war eine Wissenschaft für sich und erforderte tägliche Übung. Fehlen durfte kein einziges der wertvollen Rinder, und ich gab erst nach, als wir zu dritt mehrmals auf die richtige Anzahl kamen.

Danach wartete die übliche Arbeit auf mich. Brot backen, abwaschen, Knödel rollen und einen unerwarteten Haufen Hackfleisch, den Doris sich mit auf die Alm gebracht hatte, vor dem Verderben zu retten.

Irgendwann im Lauf des Tages fing der Nagel an meinem rechten Ringfinger an wehzutun und hörte nicht mehr auf zu pochen. In kurzer Zeit war der Finger rot angeschwollen, und ich schaffte es noch, meinen Ring abzustreifen, bevor wir die Zange gebraucht hätten. Jetzt hatte ich die Hand dick mit Salbe eingeschmiert, notdürftig verbunden und hoffte auf Besserung. Unter dem Mull tobte es, und in Gedanken ging ich alles durch, was zu tun wäre, bevor ich die Alm verlassen und zum Arzt könnte.

Gegen Abend nahmen die Schmerzen selbst mit Tabletten zu. Ich zog eine Strickjacke über, schnappte mir Telefon und Schreibzeug und flüchtete mich auf meine Bank hoch über dem Tal. Hier, mit der Alm im Rücken und den Blick in weite Ferne gerichtet, versuchte ich, zur Ruhe zu kommen, und verschwand in Gedanken nach Hause.

Mit dem verbundenen Finger beantwortete ich mühsam eine SMS. Gordon hatte mir geschrieben, dass er auf einer Kanufahrt durch irgendeinen Canyon ganz nah an einem Krokodil vorbeigekommen war.

Das fand ich selbst unter Schmerzen lustig. Die eine jagte Kühe auf einer Alm bis zur Erschöpfung, während der andere Krokodile beim Baden beobachtete. So hatte weltweit jeder seine Beschäftigung.

Über mir flogen wieder Flugzeuge und hinterließen ihr Gewirr von sich langsam auflösenden Streifen am dämmrigen Himmel. Das musste eine viel befahrene Strecke sein. Irgendein Kundiger wusste mit Sicherheit, wohin die unterwegs waren. Noch viel mehr interessierte mich allerdings, wie die Gipfel ringsum hießen. Da gingen die Meinungen mächtig auseinander und zweifelsfrei richtig hatte mir das noch keiner sagen können.

»Was bringt's, wenn man's weiß, viel Wissen macht Kopfweh«, hatte Dette mir erklärt und ein »Neugierig bischt wohl net« hinzugefügt.

Ich hätte den Schroffsteinalmer fragen sollen. Der wusste es bestimmt.

Wieder stand ein Sonntag im Zeichen von zusätzlicher Arbeit, statt Ruhe und Erholung zu bieten, aber dieses Mal war ich klüger. Nachdem Dette schon seit halb sieben auf der Alm umherwirbelte, Krapfen backte und ihr übliches Tohuwabohu veranstaltete, zog ich mich gleich nach dem Mittagessen zurück und verschwand im Gebirge.

Den Abwasch hatten mir die Kinder abgenommen. Die Einzigen, die nach meinem eingebundenen, immer noch rebellischen Finger fragten. Dafür trocknete ich ab und räumte das Geschirr weg.

Mein Weg führte mich in Richtung eines anderen Tales und vorbei an den Jochbergställen. Das war eine Alm für glückliche Pferde, die von ihren wohlhabenden Eigentümern hier in die Sommerfrische gebracht wurden. Um »Hirten« brauchte sich das Projekt nicht zu sorgen. Jeder Pferdebesitzer wollte gern hier seine freie Zeit verbringen und die Aufenthalte wurden streng limitiert. So hatte ich auf dieser Seite immer neue Nachbarn, die häufig zum Essen und Milchholen mit dem Pferd bei uns vorbeikamen.

Heute war keiner zu sehen, und ich war dankbar, meine Zeit ohne Nachbarschaftstratsch über Tiere, Gewitter oder sonstige berggebundene Herausforderungen verbringen zu können. Ich bog auf dem Kamm ab und wanderte zu den nahe gelegenen Jochseen. Die Natur war berauschend schön und präsentierte sich in bester Kalenderbildstimmung. Die Alpenrosen, die tagelang die Hänge wie mit Feuer überzogen hatten, waren verblüht, und nur noch an schattigen Stellen konnte man die prachtvollen Verwandten unserer Azaleen in freier Natur bewundern. Gelber Alpenlöwenzahn mischte sich mit ersten, fast orangen Arnikablüten und hatte die Farbmacht auf dem satten Grün übernommen. Außer einer Handvoll Wanderern, die ich wortkarg passierte, den Pferden und einem Raubvogel, der über mir kreiste, begegnete mir keiner, und ich sog die Stille bis hinein in die abgelegenste Zelle meines Körpers.

Diese Stunden nur für mich versöhnten mich mit allen Anstrengungen und schenkten mir die Zurückgezogenheit, die ich während des Tages so oft vermisste.

Eine grandiose Fernsicht breitete sich mit jedem Höhenmeter vor mir aus und ich konnte bis weit in die Dolomiten hineinschauen. Fast überall war der Schnee wieder geschmolzen und nur noch entfernte Alpengipfel wie der Großglockner zeigten ihre Schneefelder im strahlenden Sonnenschein.

An den Seen packte mich der Ehrgeiz und ich erklomm die daneben liegende Anhöhe mit Gipfelkreuz. Immerhin eine kleine Spitze, die damit erreicht war. Im Gipfelbuch dort stand jetzt neben dem heutigen Datum: »Hier war Sibylle, die Sennerin der Kerneralm.«

Gut, dass ich meinen Stift mithatte, denn der im Holzkasten mit dem Gipfelbuch taugte nichts mehr. Überhaupt führte ich auch diesmal eine bunte Mischung von Ausrüstungsgegenständen mit mir, nur nichts, was ich wirklich brauchte. Meinen dicken Roman hatte ich zuerst in den Rucksack versenkt. Darauf das Tagebuch nebst Stift und das Strickzeug, außerdem meine warme Jacke. Was ich mal wieder vergessen hatte, waren meine Wanderkarte und vor allem etwas zum Trinken. Das Rucksackpacken musste noch stark verbessert werden. Sonst würden die mich irgendwann verdurstet im Hochgebirge finden – ohne Trinkflasche, aber mit Roman und angefangenen Stricksocken für Doris' Tochter.

Als ich endlich wieder auf der Alm ankam, ertappte ich mein Gehirn zum ersten Mal bei dem Gedanken an ein »Zuhause«. Ich fühlte mich wie ausgetrocknet und glich meinen Flüssigkeitshaushalt zum Gelächter der Anwesenden mit zwei großen Gläsern Wasser aus.

»Gut, dass die das nicht alles in Bier säuft, das wär teuer, Dette!«, rief einer der Gäste.

»So viel schafft ja keine Kuh«, schrie ein anderer darüber hinweg und alle hatten wieder genug zu lachen.

Aufs Neue war aus meiner schönen, ordentlich verlassenen Hütte ein einziger Misthaufen geworden, in dem sich Ausflügler vom Ort eingefunden hatten. Etliche der Hauptakteure kannte ich jetzt schon. Auch heute horchten mich hinter vorgehaltener Hand wieder welche aus, wie ich es mit dem Geizkragen Bernadette überhaupt aushielt. Manche beschwerten sich auch über ihre gepfefferten Preise hier und erklärten mir, viele aus dem Dorf würden deswegen die Alm schon lange meiden. Mir war nach wie vor jeder recht, der wegblieb. Den Hauptteil meiner Arbeit bildete das Kochen und Bewirten von Gästen und so hatte ich mir meinen Almaufenthalt im Leben nicht vorgestellt.

In der Frühe hatte es ein schönes »Wort zum Sonntag« mit meinem Mann am Telefon gegeben und den Abend beschloss ein Gespräch mit Verena. Ich sagte ihr alle guten Wünsche für ihren morgigen Berufsstart und hätte sie gern in die Arme genommen. Nächstes Wochenende wollte sie kommen, mit ihrem Freund und einem befreundeten Paar. Ich war gespannt.

Während sie ihren ersten Arbeitstag als Ärztin hatte, und ich ständig an sie dachte, hingen über der Alm dicke Regenwolken. Watteweißer Nebel nahm die Hütte in Beschlag, und bei jedem Schritt im Freien fühlte ich mich, als hätte ich in einem Flugzeug mitten in den Wolken die Kabine verlassen, ich glitt durch den Dunst hindurch und atmete mehr Wasser als Sauerstoff.

Die Tiere waren aufgeregt, muhten gedämpft vor sich hin und wollten ohne Sicht nicht auf ihrer Weide bleiben. Instinktiv trieb es sie zu Stall und Haus. Trotz der Nähe hatten die Buben zu tun, die Herde im Nebel zu hüten und in der milchigen Feuchtigkeit kein Tier zu verlieren.

Bernadette war auf der Alm geblieben und wurde natürlich an so einem Tag, an dem man keinen Hund vor die Türe jagte und kein Wanderer freiwillig im Gebirge umherirrte, nur in ihrer Annahme bestätigt, dass hier nur alle Jubeljahre etwas zu tun und das bisschen Arbeit mit links zu bewältigen sei.

Am Nachmittag setzte erneut ein heftiges Gewitter ein. Wie Jesus im Sturm lag Dette auf der Eckbank und schlief. Sie erwachte erst, als ich die Kinder hereinrief, um sie während des Gewitters drinnen in Sicherheit zu behalten. Die Freude der Buben, etwas Zeit im Haus verbringen zu dürfen, währte nur kurz, denn Dette jagte sie postwendend wieder hinaus zu den Tieren.

»Noch nie nicht ist hier im Tal ein Hirschte bei einem Gewitter zu Schaden gekommen«, verkündete sie, »und die Kühe seien allemal wichtiger.« Ich konnte dazu keinen Ton mehr sagen, nur hoffen und beten, dass die Kinder beschützt blieben. Und im Tal waren wir hier auch nicht wirklich. Wie zur Bekräftigung ihrer Worte zog sie sich die Jacke über, schlüpfte in ihre unter die Eckbank geworfenen Schuhe und verließ die Alm ohne weiteren Schutz in Richtung Hof. Mit ihr wanderte das Gewitter ab, und ich war erleichtert, von beiden nichts mehr zu hören und zu sehen.

Der Nachmittag zog sich endlos hin, und ich hatte Zeit, mit dem Kätzchen auf dem Schoß und im Kerzenlicht stundenlang zu lesen.

Morgen, fiel mir ein, hatte Dette Geburtstag. Der Festtag war den Kindern während des Frühstücks als Termin auf dem Telefon erschienen, sonst hätte ich es wohl nie erfahren. Unglaublicherweise war, neben allen stumpfsinnigen Spielchen und dem großen Schatz an pornografischem Zeitvertreib, der Tag in ihrem Handy gespeichert. Es war schade, dass ich außer einer Tafel Schokolade keinerlei Gabe für sie hatte, aber wie mir alle versicherten, war das mit den Geburtstagsüberraschungen hier unüblich. Selbst die Kinder bekamen zu Hause nur einen Kuchen und, wenn es hochkam, abends noch ein besonderes Essen wie Grillen oder Fondue. Geschenke gab es, wenn überhaupt, nur an Weihnachten, und der Namenstag stand eher im Vordergrund als der Geburtstag.

Mein Besuch könnte ihr ja eine Schachtel Pralinen mitbringen, überlegte ich mir. Dette war so grenzenlos vernascht. Überhaupt sah man sie gewöhnlich nie mit leerem Mund, denn irgendetwas nahm sie immer zu sich, sogar nachts und im Schlaf, vermuteten die Kinder und zogen sie mit ihrer Gier auf.

Mich ekelte es über alle Maßen, wenn sie die Reste von fremden Tellern aß, aber je mehr es mich grauste, umso häufiger wurde mir vorgelebt, dass da durchaus nichts dabei sei. Scheußlich fand ich es auch, wenn unsere Essensreste, falls es überhaupt welche gab, gleich nachdem wir den letzten Bissen gegessen hatten, im Schweineeimer landeten. Bis es so weit kam, waren uns einzelne Brocken davon mehrfach in abgewandelter Form aufgetischt worden.

Unter mürrischen Reden von »undankbar« bis »Früher hättet ihr hier leben sollen, da hätten wir uns darum noch gerissen« kam der dreckige Kübel mitten auf den Tisch und unter lautem Wehklagen über die Sünden der Welt wurde alles entsorgt. Danach folgte das Dankgebet und die Mahlzeit war beendet.

Am Abend rief ich Johann an, er musste kommen und helfen, die von Neuem durch das Gewitter weit versprengten Kühe auf die eingezäunte Nachtweide zu treiben. Es dauerte ewig, bis die Herde wieder beisammen und vollzählig war.

Währenddessen hatte es unaufhörlich geregnet. Das Wasser war an den Scheiben und an der Tür in die Stube eingedrungen, und nach der Arbeit mit den Tieren und der Milch ging es drinnen mit Aufwischen weiter. Dank unserer Haufen von nassen Sachen, die ich zum Trocknen über den Herd gehängt hatte, und deren Tropfen laut zischend auf der heißen Herdplatte zerplatzten, herrschte in der Stube der gleiche Dampf wie draußen. Bis auf den Temperaturunterschied war es einerlei, wo man sich aufhielt.

Nachdem Tobias mit dem Motorrad zur Orchesterprobe aufgebrochen war, hatten Florian und ich die Hütte für uns allein, und wir machten uns an die Hausaufgaben. Es fiel mir einerseits schwer, das Kind nach dem langen Tag noch mit Bruchrechnen zu plagen, andererseits wollte ich ihm ja helfen, die vielen Pflichten zu erledigen und das nächste und damit letzte Schuljahr zu schaffen.

Zur Belohnung spielten wir dann noch drei Runden »Marsch raus«, eine Südtiroler Variante von »Mensch ärgere dich nicht«. Nach einer warmen Dusche gingen wir beizeiten ins Bett.

Mein entzündeter Finger hatte sich wieder gebessert, aber beim Duschen entdeckte ich einen bösen Furunkel in meiner Achselhöhle. Bernadette trug seit Tagen so ein Ding mitten auf der Nase und ich suchte die Hütte nach meiner antibiotischen Salbe ab. Hoffentlich ging das auch diesmal wieder gut, so wie bei meinem Finger, denn die Tube war schon weitgehend geleert. Woher diese

Entzündungen bei mir kamen, konnte ich nur vermuten. Es handelte sich vermutlich um eine Art Schweinepest, diagnostizierte ich mir selber und lachte leise vor mich hin.

Wobei so ein Schwein wirklich freundlich und bequem war und mir unsere Säue im Stall gut gefielen. Wenn ich daran dachte, wie viel Essen in Deutschland an einem Tag weggeworfen wurde, kam ich schon ins Grübeln. Bei zwei Familien würde sich so ein Schwein gut ernähren und hinterher hätte man das Fleisch vom Schlachten. Doch daran, dass der Speck von unseren jetzt noch so munteren Säuen nächsten Sommer hier auf dem Tisch stünde, verschwendete ich jetzt lieber keinen Gedanken.

Au Backe! oder
Die schwangere Muttergottes

Heute war Bernadettes Geburtstag und zur Feier des Tages kam sie erst nach dem Mittagessen vom Hof herauf. Wir gratulierten ihr und ich schenkte ihr meine letzte Tafel Schokolade und meinen vorletzten Schokoriegel. Unter diesen Lebensumständen reduzierte sich das Schenken auf eine Urform, und ich gestehe, dass es mir schwerfiel, mich von den Sachen zu trennen.

Tobias' Mutter hatte ihm noch ein Päckchen Kaffee und eine Flasche guten Grappa für Dette mitgegeben, und so konnten wir ihr mit Kerzen und einem selbst gepflückten Blumenstrauß sogar einen kleinen Geburtstagstisch decken.

Unser Tun war völlig überflüssig und der Gabentisch in Minuten aufgelöst. Der Kaffee verschwand im Schrank, Schokolade und Riegel, ohne den Kindern ein einziges Stück anzubieten, im Kastl, und der Grappa wurde mit den Worten »Der kimmt mir grad recht« auf die von den Buben in einer Flasche gesammelten Arnikablüten gekippt. »Scharfe Sachen gehen an mich nicht ran, außer äußerlich«, verkündigte sie pragmatisch, und »so kann ich mich im Winter herrlich damit einreiben.« Ich hoffte nur, Tobias erzählte nicht zu Hause, was aus dem guten Schnaps geworden war.

Am Nachmittag traf die vollständige Familie hier ein und hinterließ die jetzt schon gewohnten Ansammlungen von schmutzigem Geschirr. Ich ließ die Familie feiern, es war ja Bernadettes Geburtstag, und erledigte die Arbeit still vor mich hin. Tochter Doris hatte sogar Tiramisu mitgebracht und wider alle Erwartungen bot Laura mir etwas davon an. Beim Abwasch half mir dafür keiner, und mich ärgerte ihre Gelassenheit, mir tatenlos bei der Arbeit zuzuschauen.

Erfreulich war die viele Post für mich, die sie mit heraufgebracht hatten. Die Ersten, die mir auf meine Briefe geantwortet hatten, waren Bertrun, Irmi und Werner. Letzterer mit einem bunten Foto, auf dem er in der Karibik mit einem Delfin schwamm. Sosehr ich mich über die Briefe freute, so sehr belasteten sie mich auch, und ich bekam mitten in dieser fremden feiernden Familie großes Heimweh.

Mir fehlte die Ansprache, und ich spürte, dass ich hier niemals dazugehören würde. Es gab keine merkliche Freude oder einen Dank für die Geburtstagsgeschenke oder gar für meine freiwillige Arbeit. Alles wurde gleichmütig hingenommen, als vom Himmel so vorbestimmt, und hatte sich von selbst zu fügen. Was sich nicht von selbst fügte, quittierte Bernadette mindestens zehnmal täglich mit ihrem Wahlspruch »Das geht alles«.

Diese Meinung teilte ich beileibe nicht. Wenn ich nur an die Speckknödel dachte, die seit Samstag offen in ihrer Brühe auf dem Herd herumschwammen und noch heute, am Dienstag, Hungrigen serviert wurden. Das ging ganz und gar nicht.

Ausgerechnet als die ganze Familie beim Essen saß, pinkelte die Katze in Florians herumliegende Hausschuhe. Den Kindern machte das natürlich Spaß und sie schütteten sich aus vor Lachen. Dette war das Katzenvieh im Haus schon lange ein Dorn im Auge und nach einem derben Fußtritt von ihr flog das wimmernde Kätzchen vor die Tür.

Wo eben noch Kinderlachen den Raum erfüllt hatte, hallten jetzt Lachsalven der Erwachsenen über Dettes gelungenen Stoß. Nun musste das winzige Tier draußen bleiben. Das galt allerdings nur so lange, wie Dette da war, beschloss ich, und meine enttäuscht dreinschauenden Buben deuteten mein ihnen zugeworfenes Zwinkern schon richtig und blinzelten dankbar zurück.

Während ich nach der Besuchsorgie unwillig sauber machte, schauten die ersten Wanderer aus Franken bei mir herein und brachten die neuesten Nachrichten aus Bamberg mit. Das Wetter dort sei genauso trostlos wie hier. Trüb, trüb, trüb. Das alles erschien mir so weit weg, dass mein Interesse daran nur geheuchelt war. Eine Zeit lang war ich versucht, der Gruppe den Verbleib auf der Hütte am Abend schmackhaft zu machen, dann dachte ich aber an die viele zusätzliche Arbeit wie Bettenbeziehen und Kochen und hielt meinen Mund.

Ungeachtet des diesigen Wetters wollten die vier zügig weiter, und vor mir lag wieder ein nahezu endloser Abend, der wegen des fehlenden Lichts in der Stube nur schwer zu füllen war. Draußen schlug noch die große rot-weiße Flagge von Südtirol gegen den Fahnenmast. Ab dem Zeitpunkt, wenn Florian sie einholte, war die Hütte offiziell geschlossen, und es herrschte Hüttenruhe.

Um mir die Zeit zu vertreiben, fing ich an, die vielen gestickten Wandsprüche abzuschreiben:

Sorge, aber sorge nicht zu viel,
es kommt doch alles, wie Gott es will.

Wenn des Lebens Stürme toben,
wende Deinen Blick nach oben.

Daheim im stillen Hause, dem Weltgetriebe fern,
erblüht des Glückes Segen, erstrahlt des Himmels Stern.

Wenn Du im Herzen Frieden hast,
wird Dir die Hütte zum Palast.

Der erträumte Palast war gestickt als einsames Häuschen, vor idyllischem Waldhintergrund, mit rauschendem Gebirgsbach und röhrendem Hirsch, umrahmt von dicht mit Tannenzapfen bestückten Zweigen in dunklem Grün. Aber nach dieser Fleißarbeit reichte es mir und ich hatte keine Lust mehr auf irgendetwas.

Während ich die Verse in mein Heft übertrug, hatte es in meinem linken Ohr angefangen, komisch zu sausen. Wie Wellen am Strand rollte ein Rauschen durch meinen Kopf und prallte von den Schädelwänden zurück. Ich versuchte, locker zu bleiben und nach Furunkeln und Schweinepest den Gedanken an einen Hörsturz aus meinem Kopf zu streichen.

So etwas gibt's nur im Tal, redete ich mir ein und kuschelte mich ins Bett. Erneut dankbar über den großen Tröster Schlaf fand ich sofort Ruhe und wachte erst auf, als gegen vier Uhr in der Frühe Hagel gegen die Fensterscheiben schlug. Sturm rüttelte an den Ziegeln, es goss in Strömen und eine Nebelbank nach der anderen trieb über das Haus hinweg. In wenigen Minuten war alles weiß von Hagelkörnern und das Wegkreuz vor meinem Fenster ragte gespenstisch aus den wallenden Bodennebeln. Alte Erikazweige, die ich seit Tagen aus der Blechdose zu Füßen des hölzernen Herrgottes entfernen wollte, wirbelten wie Federn durch die Luft und wurden vom Wind davongetragen. In dieser Nacht fühlte ich mich einem eventuell drohenden Weltuntergang ein beängstigendes

Stück näher und an Schlaf war nicht mehr zu denken. Beizeiten stand ich auf und machte mich an mein Tagwerk.

Durchnässte Wanderer drängten schon am Morgen in die Hütte und brachten sich vor den Niederschlägen in Schutz. Was für ein Wetter. Das hatte ich mir in Südtirol wirklich anders vorgestellt und ich dachte mit Wehmut an den vergangenen Sommer in Deutschland.

Meine schönen Speckknödel, die ich in aller Frühe gerollt hatte, futterten die einfallenden Horden in null Komma nichts weg, und das hieß für mich, neue zu machen. An manchen Tagen war ich es gründlich leid, andauernd das Gleiche zu tun, und ich entbehrte schmerzlich einen Laden ums Eck. Dann konnte ich keinen Knödel und kein selbst gebackenes Brot mehr sehen.

In solchen Situationen prallten die Welten von Städterin und Bauersfrau knüppelhart aufeinander. Nur Dette fand wie immer alle Arbeit schön. Schön, dass wir wieder backen können, schön, wie das Brot heute geworden ist, und schön, dass wir wieder Neues backen können, und wie schön, den Speck für neue Knödel zu schneiden. »Geht alles« und »ist schön«.

Da hatte ich noch eine Unmenge zu lernen. Kein Aufbegehren und Michfügen. Für mich eine harte Lektion.

Gegen Abend besuchte uns Florians Mutter Petra mit ihrer kleinen Tochter Sabine. Sie kamen mit dem Auto herauf, wollten über Nacht bleiben und am Morgen zur Bergspitzalm aufsteigen, wo Alex, Florians großer Bruder, der Hirte war.

Wie immer war Bernadette von solchen Besuchen nicht beglückt und ließ sich das auch heute anmerken. Petra, die ihr eigenes Essen und sogar ihre eigenen Matratzen samt Bettwäsche mitgebracht hatte, wurde als störend empfunden und auch so behandelt. Noch nicht mal ein Glas Leitungswasser bekamen sie angeboten.

Sabine hatte eine seltsam dicke Backe und eine dunkel geränderte Rötung zog sich über die Hälfte des blassen Gesichtchens. Offenbar plagten sie Schmerzen, sie jammerte aber nicht, und es dauerte eine Zeit lang, bis wir sie überreden konnten, die zusammengepressten Lippen zu öffnen und uns in ihren Mund schauen zu lassen. Genau, als sie ihn zum ersten Mal weit genug aufmachte, und wir, ausgestattet mit Taschenlampe und Kerze, etwas sehen konnten, platzte eine dicke Eiterblase neben einem von tief gerötetem Zahnfleisch umzingelten Backenzahn auf und zog eine hütteninterne Mundoperation nach sich. Der Eiter drang jetzt ungehindert aus dem Loch, und wir mussten uns, so gut es ging, mit aus Servietten gerissenen Fetzen behelfen, um alles aufzufangen. Das Kind war wirklich tapfer und vielleicht auch erleichtert, dass das Geschwür jetzt offen war, und befolgte willig alle unsere Anweisungen.

Leider hatte ich keinerlei Munddesinfektion mit. Weder Chlorhexamed noch Salbei fand sich in der schwindenden Hausapotheke, aber mit solchen Eingriffen hatte ich auf einer Almhütte auch nicht gerechnet.

Im vorigen Sommer hatte Tobias hier eine Blinddarmentzündung bekommen, erfuhr ich bei dieser Gelegenheit. Nachdem die Sache lange genug unter »Alles wird gut« eingestuft worden war, kam er auf den letzten Drücker ins Krankenhaus, und Florian musste die ganze Arbeit allein machen. Aber nach neun Tagen war Tobias gesund und führte sofort, als wäre nie etwas gewesen, sämtliche schweren Handgriffe wieder aus. Undenkbar.

Genauso undenkbar, dass wir diese eitrige Fistel im Kiefer des Mädchens nicht mit einem Antibiotikum, sondern mit in Grappa getränkten Tupfern behandelten. Und noch höher auf einen Berg würde bei uns in Deutschland nach so einem Zwischenfall auch keiner ohne Not gehen.

Hier war das anders, und nachdem alles überstanden war, hatten wir fünf noch einen gemütlichen Hüttenabend. Ich machte Petra und mir eine Flasche Wein auf, Sabine bekam eine Limo und die Buben ein Radler. Dafür liebten sie mich, wenn ich ihnen ab und zu so etwas genehmigte, und an Abenden wie diesem, an dem ich ihnen auch noch Pudding gekocht hatte, trugen sie mich auf Händen.

Die große Liebe endete abrupt, wenn ich beim Watten die falschen Karten warf und meinen Partner damit ins Verderben stürzte. Ich legte einfach munter irgendetwas ab und manchmal war es sogar gut.

Spät am Abend kam noch ein Anruf von der Vermittlungsstelle für Almhelfer. In groben Zügen schilderte ich den Alltag hier oben. Alles, was die fehlende Hygiene und das Essen anging, ließ ich vorerst weg. Auch das wenige, was ich berichtete, löste schon ungläubiges Staunen aus, und ich wurde aufgefordert, mich häufiger zu wehren. Leichter gesagt als getan. Die Vertreterin der Agentur bedauerte zutiefst, ohne die Alm vorher zu besichtigen, mich ins Blaue hinein vermittelt zu haben. Sie wollte in den nächsten Tagen heraufkommen und sich selber ein Bild machen. Sollte sie nur, am besten an einem sonnigen Sonntag. Da konnte sie sehen, was der »kleine Ausschank« bedeutete.

An den schönen Abend schloss sich eine schlaflose Nacht an. Zitternd vor Kälte lag ich ewig wach – selbst ein zweites Federbett brachte keine Abhilfe. Meine Füße waren empfindungslos und meine Zähne schlugen laut aufeinander. Das alles war seltsam, denn so kalt war es nun auch nicht. Ich machte mir Sorgen. Hoffentlich blieb ich gesund. Das fehlte noch, jetzt krank zu werden. Irgendwann schlief ich dann doch noch eng zusammengekauert ein. Die Beine konnte ich nicht ausstrecken, sonst wären die kalten Füße in arktische Zonen des Lagers vorgedrungen und abgestorben. Es gab keine Alternative, außer unter allen Decken durchzuhalten, denn um diese Uhrzeit und mitten in der Nacht, da war im wahrsten Sinne des Wortes der Ofen aus.

Nach den wenig erholsamen Stunden überhörte ich den Wecker und wir verschliefen alle. Um zehn nach sieben sprang ich in Panik aus dem Bett und weckte die Jungen. Selbst die brüllenden Kühe hatte keiner wahrgenommen, die längst gemolken gehört hätten. Jetzt mussten alle schleunigst aus den Betten und die morgendlichen Arbeiten verrichten.

Nur gut, dass Petra noch da war, die fest mit anpackte, sodass wir die fehlende Zeit noch reinarbeiten konnten, bevor Dette kam. Das Verschlafen blieb unbemerkt, denn, als die Bäuerin wieder völlig unvermittelt durch die Hintertüre hereinrauschte, hatte ich schon beide Hände im Knödelteig, und Kinder und Kühe waren auf der Waldweide.

Nachdem wir am Abend vorher die ersten Sterne am endlich einmal klaren Himmel betrachtet hatten, pfiff nun ein rauer Wind im strahlenden Sonnenschein um die Ecken.

Ein siebter Sinn bewog mich, heute auch den Nebenraum zu putzen und herzurichten, und gegen Mittag war die Hütte so voll, dass ich ihn zum ersten Mal für die Gäste öffnete. Das war ein Notbehelf, und die Leute zogen sofort, wenn ein Tisch frei wurde, in die vordere Stube um, denn der Raum war ja unbeheizt. Unter den Gästen war auch eine nette deutsche Familie, die meinen

Einsatz hier bewunderte und mir für die restlichen Wochen viel Glück wünschte. Auf herzliche Menschen zu treffen, die auch noch meine Sprache verstanden, war eine Wohltat, löste aber prompt wieder Heimweh aus.

Gleich in der Frühe rief noch einmal die Chefin der Vermittlungsagentur an und ließ sich persönlich die Situation auf der Alm darlegen. Auch sie war betroffen und wollte sich gleich am kommenden Samstag selber auf den Weg machen und zu mir heraufkommen.

Das passte mir nun nicht im Geringsten, denn ich hoffte ja immer noch auf Besuch von zu Hause. Deshalb verblieb ich mit der Dame so, dass ich mich in einer Woche erneut melden würde, falls sich die Lage nicht gebessert hätte.

Gordon rief aus Australien an und wir hatten ein langes Gespräch über seine dreiwöchige Rundreise. Es ging ihm gut und die Freude über die schönen Eindrücke dort war ihm anzumerken. Ich freute mich so, nach langer Zeit wieder seine Stimme zu hören, dass ich am liebsten mit dem Hörer laut jubelnd über die Weiden gerannt wäre. Stattdessen blieb ich wie angewurzelt an unserem einzigen Platz vor dem Haus stehen, an dem wir einen einigermaßen verlässlichen Empfang hatten, und zügelte meine Freude, damit nur ja kein Wort verloren ging.

Als wir aufgelegt hatten, war ich schon aufgelöst genug, aber als mein erster Blick im Flur auch noch auf den Wandspruch fiel …

> Nur ein Mutterherz weiß allein,
> was lieben heißt und glücklich sein.

… gestickt mit rot flammenden Herzen und in den Landesfarben Rot auf weißem Grund, war alles zu spät, und ich weinte bitterlich.

Viel Raum für Trübsal und noch mehr Rührseligkeiten blieb mir heute jedoch nicht, denn der Abend verlief anders als erwartet. Nachdem ich mich wieder gefasst hatte, war ich mit dem Kopf auf der Tischplatte eingeschlafen. Ich schreckte hoch, als draußen Stimmen laut wurden. Vor der Tür standen vier Mountainbiker aus Starnberg. Sie waren – bei fast null Grad und eisigem Wind – komplett ausgekühlt und wir mussten ihnen ein Nachtquartier gewähren.

Mein guter Nachbar Sepp, der sich schon tagelang nicht mehr hatte blicken lassen, hatte die Herren abgewiesen und zur »luschtigen Sennerin« weitergeschickt. Bei ihm hätten sie nur im Stall schlafen können und außer Spaghetti ohne Soße und Wasser zum Trinken hatte er angeblich nichts zu bieten.

»Da könnt ihr grad wieder hin zurück, denn genau das Gleiche gibt's hier auch«, lachte ich und wollte die Tür wieder zudrücken, aber die vier blieben beharrlich. Nachdem sie heiß geduscht und einen großen Topf Spaghetti mit Soße verzehrt hatten, genossen wir endlich mal einen wahrhaft lustigen Hüttenabend. Die ganze Zeit zogen sie mich damit auf, dass ich ihnen ein Quartier, ärmlicher als für Maria und Josef, angeboten hätte. Woraufhin die Buben, die uns nicht immer genau verstanden, wissen wollten, wer von denen die schwangere Muttergottes sei. Wir lachten bis zum Umfallen und der Rotwein floss unablässig in unsere Gläser. Längst hätten die Kinder ins Bett gehört, aber ich drückte ein Auge zu.

Um möglichst kein Wort von den witzigen Gästen zu verpassen, standen die Buben am nächsten Morgen schon lange vor unserem Besuch in der Küche. Nun radelten die vier nach einem kärglichen Frühstück und der Bezahlung für Kost und Logis in Richtung Venedig, doch zuvor bekam ich versichert, dass sie die Almnacht unvergesslich fanden. Dabei hatten sie mit ihren leichten Hüttenschlafsäcken unter den dünnen Wolldecken sicher noch um einiges mehr gefroren als ich.

Als Verena anrief, gab ich ihr eine lange Bestellliste durch, was hier alles fehlte. Sie wollte tatsächlich dieses Wochenende kommen und ich freute mich unbändig auf meinen ersten Besuch.

Gestern war ein seitenlanger Brief von ihr und ihrem Freund, eingetroffen, großformatig und auf buntem Papier. Wie schön so ein Brief war, hatte ich im Zeitalter von E-Mails bereits fast vergessen; im Gegensatz zum Telefonat konnte ich die Post ja immer wieder aus meiner Nachttischschublade hervorholen und aufs Neue lesen. Der kleine Stapel Briefe darin wuchs langsam an und ich hütete ihn gut.

Petit Fours oder
Mit warmem Samen hat's die Kuh schöner

Bevor die Woche zu Ende ging, bot sich noch eine unerwartete Attraktion. Der Tierarzt kam und belegte eine zur Befruchtung bereite Kuh. Unsere schwarz-weiß gefleckte Rita hatten wir seit Kurzem unter Beobachtung, und die Kinder berichteten mir, dass sie immer wieder auf andere Kühe stieg. Ich wusste nur vage, was das bedeutete, aber meine Burschen kannten sich ja aus. Es war das Zeichen für Ritas zur Empfängnis bereiten Tage und für uns das Signal, dem Tierarzt Bescheid zu sagen.

Falls alles schnell gehen sollte, hatte ich mir im Stall die Gummistiefel bereitgestellt und war gut vorbereitet, um nur ja von der auf uns zukommenden Abwechslung keine Sekunde zu verpassen.

Die Kuh, um die sich alles drehte, spürte natürlich auch schon etwas von diesem schicksalhaften Tag und war seit dem gestrigen Abend an einem Ring im Stall festgemacht. Sie durfte nicht mehr mit auf die Weide, wartete unruhig an ihrem Platz und muhte heiser und angstvoll vor sich hin. Ein paar unserer Tiere waren seit Beginn des Jahres trächtig und ich freute mich schon auf ein Almkälbchen.

Gegen Mittag breitete sich bis auf kleine Wolkenfelder längst ein azurblauer Himmel über uns aus und der schneidende Wind der zurückliegenden Tage hatte sich gelegt. Die Sonne schien mit ungeahnter Macht und nährte Hoffnungen auf die ersten schöneren Sommertage. Endlich hatte ich auch die verbeulte Blechdose am Holzkreuz gegen ein leeres Marmeladenglas ausgetauscht. Zu Füßen der geschnitzten Jesusfigur prangte ein dicker Strauß oranger Arnikablüten und überstrahlte das silbrig glänzende Holz.

Jetzt näherte sich ein Wagen, dessen Motorengeräusch, lange bevor das Fahrzeug auftauchte, die Stille durchbrochen hatte und die Ankunft des Tierarztes ankündigte. Der nagelneue Geländewagen hielt vor unserer Tür und blieb mit laufender Klimaanlage stehen. Die Heckklappe wurde von innen geöffnet und gestattete mir einen neugierigen Blick auf eine gut ausgerüstete mobile Arztpraxis.

Spannender als die Ankunft eines perfekt ausgestatteten Samenspenderlabors im Kofferraum eines todschicken Geländewagens, nebst zwei daneben herlaufenden noblen Jagdhunden, hätte ich natürlich einen herauftransportierten Stier gefunden. Aber den Spaß gönnte man den zu Milchmaschinen gezüchteten Kühen ja nicht mehr.

Das Auto wirkte vollkommen deplaziert in einer Welt, in der allenfalls ein Traktor ins Bild gepasst hätte. Jetzt fehlte nur noch das Kamerateam, um einen perfekten Werbespot zu drehen: blauer Himmel, blühende Wiesen, alte Almhütten, Rassehunde und dann dieser Wagen.

Daneben ich, in einem Aufzug, der dem Kostümfundus eines jeden Großstadttheaters zur Ehre gereicht hätte.

All diese Gedanken verwarf ich sofort, als sich an der Fahrerseite die getönte Scheibe geräuschlos senkte und mir, ohne dass ich einen Blick auf den Insassen erhaschen konnte, ein mit großem Aufwand verschnürtes, pompöses Kuchenpaket einer Konditorei, perfekt gekühlt, mit gepflegter Hand herausgereicht wurde.

»Buongiorno«, hörte ich eine tiefe männliche Stimme zwischen laufendem Autoradio und der Fortsetzung eines auf Italienisch geführten Handygesprächs sagen.

»Ich dachte, du kochst Kaffee, und ich bring' den Kuchen mit.«

Ich riss die Schachtel an mich und machte, dass ich nach drinnen kam. Nichts wie weg von diesem braungebrannten Herrn, der sich hinter mir gekonnt aus dem Wagen schälte.

Laut telefonierend lehnte er jetzt mit getönter Sonnenbrille, weißen Jeans und marinefarbigem Strickpullover an seinem Auto und streichelte abwesend einen der Hunde, die die Schnauzen an seinem Knie rieben.

Ich blickte an mir herab, fühlte mich schrecklich und mangelhaft neben diesem Bild von einem Mann und schämte mich zu Tode. Eine dreckige Jeans steckte in abgewetzten Fellhausschuhen und meine dicke, einstmals schöne graue Strickjacke hatte bei ihrem Einsatz in Hütte und Stall schon sichtbar gelitten. Beim unaufmerksamen Einschüren hatte ich mir den Ärmel angesengt und eine zottige schwarze Stelle verunstaltete seitdem mein Handgelenk.

Meine Haare hatte ich unter einem schäbigen Kopftuch verborgen. Glücklich, sie am Abend zuvor gewaschen zu haben. Zu allem Elend trug ich auch meine blau karierte Bauernschürze, die ich zu Hause auf dem Flohmarkt für einen Euro und in Erwartung grober Arbeiten erworben hatte. Jetzt war es zu spät, und es gelang mir gerade noch, mir das Tuch von den Haaren zu ziehen, als der Schönling draußen nach mir rief.

»Komm mal aussuchen, was für ein Rindvieh du haben willst.« Er deutete auf eine Vielzahl mit einer eindeutigen Masse gefüllter und unterschiedlich beschrifteter Reagenzgläser, die in weißen Drahtkörbchen in einer dampfenden Kühlbox standen, und ließ mich ratlos vor dem Kofferraum stehen.

Als er zurückkehrte, hatte er sich einen weißen Papieroverall übergezogen und seine sicherlich bei jedem Wetter und Tag und Nacht mitgeführte Designersonnenbrille steckte in den lockigen dunklen Haaren. »War doch nur Spaß. Dette hat unten längst entschieden«, sagte er und schob mich sanft zur Seite.

Zielsicher nahm er ein Glas aus der Reihe und zog den Inhalt gekonnt in eine Art überdimensionalen Katheter. Seine rechte Hand verschwand bis zur Schulter in einem Gummihandschuh, dessen Ende lose um seinen Hals geschlungen war. Auf dem Weg zum Stall steckte er sich den mit Samen gefüllten Plastikschlauch zwischen seine Haut und dem schönen Pullover auf dem Rücken. »Da kann er gut warm werden und die Kuh hat's schöner«, lachte er mir zu und hielt mir galant die Stalltüre auf.

Liebevoll redete er auf Italienisch auf das nervöse Tier ein und gab mir zur gleichen Zeit in fließendem Deutsch Anweisungen, wo ich zu stehen und was ich zu tun hatte. Die Sache dauerte keine Minute, und nachdem er Rita mit geübten Griffen zum Stillhalten gebracht hatte, ließ sie willig alles mit sich geschehen. Der Arm des Doktors verschwand bis zur Schulter in der Kuh und der angewärmte Samen wurde am ausgestreckten Arm eingeführt. Jetzt brauchte ich nur noch hinten auf den Katheter zu drücken und der Inhalt des Reagenzglases drang an der hoffentlich richtigen Stelle in die sichtlich zufriedene Rita.

»Complimenti, Signora, gut gemacht«, strahlte er mich an, »und jetzt den Espresso.«

Den hatte ich natürlich komplett vergessen und das verkochende Wasser im Kessel hatte die Stube gewaltig unter Dampf gesetzt. Ich bemühte mich, unter den gegebenen Umständen einen passablen Kaffee zuzubereiten, aber entweder war er genießbar oder mein freundliches Gegenüber zu charmant, um irgendetwas Gegenteiliges verlauten zu lassen.

Während ich den Tisch deckte, hatte er sich draußen umgezogen, erneut telefoniert und gleichzeitig professionell die Rechnung an seinem Computer im Auto ausgedruckt. Schweigend legte er sie zwischen uns auf den Tisch.

»Eine Kuh beglücken kostet fünfundzwanzig Euro«, ließ er mich wissen. »Inklusive Mehrwertsteuer«, fügte er schmunzelnd hinzu und der Blick seiner wasserklaren Augen gab mir wortlos zu verstehen, dass es für ihn noch gefühlvollere Arten der Begattung gab. Ich hätte mir bei ihm auch allerhand Schönes für fünfundzwanzig Euro vorstellen können, hielt aber meine Zunge und meinen Blick im Zaun und widmete mich konzentriert dem mitgebrachten Geschenk.

Umständlich und zelebrierend hob ich den Kuchen aus einer mit Goldfolie beschichteten Verpackung. Ich beschäftigte mich ausgiebig mit dem Geschenkpapier und den Bändern, bevor ich endlich daranging, die letzte Lage von mit weißen Blüten bedrucktem Seidenpapier zu entfernen. Darunter zeichnete sich eine vortreffliche Auswahl kunstvoll zubereiteter Petit Fours ab, die sich unter dicken Schichten von farbigem Zuckerguss vor mir ausbreiteten.

Wie Wäsche, in einem feinen Pariser Dessousladen geheimnisvoll und in Erwartung sinnlicher Freuden verpackt, wurden hier die süßen Köstlichkeiten einer von allen weltlichen Genüssen Entwöhnten dargeboten. Ich schob sämtliche sich mir aufdrängenden Hintergedanken zur Seite und wählte nach gründlichem Abwägen ein erstes Stück Kuchen aus. Diesmal würde ich gut für mich sorgen und meine Hälfte ungeniert aufessen, bevor die Kinder darüber herfielen.

Der Doktor hatte sich mit verschränkten Armen auf der Eckbank angelehnt und sah mir amüsiert zu, ohne einen Bissen zu verzehren. Obgleich er seinen zuckerlosen Espresso eine Ewigkeit geräuschvoll mit dem Löffel umrührte und eine Fliege summend versuchte, durch die geschlossenen Fensterscheiben ins Freie zu gelangen, war die Stille zwischen uns greifbar.

Ich starrte auf meinen Teller und schaffte es nur mit Mühe, unter seinen anhaltenden Blicken einen Bissen hinunterzubekommen. Was war das auch für eine Idee, in so einer Aufmachung und mit solchen Mitbringseln hier zu erscheinen?

Dann kamen endlich und wie erlösend die üblichen Fragen über mein Leben auf einer Alm, wobei auch dieses Mal ein wie auch immer geartetes besonderes Interesse den einsam zu verbringenden Nächten galt. »Ich pack' das gut«, murmelte ich, und »da sind ja auch noch die Kinder.«

Hohle Worte füllten die entstandene Leere und entspannten die bizarre Situation von einem Mann und einer Frau alleine in der Wildnis, von denen der eine der anderen mit stillem Wohlgefallen beim lustvollen Essen zusah.

Draußen bellten die Hunde und der Arzt stand auf. Auf Italienisch fragte er: »Hast du Lust, mit spazieren zu gehen? Die Hunde wollen laufen.«

Ich schüttelte den Kopf. »Keine Zeit«, log ich. »Die Kinder kommen wieder und ich muss kochen.

Erstaunt sah er mich an. »Jetzt schon?«, bemerkte er zweifelnd. »Du kannst ja nachkommen, wenn du es dir anders überlegt hast. Ich warte am See auf dich.«

Da wirst du lange warten, dachte ich und spürte, wie meine Lippen schon die Worte formten, um den Gedanken auszusprechen. Gerade noch rechtzeitig bekam ich die Kurve, und es gelang mir, aus meinem Gehirn ein italienisches Arrivederci hervorzukramen, bevor sich meine Erkenntnisse in Buchstaben verwandeln und aus meinem Mund fallen konnten.

Gemächlichen Schrittes und ausstrahlend, dass er sich seiner Sache, mich schon bald wiederzusehen, recht sicher war, zog er von dannen. Eine Zeit lang schaute ich ihm durch das Fenster nach, bis er mit den leinenlos um ihn herumtobenden Hunden aus meinem Blickfeld entschwunden war. Dann öffnete ich das Fenster und entließ die entkräftete Fliege gegen einen lau hereinströmenden Luftzug in die Freiheit.

Jede Minute hier drinnen an so einem strahlenden Tag war vergeudete Zeit. Ich schlüpfte in meine Wanderschuhe, schloss die Alm und machte mich demonstrativ in die entgegengesetzte Richtung auf den Weg. Schnell ging es über die Weiden und auf dem stetig ansteigenden Pfad spürte ich schon nach wenigen Metern mein Herz wie wild in meinem Körper klopfen. Bei übereilten Bewegungen war die dünne Luft noch immer ein Problem, aber ich wollte unterwegs sein, wenn der Begattungsvirtuose wieder zurückkam und seinen Wagen holte.

Ich stapfte schnaufend vor mich hin und hatte nach ein paar Kehren genug Höhe erreicht, um ihn am gegenüberliegenden Hang wiederzusehen. Seine weiße Jeans strahlte im Sonnenlicht. Selbst mit vielen Metern Luftlinie zwischen uns drang das Bellen der Hunde zu mir herüber. Auch er suchte offenbar die Gegend mit seinen Augen ab, vermutete mich aber im Haus. Kurz darauf hatte er den Grat erreicht und der dahinter abfallende Weg zum See entzog ihn meinen Blicken.

Ich legte mich auf die Wiese und blinzelte in die Sonne. Die rauen Stängel stachen durch meine Kleider, aber ich blieb liegen und ließ die längst vergessene Wärme und das Licht auf mich wirken. Hier bleibe ich jetzt einfach, sagte ich laut zu mir selber, bis ich unten das Auto wegfahren höre. Wenn die Luft wieder rein ist, gehe ich nach Hause.

Nach kurzer Zeit war ich eingeschlafen und erwachte erst, als ein kühler Wind über mich strich. Die Sonne war hinter dem Kamm verschwunden, und ich fror, als ich mich aufsetzte. Das Auto stand immer noch vor der Tür und es stand auch noch da, als es schon tief schwarze Nacht war und ich die über diese Tatsache aufgeregten Kinder längst gegen ihren Willen ins Bett geschickt hatte.

Du Gockel, dachte ich, soll ich jetzt wegen dir die Bergwacht anrufen oder machst du hier deine Späße mit mir, hockst längst gegenüber im Stall und wartest, bis bei uns die Kerzen ausgehen?

Vermutlich saß der putzmunter auf der Maiwaldhütte, ließ es sich gutgehen und ich sollte mich hier grämen. Einen Teufel würde ich tun. Die Bergwacht aus Jux und Tollerei anzurufen, war teuer und der Herr Doktor hatte bei all seinem Hang zu technischen Raffinessen in jedem Fall sein funktionstüchtiges Luxushandy dabei.

Ich löschte das Licht, ging ins Bett und fand nach drei schlaflosen Nächten trotz ausgiebiger Mittagsrast unerwartet schnell Schlaf.

Familienbesuch oder
Was es alles auf einer Alm gibt

Am nächsten Morgen schaute ich als Erstes aus dem Fenster nach dem Auto. Es war mir unerklärlich, wie das so leise vonstattengegangen sein sollte, aber das Fahrzeug war weg, und nur das niedergefahrene Gras zeugte noch von seiner nächtlichen Anwesenheit.

Als ich die Haustür aufschloss, lag eine blütenweiße Schwanenfeder vor mir auf der Fußmatte. Ich hob den hässlichen Aschenbecher auf, mit dem sie beschwert war, steckte mir die Feder lächelnd hinten ins Haar und lief unter den verstörten Blicken von Dette und den Kindern stundenlang so herum.

Es war ein strahlender sommerlicher Tag und am Vormittag gab es viel zu tun. Dette erkannte die Schönwetterlage und wir rüsteten uns auf die eventuell eintreffenden Massen. Ich backte Brot und besorgte die längst zur Gewohnheit gewordenen Hausarbeiten. Die Zeit verflog unversehens, und um halb zwei kam der Anruf von Verena, dass sie und Andi unten am Hof angekommen waren und sich jetzt auf den Weg hierher machten. Am liebsten hätte ich alles stehen und liegen gelassen und wäre ihnen sofort entgegengerannt, aber es gab erst noch den üblichen Haufen Abwasch, der mir an anderen Tagen kein Grauen mehr hervorrief und den ich demnach mit meditativem Schweigen abarbeitete.

Als ich fertig war, bot Alfons an, mich im Auto mit hinunterzunehmen. Er wollte Florian abholen, der im Tal bei der Heuernte helfen musste.

Der gute Alfons war mal wieder der Einzige, der erkannte, wie es um mich stand, und nicht nur wegen der immer wieder heimlich von mir nachgefüllten Rotweingläser waren wir beide ein Herz und eine Seele. Das mit dem Rotwein war im Laufe der Zeit ein munteres Spiel zwischen uns geworden. Dette, die ihrem kranken Mann den vielen Wein missgönnte oder um ihren gesicherten Heimweg mit dem Auto bangte, goss Alfons immer, wenn sie sich unbeobachtet fühlte, Wasser in den Wein, und ich füllte dann mit Wein wieder auf.

So ging das stundenlang, bis das Blutdruckmeßgerät in den roten Bereich kam, ein unangenehmer erster Signalton ertönte und das Ende der Almzeit von Dette und Alfons für diesen Tag ankündigte. Da der Akku des Kästchens nicht lange hielt, konnten die beiden nur noch für Stunden hier bleiben. Dafür war ich ja jetzt da und versuchte mein Bestes.

Wir fuhren los, und hinter jeder abfallenden Kurve war ich mir sicher, dass meine Kinder jetzt auftauchen müssten. Zum ersten Mal war ich wieder so tief unten, und ich hatte nie im Leben den Weg so weit in Erinnerung, den ich vor einer gefühlten Ewigkeit heraufgekommen war. Es ging immer weiter bergab und ich dachte schon mit Bangen an den ellenlangen Rückweg mit der nicht immer wandereifrigen Verena und dem vielen Gepäck. Endlich erschienen sie hinter einer Biegung, und ich freute mich riesig, sie wiederzusehen. Die größte Überraschung kam aber, als auch noch Klaus hinter einer Tanne hervorsprang. Damit hatte ich im Traum nicht gerechnet, dass die beiden ihn zum Mitfahren überredet hatten. Alle drei waren schwer bepackt und in den Rucksäcken verbargen sich Kuchen, Wein und eine Vielzahl anderer Köstlichkeiten.

Verena hatte von den vielen kranken Kindern in der Praxis eine heftige Erkältung mitgebracht und war von der ersten Etappe des Anstiegs schon reichlich erschöpft. Der liebe und gutmütige Alfons zeigte ein Einsehen und wendete das Auto halsbrecherisch auf dem schmalen, abschüssigen Waldweg. Dabei nahm er in Kauf, mit der Schrottkarre von Fiat, die nur noch auf privatem Grund benutzt werden durfte, hinten und vorn gegen Bäume zu stoßen und der Karosserie noch mehr Beulen hinzuzufügen. Wir verluden das Gepäck und ließen uns erleichtert auf die verschlissenen Sitze fallen.

Das Auto stöhnte unter seiner Last, und es gelang dem Bauern nur mit Können, es überhaupt in Bewegung zu setzen. Dann ging es Meter für Meter langsam aufwärts und Alfons fuhr uns bis fast nach oben. Erst als es zu unwegsam wurde und das Auto unter uns auseinanderzubrechen drohte, stiegen wir aus. Den Rest liefen wir zu Fuß mit unseren Schätzen, und die Neuankömmlinge hatten so schließlich ein Stück weit das Gefühl, die Alm erwandert zu haben. Der Tag bot eine einmalige Fernsicht und selbst die weitesten Gipfel, wie der Großglockner, schienen zum Greifen nahe. Die Spielzeugwelt der kleinen Stadt lag uns zu Füßen und die vielen sonnenbeschienenen Fensterscheiben des Ortes funkelten und blendeten zu uns herauf.

Auf der Terrasse hatten sich schon viele Leute niedergelassen, aber wir nahmen uns auch bei der auf mich wartenden Arbeit die Freiheit, erst mal Kaffee zu trinken, den Kuchen zu genießen und mit dem mitgebrachten guten Wein den Abend einzuläuten.

Dette zeigte sich von ihrer besten Seite, lobte den Kuchen und war übertrieben freundlich, sie lachte und scherzte. Von unserem Kind sprach sie nur als »eine Studierte«.

Klaus und Andreas hatten noch Kräfte übrig und waren bis aufs Joch hinaufgelaufen, um sich die Alm von oben zu betrachten. Für uns hier unten war es ein lustiger Anblick, wie die Männer auf dem Grat im Abendsonnenschein saßen und die Beine baumeln ließen. Wir schauten durchs Fernglas, winkten hinauf und übten uns im Jodeln, aber nach einem gekrächzten Holadirö brachen wir unsere Bemühungen ab.

Obwohl Dette sich den mitgebrachten Kuchen auch hatte schmecken lassen, war sie spürbar beleidigt, als sie mitbekam, dass Andreas Wanderern ebenfalls spontan ein Stück spendierte. Die Stimmung kippte dann noch mehr, als er den zwischenzeitlich eingetroffenen Horners Loisl zu einem Glas Rotwein einlud. Dass der keinen Alkohol von uns bekommen sollte, auch nicht geschenkt, konnte mein freigiebiger Schwiegersohn ja nicht wissen.

Das waren Situationen, die Dette nur schlecht aushielt. Eingeladen wurde niemand, verschenkt wurde nie etwas, und wem dabei die Sachen gehörten, war völlig egal und spielte keine Rolle.

Ich versuchte, die Sache von ihrer Seite aus zu sehen, denn sie hatte in dieser Zeit nur einmal etwas von ihrem Wein und Kuchen verkauft, und die Einnahmen fehlten. Dabei war ja gar nicht gesagt, ob die Gäste überhaupt etwas davon verzehrt hätten. Die Angelegenheit blieb ungut.

Wir schenkten ihr dann noch eine große Schachtel Pralinen und sangen zu den Klängen der von meinem Mann reparierten Wandergitarre, die im Haus nur ein trübes Dasein fristete, ein nachträgliches Geburtstagsständchen. Über all dies konnte sie sich nur begrenzt freuen, und einen Dank auszusprechen, fiel ihr mehr als schwer. Das war ich inzwischen gewohnt und stellte fest, dass ich nur noch gerne mit den Kindern teilte, denn die zeigten offen ihre Freude über alles, was ihnen zugedacht wurde.

Dette nahm jede Zuwendung als selbstverständlich hin. Die Pralinen verschwanden im Kasterl und am Abend ließ sie sich ungeniert die mitgebrachte frische Hackfleischsauce und die Nudeln schmecken. Zu allem Überfluss wollte sie mich daran erinnern, dem heruntergekommenen Loisl etwas abzugeben, der immer noch auf der Hütte herumsaß. Sein Teller stand schon gefüllt bereit, aber im Herzen ärgerte ich mich mal wieder maßlos über diese schroffe Frau. Mit uns am Tisch essen durfte der arme Loisl nicht. Er musste an der Türe sitzen bleiben und starrte, während er wortlos die Nudeln in sich hineinschaufelte, aus seinen versoffenen Augen zu uns herüber.

Gegen Abend kam dann noch Manuel mit seiner Freundin, und die Familie spielte Watten. Wir vier machten es uns, ungeachtet des immer häufiger aufbrandenden Lärms der Kartenrunde, so gut es ging, gemütlich und verfrachteten die kranke Studierte beizeiten ins Bett. Während des Kochens war sie sich mit einem Stück Chilischote an die bereits wunde und entzündete Nase geraten. Die leuchtete jetzt, dick abgedeckt mit weißer Zinkpaste, in der Finsternis.

Der nächste Morgen war eigentümlich heiß und tief hängende Wolken raubten jedwede Aussicht. Nach dem Frühstück und dem gemeinsamen Erledigen aller Hausarbeiten hatte ich frei und wir konnten einen weiten Spaziergang machen. Die erkältete Verena und ich liefen bis zur Kapelle am Laurentiusstein. Die Männer ließen wir alleine einen Gipfel weiter ziehen. Nachdem wir uns lange auf der Bank an der Kapelle ausgeruht hatten und dicht von Sepps Kuhherde umkreist wurden, gingen wir den Weg geruhsam zurück.

Wenn ich jedoch gewusst hätte, was für ein Betrieb in den nächsten Stunden auf der Alm herrschen sollte, hätten mich keine zehn Pferde zum Aufstehen bewegt, und ich wäre bis zum Ende des Sonntags da sitzen geblieben.

Als wir zum Haus zurückkamen, war die Tochter mit ihren Kindern eingetroffen und hatte Manuel dabei. Wohl als reizende Überraschung für mich gedacht, hatten sie ein Zicklein mitgebracht, das putzmunter und ungestüm mit aus dem voll besetzten Wagen sprang. Die Kinder schrien vor Freude und sofort begann ein wildes Treiben mit dem zutraulichen Tierchen.

Zusätzlich trudelten in den nächsten drei Stunden Heerscharen von Wanderern ein, die verköstigt werden wollten. Dank der wilden Ziege, die geistreicherweise auch noch Klaus hieß, wuchs uns alles über den Kopf. Ein Essen nach dem anderen musste bereitet werden und die Arbeit nahm für Stunden kein Ende. An allen Tischen saßen Menschen und im Gastraum tummelte sich die komplett eingetroffene Bauersfamilie und wartete auf das Essen. Andi und Verena hatten sich mit einer Decke auf die Wiese gelegt, und Klaus, mein Mann, zog es vor, den Aufruhr mit einem Buch im Bett auszusitzen.

Zwischen allem sprang jetzt das Tier herum, und man hatte seine Schwierigkeiten, nicht auch noch über das zarte Wesen zu stolpern.

Meine am Morgen so schön verlassene Küche war ein einziger Saustall. Auf jedem freien Zentimeter standen offene Schüsseln mit Essen zwischen schmutzigen Tellern und Müll.

Der bevorstehende Aufbruch und der drohende Abwasch trieben mir das Wasser in die Augen, und ich musste mich mehr als einmal im Bad einsperren, um mich etwas zu beruhigen.

Der Abschied verlief schmerzlos, doch als später beim Abtrocknen Doris sagte: »Die Sibylle ist traurig, die spricht ja nix mehr«, flossen die Tränen, und ich flüchtete in meine Kammer, um mich auszuheulen.

Ich raffte mich erneut zur Arbeit auf. Als ich mit der Küche fertig war, standen ein Mann und eine Frau vor der Tür, die ich zu meiner großen Verwunderung aus Nürnberg kannte. Ehrlich gesagt, ich kannte nur ihn, einen Informatikprofessor, der einmal unser Nachbar gewesen war und damals noch mit einer anderen Frau und drei Kindern eine Straße neben uns wohnte.

Jetzt stand Heinrich mit seiner neuen Lebensgefährtin Anna vor mir und meine Verwunderung war nicht geheuchelt. Ihr Äußeres war an Absonderlichkeit nur schwer zu überbieten, und ich wusste beim besten Willen nicht, wie man so durch das Gebirge laufen konnte. Beide trugen einen olivgrundigen Armylook, er als Bermudashorts und sie als Minirock, und die Sonne hatte ihnen gehörig das Gesicht und die unter ärmellosen Tops frei liegenden Schultern verbrannt. An Heinrichs nackten Füßen prangten dicke Blasen. Er hatte den zweistündigen Fußweg strumpflos in Birkenstocksandalen absolviert. Ihre Füße steckten, ebenfalls nackt, in nicht minder berguntauglichen weißen Collegeschuhen. Da war ich mir sicher: So war noch keiner hier heraufgestapft.

Statt angemessener Kleidung hatten sie vor allem Unwichtiges in ihren Rucksäcken verstaut und, statt sich mit Anorak, Pullover oder langer Hose abzuschleppen, elementare Dinge wie zwei Flaschen Rotwein, eine Flasche Bier und eine üppige Vesper nach oben transportiert.

Brot, Käse, Salami, Tomate, Gurke, Salz und Pfeffer, das alles wurde ausgepackt und eine Jause ausgebreitet, bei der es an nichts mangelte. Nachdem der Rotwein für den Abend verwahrt wurde, ging lediglich das Bier zu schnell aus, und die Buben holten bereitwillig frisches, um dabei einen Blick auf die delikaten Speisen zu erhaschen.

Den beiden gefiel es so gut hier, dass sie spontan beschlossen, die Nacht auf der Alm zu verbringen, doch nur mit der Aussicht auf sofortige Bezahlung ließ sich Bernadette vom Herrn Professor dafür gewinnen, der Sache zuzustimmen. Begeistert war sie nicht. Erst nachdem es ihr mit vielen Worten gelungen war, ihre Tochter zum Dableiben zu überreden, verließ sie, von Vorahnungen gezeichnet und innerlich beunruhigt, die Alm.

Seit seiner Ankunft hatte sie Heinrich misstrauisch beobachtet und konnte sich, auch mit erhöhter Aufmerksamkeit, keinen Reim auf sein – ihrer Ansicht nach absonderliches – Verhalten machen. Heinrich litt seit einem Schlaganfall am Restless-Legs-Syndrom und musste deshalb immer wieder seine Beine bewegen. Urplötzlich sprang er hin und wieder auf und lief ohne Erklärung über die Wiesen oder durch die Stube und kam atemlos zurück. Das ließ mich bereits am Abend mit unruhigen Stunden rechnen, aber diese Vorahnung steigerte sich in der anbrechenden Nacht noch beträchtlich.

Nach ausreichendem Genuss von Wein, einer Portion Graukäse und einem gewaltigen Stück Speck war auch Heinrich endlich bereit, schlafen zu gehen. Doch vorher war ihm wichtig, die von ihm hingerissenen Buben noch einmal für ihre Arbeit auf der Alm zu loben und zu einer guten Berufswahl aufzufordern.

Als endlich alle in ihren Betten waren, setzte sich die Rastlosigkeit in der Kammer der Gäste fort. Heinrich stand auf, um, wie ich hörte, »die Erlebnisse des heutigen Tages noch einmal draußen zu reflektieren«, und schon stieg er zum ersten Mal die Treppe hinunter. Unter mir hörte ich Doris laut mit dem Schloss an ihrer Tür kämpfen, um ihre Kammer von innen zu verriegeln.

Die Haustür ging und er verschwand in der Nacht. Irgendwann hörte ich in der Vorratskammer Flaschen klirren und anschließend laute Gespräche über die Vorzüge von bereitgestelltem Mineralwasser auf Hotelzimmern. Ich glaubte, mich zu verhören, und wurde zunehmend aufgebracht.

Nach einer Weile, als endlich einmal kurz Stille im Haus einkehrte und nur ein aufkommender Wind ein nahendes Gewitter ankündigte, drang plötzlich ein lautes Rumoren und Poltern aus der Kammer, denn jetzt hatte man beschlossen, das Nachtkästchen zwischen den Betten zu entfernen und die Betten nebeneinanderzuschieben. Wie es schien, waren er und Anna noch so verliebt, dass sie nur nebeneinander einschlafen konnten. Das Manöver gelang dann auch irgendwann und es blieb still.

Anderntags erschien Doris völlig gerädert auf der Bildfläche und berichtete, sie hätte bis vier Uhr morgens kein Auge zugetan. Sie würde immer »Aktenzeichen XY« sehen, und in der Nacht sei sie voller Angst gewesen, weil sie immer die Türen habe gehen hören, und meinte, es seien Einbrecher. Überhastet packte sie ihre Sachen und verstaute sie im strömenden Regen im Auto.

Freundlich bot sie sich trotz ihrer Unruhe an, den Professor und seine Freundin im Wagen mit hinunterzunehmen. Lange auf die beiden warten wollte sie nach der Nacht jedoch nicht mehr. Als sie gegen zehn die Nerven verlor und nur noch heim wollte, blieb mir keine andere Wahl, als die jetzt endlich ruhig Schlafenden zu wecken. In aller Eile wurde gefrühstückt und nachdem mir Heinrich noch ins Gästebuch geschrieben hatte: »Durchhalten, die Jugend braucht dich«, fuhren sie durch den rauschenden Regen in ihren Schlappen davon.

Mein Versuch, ihnen das nervige Zicklein wieder ins Tal mitzugeben, scheiterte, und somit hatten wir fortan auch noch Klaus, die Ziege, zu versorgen, und das war eine Aufgabe für sich.

Ich machte drei Kreuze, als sie endlich weg waren, denn solchen Besuch konnte ich wirklich nicht gebrauchen. Das war untragbar und mischte den Tag und die Nacht auf.

Jetzt wollte ich gern telefonieren und eine vertraute Stimme hören, aber der Akku war leer, und das nicht nur am Handy. Ich fühlte mich so völlig erlahmt von diesem Wochenende und der Nacht, dass ich froh war über den starken Regen, der mir zusätzliche Arbeit ersparte. An solchen Tagen kam kein Wanderer. Außer der Ziege und mir blieb die Alm verwaist, und das Vieh sprang, wo ich ging und stand, zwischen meine Beine. Sobald ich die Küchentür öffnete, rannte es herein und verfolgte mich, egal wohin.

Eine Gruppe von sechzehn Personen zog nach dem Studium der Speisekarte, dem Herrn sei Dank, draußen vorbei. Andernfalls wäre die Katastrophe perfekt gewesen. Für so viele Leute Essen zubereiten, womöglich für jeden etwas anderes, und ich hier allein, das hätte was gegeben.

Ein Jammer, dass am Sonntag wieder keiner wie angekündigt von der Vermittlungsstelle hereingeschaut hatte. Sechzig Essen waren das geschätzt, die hier die Küche verlassen hatten, und die Aufräumarbeiten nahmen Stunden in Anspruch.

Dafür herrschte heute die reinste Totenstille. Erst als Manuel am Abend auftauchte, wurde es lebhafter. Die Kinder spielten mit ihm »Stadt – Land – Fluss«, allerdings mit abgewandelten Rubriken wie »Alkoholsorte«, »Sex« und »Was es alles auf einer Alm gibt«. Als der Buchstabe »H« drankam, schrieb Manuel bei »Was es alles auf einer Alm gibt« dann »Hexe« und unter riesiger Gaudi ließen sie es gelten. Auf dieser Alm gebe es eine Hexe, beschlossen sie einhellig, und damit war zweifelsfrei ich gemeint.

Danach ging es wieder andauernd um die Handys, und über irgendwelchen zwielichtigen Filmchen wurden die vor Aufregung glühenden Häupter zusammengesteckt. Mir war es einerlei, Hauptsache, die drei behelligten mich nicht weiter damit, und der wettermäßige Weltuntergangstag ging ruhig zu Ende.

Manuel blieb noch zum Abendessen, und nachdem er am Sonntag sogar notgedrungen beim Abwasch geholfen hatte, räumte er heute die Teller ab. Es geschahen noch Zeichen und Wunder. Vielleicht war die harte Nuss doch noch zu knacken. Die Hexe würde sich freuen.

Über Nacht war der viele Regen erneut lautlos in Schnee übergegangen. Als der Wecker um halb sechs klingelte, war die Alm dick verschneit. Noch im Schlafanzug machte ich die ersten Fotos, und die Jungen waren froh, dass sie mit den Tieren in der Nähe des Hauses bleiben konnten. Die alten Hütten sahen mit ihrem fast schwarzen Holz und ihren blütenweißen Schneemützen so märchenhaft aus, dass ich beschloss, einmal im Winter heraufzulaufen, um alles im Tiefschnee zu besichtigen. Wie schön musste das sein, dann hier zu übernachten und ganz für sich alleine zu sein. Die alte Almhütte wurde jedes Jahr im Winter offen gelassen und mit Holz, Streichhölzern, Zucker und Tee bestückt, sodass sich im Notfall dorthin jemand retten konnte.

Zu meinem Bedauern befreite Florian die Terrasse gleich dienstbeflissen von der weißen Pracht. Er hatte da so seine Erfahrungen gemacht und wollte möglichst vermeiden, dass alles festgetreten wurde und anfror. »Dann kannscht nimmer raus, Sibylle«, lachte er mir zu.

»Ich reit' dann auf meinem Besen aus dem Schornstein«, gab ich zurück. Für einen kleinen Moment schaute ich in seine erschrockenen Augen. Dass ich das mit der Hexe gehört hatte, bedrückte jetzt sein Seelchen und sein Blick bat mich flehentlich um Verzeihung.

Nachdem wir die Hütten und Schober vergeblich nach einem Schneeschieber abgesucht hatten, wurde die Arbeit mit einem Pfannenwender besorgt, und mit großem Fleiß legte der brave Junge einen Gang für mich frei. Ich war froh, dass die Kinder noch Zeit zum Draußentoben hatten, bevor Bernadette vom Dorf heraufkam. Dann gingen die Uhren wieder anders und für Spaß war keine Zeit. Nachdem sie den Kindern am Telefon berichtet hatte, dass wirklich nur auf unserer Höhe Schnee lag, mussten sie die Tiere hinunter auf die weit entfernte Waldalm treiben.

Unser schöner Plan für diesen Tag war wieder einmal dahin und ich lernte dazu. Bei mir hätten die Buben dableiben dürfen. Die Melkkühe hätten wir im Stall gelassen und gefüttert und die anderen hätten wir für einen halben Tag auf Diät gesetzt. Aber wie ich erneut erfahren musste, war ich hier weder die Bäuerin noch die Sennerin. Selbst wenn Dette eine geschulte Helferin einstellen würde, könnte sie niemals die Fäden aus der Hand geben. Die Alm war und blieb ihr Augapfel, und es war offenbar unmöglich für sie, mir wichtige Aufgaben zu übertragen.

Damit blieb viel Arbeit an ihr hängen, zu der sie ja auch jedes Mal von unten herauf musste, und wenn es nur für eine Stunde war, um zu buttern. Die Kunden bekamen ihre Butter inzwischen sogar ungeformt als Kugel und das war ja wahrlich einfacher, als mit den Modeln zu hantieren. Das hätte ich auch selber gut hinbekommen – und in das unappetitliche Zeitungspapier hätte ich ihnen ihr Fett auch gewickelt.

Am Nachmittag war der ganze Spuk mit dem Schnee schon wieder vorüber. Als ich gegen drei Uhr vor der Tür stand und nach dem Zubereiten von nur fünfzehn Mahlzeiten eine Zigarette rauchte, lagen alle Wiesen so grün wie eh und je vor mir.

Ins Mark getroffen oder
Bedenkzeit im Nachtasyl

Heute war nicht mein Tag und er sollte sich schlimmer gestalten als alle zuvor. Ich fühlte mich betrübt und verstimmt. Hin und wieder liefen mir Tränen über das Gesicht, was hier keinen sonderlich interessierte. Mein Trost war einzig die Ziege, deren übermütigen Taten ich mich schwer entziehen konnte. Mal stand, die Ziege, Klaus mit zitterndem Schwanz und zitternden Beinen mitten auf dem Dach der alten Hütte und traute sich nicht mehr herunter, mal trieb er sein Unwesen auf den Tischen der Gaststube. Immer wieder erklomm er die Treppe zu den Schlafräumen und suchte unsere Nähe. Mir war längst klar, dass es sich bei Klaus um eine Klaudia handelte, und ich erinnerte mich an ein lange vergessenes Theaterstück. »Die Ziege oder Wer ist Sylvia?«. Darin verliebte sich ein erfolgreicher, verheirateter Mann in so ein Tier. Je mehr Zeit wir mit dem Zicklein verbrachten, umso mehr konnte ich den Inhalt des Stücks verstehen.

Um halb fünf war Bernadette, die sich gestern nach dem Buttern spontan zum Hierbleiben entschlossen hatte, hochgeschreckt. Sie war der Meinung, es sei schon eine Stunde später. Damit war auch für uns die Nacht, in der ich sowieso schlecht geschlafen hatte, beendet, und wir sprangen pflichtschuldig aus den klammen Betten.

Zuerst die Kinder. Bei mir ging es etwas langsamer, denn ich war beim Zubettgehen im Dunkeln über eine Treppenstufe gestolpert und mein rechter Arm schmerzte immer noch heftig. Um die gefährliche Stiege nicht bis zum Absatz hinunterzustürzen, hatte ich mich beim Festhalten komplett verdreht.

»Kannscht net aufpassen, wanscht nach oben läufst?«, brüllte es wegen dem Gepolter aus Dettes Zimmer, und eine Tür wurde laut zugeknallt.

In mir drinnen standen die Zeichen auf Sturm, und wenn mir nicht jeder Schritt wehgetan hätte, wäre ich noch bei Nacht und Nebel davongelaufen. Ohnehin beschlich mich mehr und mehr das Gefühl, dass ich Bernadette und ihrer Familie auf die Nerven ging und eine vorzeitige Abreise meinerseits – je früher, desto besser – kein großer Schaden wäre.

Auch heute gab es zum Frühstück die gleiche Leier wie jedes Mal, weil ich den Tisch mit Tellern gedeckt hatte. Dieser Luxus, den es in Dettes Hirn nach wie vor nur im Fünfsternehotel gab, sorgte immer aufs Neue für ellenlange Debatten. Wenn niemand mehr zuhörte, setzte Dette die Gespräche artig mit sich selbst fort. »Mei, also mit Tellern, so fürnehm, sigste das«, murmelte sie immerzu vor sich hin. »So fürnehm hams die da draußen. Das braucht's also, die Sibylle, so fürnehm.«

Tagelang konnte ich das ertragen und hoffte, mich daran zu gewöhnen. Nicht aber an einem Morgen wie diesem, an dem mir jeder Knochen einzeln wehtat. Heute hätte ich jede Lust gehabt, ihr den Bettel vor die Füße zu werfen. Von nun an, so dachte ich, gibt es nur noch einen Teller für mich. Mein karges Brot obendrein auf der hölzernen Tischplatte zu schmieren, ging mir zu weit. Die anderen mochten ihre Mahlzeit essen, wie sie wollten, und mich in Frieden lassen.

Der Tag zog sich quälend dahin, und ich machte in Dettes Augen alles falsch, was man nur falsch machen konnte. Der Knödelteig war ihr zu weich, das Brot zu hell und die Böden zu oft und zu nass gewischt.

Damit die Kinder überhaupt einmal wieder Obst zu essen bekamen, hatte ich aus den vom Besuch mitgebrachten Früchten als Nachtisch Obstsalat bereitet und einen Vanillepudding dazu gekocht. Was das auslöste, spottete jeder Beschreibung. Pudding mit Obstsalat hatten offenbar weder Bernadette noch der dazugekommene Sohn Johann jemals gesehen, geschweige denn gegessen. Es bedurfte großer Überzeugungsarbeit, dass man es überhaupt zu sich nehmen konnte. Was, erst ausprobiert, dann ausgiebig durchgenommen und kommentiert wurde. Gleich nachdem Mutter und Sohn eine große Portion davon verschlungen und die Buben den Tisch verlassen hatten, schlug die Stimmung wieder um, und ich wurde zurechtgewiesen, so etwas ja nicht mehr zu kochen.

»Das gehört mir nicht auf die Alm und verdirbt mir die Jungen«, gab Dette in ungewohntem Deutsch von sich, damit ich es mir auch merken und hinter die Ohren schreiben würde.

Bis auf die Milch, dachte ich, waren alle Zutaten von mir, aber das tat mal wieder wenig zur Sache. Als mittags ein Wanderer eine Suppe wollte und wir außer Brühwürfeln und Nudeln kein fertiges Essen mehr hatten, kochte ich ihm kurzerhand eine von meinen Tütensuppen. Das war nun auch wieder verkehrt, und Dette schmiss mir, nachdem der Gast die Alm verlassen hatte, die fünfzehn Euro Zeche für Suppe und Bier wutschnaubend auf den Tisch.

»Von dir nehm' ich keinen Pfifferling mehr an. Keine Geschenke und nichts«, schrie sie wie von Sinnen und stampfte zur Bekräftigung mit dem Fuß auf.

Ich ließ das Geld demonstrativ liegen, aber sie trug es mir erbost nach, und zum Schluss fand ich es in meinem offenen Rucksack, der auf der Ofenbank stand. Das nächste große Zerwürfnis.

Mitten im Streit war die Ziege wieder unbemerkt in die Stube gelaufen. Als Dette das Tier entdeckte, riss sie eine der Kuhpeitschen von der Wand und schlug in blindem Zorn nach dem Zicklein. Die Geißel verfehlte ihr Ziel und wickelte sich stattdessen um meine nackten Beine. Ein wilder, nie zuvor gekannter Schmerz durchfuhr mich. Bis das geflochtene Leder von meinen Waden glitt, flammte schon eine tiefrote Spur auf, die sich wie eine giftige Schlange um meine Beine wand. Dette war wie gelähmt vor Schreck und jähe Bestürzung ließ ihre Gesichtszüge erstarren.

Diesmal wusste ich, was zu tun war. Ich drehte mich um, stieg in meine Kammer hinauf und begann zu packen.

Daran, mein gesamtes Zeug mitzunehmen, war im Traum nicht zu denken, und ich trennte mich in Gedanken von allem Ersetzbaren und beschränkte mich auf das Nötigste. Unter mir hörte ich Dette flehen und jammern. Es tat gut, dass trotz der Schmerzen vom nächtlichen Sturz und vom Peitschenhieb keine einzige Träne aus mir wollte. Ich zog mir eine lange Hose an, steckte mir warme Sachen in den Rucksack und verließ, nachdem ich alle Süßigkeiten und das restliche Essen aus meinen Vorräten unter den Bettdecken der Kinder versteckt hatte, durch die hintere Tür die Alm.

Einzig die Ziege bemerkte meinen Aufbruch und sprang wie immer zwischen meine Beine. Ein Stück des Weges begleitete sie mich, und ich machte keine Anstalten sie zurückzuschicken.

Ich lief, ohne mich ein einziges Mal umzuschauen. Erst am Waldrand bemerkte ich, dass die Ziege nicht mehr da war. Sie hatte von alleine den Rückzug angetreten und wohl eher als ich gewusst, wo sie hingehörte.

Es dämmerte. Mir war klar, dass ich das Dorf heute nicht mehr vor Einbruch der Nacht erreichen würde. Bis zum Hof war es schon weit genug, aber es war für mich ausgeschlossen, dort aufzukreuzen. Mein Handy klingelte. Auf dem Display erschien Dettes Nummer und ich drückte sie weg. Sprich, mit wem du willst. Mit mir so schnell nicht mehr. Während ich bergab lief, erinnerte ich mich an die tiefer gelegene Alm, auf der die Kinder bei schlechtem Wetter mit den Tieren ausharren mussten. Hier sollte auch eine kleine Schutzhütte sein und ich könnte bis zum Morgen bleiben. Ganz bis zu der Alm war ich noch nie gekommen, denn mir war immer einer von ihnen entgegengelaufen, wenn ich den Buben ihr Essen dorthin gebracht hatte.

Das musste hier in der Nähe sein. Als ein morastiger Waldweg abzweigte, folgte ich den Klauenspuren und verließ den Hauptweg. Auf dem schmalen Pfad ging es durch niederes Gehölz und über den hohen Wipfeln war der Himmel nur an lichten Stellen auszumachen. Es war dunkel, als sich der Wald plötzlich lichtete und eine Weide vor mir auftauchte. In unregelmäßigem Rund ragten Tannen in sie hinein und verbargen an einer dichten Stelle die Hütte. Genau zwischen zwei Stämmen stand sie geduckt am Rand der Wiese. Als ich die Tür öffnete, sah ich einen dritten Stamm, der durch das Dach wuchs und seine mächtige Krone in den Nachthimmel reckte.

Ein kleiner Ofen stand auf dem gestampften Boden vor einem überschaubaren Vorrat an Brennholz. Außer einem Stuhl, einem Tisch und einem Feldbett war die Hütte leer und ungastlich. Erst als sich meine Augen an die Dunkelheit gewöhnt hatten, entdeckte ich einen alten Topf und eine zerschlissene Decke auf dem schmalen Lager.

Draußen rauschte es irgendwo in der Nähe, und ich machte mich auf den Weg, um im letzten Restlicht mit dem Topf Wasser zu holen.

Von dem kleinen Bach zurück, der wohl auch den Tieren als Tränke diente, schürte ich Feuer ein und sah mich im flackernden Licht der offenen Ofentür in der Hütte um. Auf den unbehauenen Stämmen, die waagrecht übereinandergelagert die Wände bildeten, hatten Senner ihre Namen verewigt und die Zeit, in der sie auf verschiedenen Almen im Dienst waren. Die Daten gingen weit zurück, aber außer meinen Buben und dem Namen vom Horners Loisl konnte ich keine Bekannten entdecken. Unter dem Bett lugte eine Zeitschrift hervor und entpuppte sich als Pornoheft, das sicher den Jungen gehörte. Ich schob es nach hinten, zog mir meine wenigen Kleider aus dem Rucksack über und streckte mich unter der kratzigen Decke aus.

Ungewohnte Geräusche und die zuckenden Schatten vom Feuer hielten mich wach, an Schlaf war nicht zu denken. Über mir schrie ein Waldvogel unentwegt seine Klagelaute in die Nacht und ich warf mich ruhelos auf der harten Pritsche hin und her. Meine Gedanken eilten zurück zur Alm und zu Dette.

Keine Frage, sie hatte mich nicht treffen wollen, aber auch so einen harten Schlag gegen die kleine Ziege konnte ich ihr so leicht nicht verzeihen. Ich fühlte mich getroffen, und das war ich ja auch. Es fiel mir schwer, erneut Verständnis für Dette aufzubringen. Viel zu oft hatte ich nachgegeben und zurückgesteckt, aber jetzt war der Bogen überspannt.

Je länger ich wach lag, umso mehr sehnte ich mich nach den Kindern. Ich hoffte, Dette werde ihnen erklären, dass meine Abwesenheit nichts mit ihnen zu tun hatte und nur ihr galt. Sicher war ich mir da nicht, appellierte aber in Gedanken daran, dass Dette ihnen nichts vormachte. Wenn es um die Wahrheit ging, waren die beiden so empfindlich wie Schnee in der Sonne, und ich wünschte mir von Herzen, dass sie von Dettes Geifer verschont blieben.

Wieder klingelte mein Telefon, und ohne einen Blick darauf zu werfen, stellte ich es ab. Für heute wollte ich alleine sein und mit niemandem sprechen. Morgen ist ein neuer Tag, dachte ich, und der wird mir zeigen, wie ich nach Hause komme.

Ich verfiel in einen unruhigen Schlaf und fuhr zu Tode erschrocken auf, als sich ein Mann an der Feuerstelle zu schaffen machte. Er stand mit dem Rücken zu mir vor dem offenen Ofenloch und seine sehnigen braunen Beine in kurzen Stoffhosen und Bergstiefeln leuchteten rot im Schein der Flammen.

»Des derfst net so weit runterbrennen lassen, sonscht frierschst noch aufd Nacht, und i muss di wärmen«, erklärte er, ohne sich nach mir umzudrehen.

Mit bis zum Hals schlagendem Herzen kauerte ich auf dem Bett und lehnte mich schwer atmend an die hölzerne Wand.

»Mei, hast du mich jetzt erschreckt. Ich hätt' leicht sterben können!«

»So schnell stirbt's sich nicht, und wenn man so jung ist, schon zweimal nicht. Da drauf trink mer jetzt eins und dann wird geschlafen.«

Er zog eine Rotweinflasche aus dem Rucksack, entkorkte sie geschickt mit seinem Taschenmesser und hielt sie mir unter die Nase. »Gläser gibt's heute keine, da musst dich noch besser einrichten, wosd jetzt umgezogen bist.«

Ich trank einen Schluck aus der Flasche und gab sie Sepp zurück, der sich ohne Umschweife ebenfalls auf dem Bett niedergelassen hatte. Wir tranken und redeten über alles, was vorgefallen war. Sepp machte keinen Hehl daraus, dass die verzweifelte Dette ihn geschickt hatte. Auf die Idee, mich auf der Waldalm zu suchen, waren die Kinder gekommen, nachdem mich weder auf dem Hof noch im Dorf irgendjemand gesehen hatte. Meine Jungen kannten mich. Der Gedanke, sie nicht mehr zu sehen, tat weh.

Sepp berichtete von der aufgelösten Dette, der alles leidtat. Aber viel schlimmer war, dass Alfons wegen der ganzen Aufregung mit Herzrasen im Krankenhaus lag. Dette war zu ihm ins Spital gefahren und die Kinder mussten sich jetzt selbst um alles kümmern. Das war schlecht auszuhalten für mich. Mit einem Ruck stand ich auf, griff nach meinen Schuhen und wollte zurücklaufen.

Sepp hielt mich fest und zog mich auf das Bett. »Sachte, sachte«, sagte er, »die kommen schon mal alleine zurecht, und morgen, wanns hell isch, bring i di rauf, und zum Melken bisch wieder da.«

»Und bis dahin?«, entfuhr es mir.

»Bis dahin legst di da her, da neben mir, und gibst a Rua bis in der Früh.«

Wenn du die bittschön auch gibst, dachte ich, ließ mich in seinen ausgestreckten Arm fallen und war im nächsten Moment eingeschlafen.

Wir erwachten, als die Sonne schon lange aufgegangen war. Als wir aufbrachen, erfüllten Vögel die Luft mit ihrem Gezwitscher. Wir machten uns hungrig auf den Weg.

Draußen war es kalt und sonnig, doch abwechselnd jagten auch kleine Regengebiete mit Schneeschauern durch die Luft. Als wir den Fahrweg erreichten, versperrte Alfons' Fiat den Durchgang.

Dette saß auf dem Beifahrersitz und wartete auf uns. Schwerfällig erhob sie sich aus dem Wagen und streckte mir stumm ihre raue Hand entgegen. Sie rang nach Worten und mit viel Überwindung stammelte sie eine kaum zu verstehende Entschuldigung, während sie weiterhin meine Hand hielt. Alles täte ihr leid und wenn ich nur bei ihr und Alfons bleiben würde, ginge es gut mit uns. Die ganze Nacht hätte sie sich auf mich verstanden, was so viel hieß, wie an mich gedacht, und die Kinder würden auf meine Rückkehr hoffen.

Sepp war während des Gesprächs weitergelaufen und hatte uns stehen gelassen. Schweigend hörte ich mir Dettes Entschuldigungen an und rang mit mir, welchen Weg ich einschlagen sollte. Mein Verstand trieb mich ins Tal und mein Herz zog mich nach oben. Nach kurzem Zögern nickte ich ihr zu, löste mich aus ihrem Griff und machte mich auf den Weg – rauf zur Alm.

Alle Gedanken daran, auf einen ausgeklügelten Plan hereingefallen zu sein, schob ich beiseite, und in der Hoffnung auf ernst gemeinte Besserung der Lage rannte ich Sepp hinterher.

Als wir die Alm erreichten, fügte sich ein makellos sonniger Morgen mit glasklarer Luft an eine lange Nacht, die, wie ich hoffte, Dette und mir den dringend erforderlichen Abstand voneinander gebracht hatte. Sepp war in Eile. Er verabschiedete sich schnell, nicht ohne mich vorher kurz in den Arm zu nehmen.

»Die Nacht mit dir könnt' ich mir noch bequemer vorstellen«, flüsterte er mir mit einem aufmunternden Zwinkern zu und verschwand über die Weiden.

Überall auf den nahe gelegenen Gebirgsmassiven war der Schnee weggeschmolzen. Sogar die Murmeltiere hatten sich aus ihrem Bau getraut und fraßen in sicherer Entfernung auf den Wiesen. Die Almen erstrahlten dank der hohen Feuchtigkeit erneut in einem sauberen Grün und der Wacholder setzte die ersten blauen Beeren an.

Über mir glitt eifrig unser Schwalbenpärchen durch die Luft und fütterte seine Jungen im Kuhstall. Ich dachte an das geplünderte Nest der Feldlerche. An die frisch aufgegangenen Augen und den zarten Flaum auf den pulsierenden Körpern der Jungvögel. Vielleicht tat ich der Katze Heidi und ihrer Mutter Unrecht, und das war wirklich nicht nett von mir. Dennoch blieb der Verdacht, dass sie etwas mit dem Verschwinden der Brut zu tun hatten.

Aber wer konnte schon sagen, wer hier nachts sonst noch sein Unwesen trieb.

Ich stellte meinen Rucksack auf die Bank vor dem Haus und atmete tief durch. Nach einem Blick zurück in Richtung Tal ging ich durch die unverschlossene Tür hinein und weckte die Kinder.

Sittenverfall oder
Monsignores Segen für die Alm

Bernadette war im Tal, nur so gab es genügend Raum zwischen uns. Das war auch nach dem gestrigen Abend mehr als nötig. Leider hielt der Friede nicht lange. Die schlechte Stimmung hatte sich auf die Kinder ausgedehnt und ihre anfängliche Freude über das Wiedersehen mit mir war schnell dahin. Florian und Tobias zankten sich lautstark.

»Ich weiß, du bist und bleibst der Beschtigste«, schrie Florian. Das Lachen über diese Steigerung von gut verging mir, und ich rannte rechtzeitig aus der Dusche, um Schlimmstes zu verhindern. Schon beim Abtrocknen hörte ich Florian wimmern und Tobias schrie immer wieder: »Du kommst jetzt mit raus. Raus vor die Tür mit dir.« Er wollte ihn offenbar zum Schutz der Einrichtung oder, um sich meinem Zugriff zu entziehen, lieber vor der Tür verdreschen, und war in seiner Raserei nur mit Gewalt zu bändigen.

Am frühen Abend hatten sich die zwei schon mit unmöglichen Ausdrücken beschimpft, welche, wie sie mir versicherten, alle aus der Schule stammten. Schwuler Wichser und Puttana, die italienische Nutte, ein Doppelschimpfwort, waren noch harmlose Varianten von allerhand derben Flüchen, mit denen sie sich ungeniert bewarfen.

Richtig eskalierte der Streit dann, als erneut darüber diskutiert wurde, das tägliche Hissen und Einholen der Landesfahne aufzuteilen. Florian hatte es satt, diese Arbeit allein zu tun, und wollte, dass Tobias mithalf. Beide gingen willig darauf ein auszulosen, wer ab sofort den Dienst am Morgen und wer am Abend verrichten sollte. Ich hoffte, den Streitpunkt damit ein für alle Mal vom Tisch zu haben.

Falsch gedacht. Florian zog »morgens« und Tobias rastete aus. Jetzt war ich am Ende mit meiner Diplomatie, denn mir blieb verborgen, wo da der gravierende Unterschied sein sollte. Sicher gingen den Kindern genau wie mir die Arbeiten morgens leichter von der Hand, und noch eine Aufgabe am sich abzeichnenden Feierabend war nur schwer zu ertragen, aber der sonst so kluge Tobias ließ sich nicht überzeugen. Auch als ich ihn auf seinen

Vorteil am Montag hinwies, an dem er ja abends zu Hause war und ich die Fahne übernehmen würde, blieb er bebend vor Wut am Tisch sitzen und bewegte sich keinen Millimeter in Richtung Tür. Hinter seinem Kopf wehte draußen die alles auslösende Flagge unschuldig im Wind und neben ihm an der Wand prangte ein ährenumkränztes Sticktuch:

Mein Heim mein liebes kleines
voll Sonne und voll Ruh
wie eil ich deinem Frieden
am Feierabend zu.

Davon waren wir zur Stunde weit entfernt. Nichts ging mehr friedlich. Täglich musste ich hart durchgreifen und drakonische Strafen androhen, um die zwei auseinanderzubringen: Radler und Limo wurden jedenfalls für die nächsten Tage gestrichen. Als der Streit selbst im Bett noch einmal aufflammte, drohte ich an, beim nächsten Wort müsse derjenige, der es gesprochen hatte, bei mir im Zimmer schlafen. Das wirkte prompt und es herrschte augenblicklich Ruhe. Unwillkürlich musste ich schmunzeln, denn ich sah die Schlagzeile schon vor mir:»Einsame Sennerin aus Deutschland lockt minderjährigen Jungen auf einer Alm in ihre Kammer.« Dafür wäre ich mit Recht in den italienischen Knast gewandert. Nein, danke. Durchgezogen hätte ich das ohnehin nie. Eher hätte ich einen der Streithammel in den Stall verbannt.

Der folgende Vormittag war geprägt vom Fund zweier Bomben, die die Jungen angeblich hoch auf dem Joch entdeckt hatten. Ich war unsicher, ob das nur ein Trick sein sollte, um mich aus der Hütte zu locken, aber ihre Aufregung über den tollen Fund wirkte echt. Der Beschreibung nach handelte es sich eher um zwei große, leere Granatenhülsen. Weil ich mich nicht schon wieder in der Zeitung sehen wollte, untersagte ich vorsichtshalber jedweden Umgang damit.

Die Kampfhähne der letzten Nacht waren in Sachen Bomben wieder ein Herz und eine Seele und boten sich an, mir die Kriegsbeute sofort und auf der Stelle den Hang herunterzurollen, damit ich zur Inspektion und eventuellen Freigabe nicht erst den weiten Weg auf den Berg hinauf müsste. Also war die Sache ernst. Sofort verbot ich den Transport der Sprengsätze strengstens, kontrollierte die Hosentaschen auf Feuerzeuge und entschied, dass die Kühe und damit natürlich auch sie auf eine andere Weide mussten. Widerwillig fügten sich die zwei in ihr Schicksal und die Bombenstimmung war mit so einer Spielverderberin wie mir erst einmal dahin.

Höchst spannend und aufschlussreich in Sachen Geschichte und Erdkunde waren die aufkommenden Meinungen beim Mittagessen, von wem und aus welchem Krieg die Fundstücke stammten. Florian verhielt sich bei solchen Gesprächen geflissentlich ruhig und Tobias führte das Wort. »Ich wette aus Schweden, Hauptstadt Reykjavík«, tönte er vorlaut. Wie wir in einem längeren Gespräch klarstellen konnten, lag da ja auch Australien, wo der Sennerin ihr Sohn wohnte.

Mit Tobias kleinem, regenbogenfarbigem Jonglierball, der schon für allerhand Erläuterungen hatte herhalten müssen, startete ich einen Erklärungsversuch. Frei nach dem Motto: Wenn das die Welt ist und wir hier sind, dann ist da Australien. Aber anhand der ausdruckslosen und gelangweilten Gesichter konnte ich schon nach ein paar Sätzen merken: kein Interesse, nur ungläubiges Kopfschütteln über all meine Ausführungen von Land, Leuten und Entfernungen. Alles gipfelte in Florians Frage, ob mich der Sohn am kommenden Wochenende auch einmal hier besuchen werde. Nachdem wir schon Donnerstag hatten, stellte ich den Erdkundeunterricht für heute ein.

Nicht einstellen konnte ich meine täglichen Benimmhinweise: Ellbogen vom Tisch, das Unterlassen von Rülpsen, Furzen, Schlürfen und Ausdrücken aller Art; mit dem Essen zu warten, bis alle da sind; sich nicht alles auf den eigenen Teller schaufeln und teilen. Das waren Regeln, die hier keinerlei Wert besaßen, und ich hatte jeden Tag zu tun, dagegen anzuhalten.

Das ging so weit, dass am Mittag ein mit einem grünen Tirolerhütchen ausgerüsteter Herr zum offenen Fenster hereinschaute und fragte, ob hier eine neue Folge der »Super Nanny« gedreht werde. Als ich verneinte, schlug er als Alternative ein Ferienlager für Schwererziehbare vor. Die Kinder bogen sich vor Lachen und gaben dem enttäuschten Gast zu verstehen, dass ich die einzige Schwererziehbare auf dem ganzen Berg sei. Der Mann zog dann ratlos und schulterzuckend seinen behüteten Schädel nach draußen und verließ kopfschüttelnd die Alm.

Mir war es egal, womit mich die Kinder in Erinnerung behielten, aber wenn sie je aus ihrem Hinterwäldlertal in die weite Welt gingen, würden sie mir vielleicht sogar dankbar sein, für einen Sommer im Leben etwas von Manieren gehört zu haben – und sei es von einer Schwererziehbaren.

Es war Freitag, der 13. Juli, und ungeachtet aller Unkenrufe über das Datum war der Tag bisher unfallfrei und harmonisch verlaufen. Lediglich die Bremsen machten uns an diesem strahlenden Sommertag das Leben schwer. Es war gemein, dass die seltenen Stunden mit kurzen Hosen und leichter Bluse von ihnen gestört wurden. In Vorbereitung auf das sicher hochsommerliche Wochenende hatte ich schon angefangen vorzukochen und zu backen. Wenn das Wetter so blieb, mussten alle unten beim Heumachen helfen. Mit Schrecken dachte ich daran, wie Bernadette und ich den eventuellen Wandereransturm ohne zusätzliche Hilfe bewerkstelligen würden.

Am Montag wollte eine Freundin mit ihrem Bekannten für einen Tag und eine Nacht auf die Alm kommen. Sie waren nach ihrem Urlaub auf dem Heimweg und hatten irgendwo unten im Tal Quartier genommen. Ich hatte ohne Rücksprache zugesagt und das lag mir jetzt schwer im Magen. Dette war nie begeistert, wenn jemand zu mir kam, und machte keinen Hehl daraus, dass meine Arbeit angeblich darunter litt.

Mir wäre es lieber gewesen, sie hätte öfter mal für frische Bettwäsche in den Gästezimmern gesorgt. Ich behielt es für mich, wer da schon alles drin gelegen hatte. Am besten hatten es die Männer aus Starnberg getroffen, denn sie waren die Ersten. Dann kamen Andi und Verena und der Herr Professor mit seiner Freundin bildete das bisherige Schlusslicht.

Die zwei neuen Gäste waren mein Notnagel für die Fahrt zur Examensfeier von Verena und sollten mich mit nach Nürnberg nehmen. Meine andere Mitfahrgelegenheit war geplatzt, denn der Freund aus Bozen war eher gefahren und bereits nach Deutschland unterwegs.

Ansonsten blieb mir nur der Zug und diese Reisemöglichkeit würde mich viel mehr Zeit kosten.

Am Mittag rastete ein Fußballclub aus Vorarlberg bei uns. Sie waren per Rad unterwegs zum Gardasee. Sie freuten sich so über meine Arbeit und die leckere Pasta, dass sie mir zum Abschied einen nagelneuen schwarzen Fleecepulli überreichten. Einer arbeitete bei der Bekleidungsfirma und konnte mich deshalb freigiebig mit dem Pullover beschenken. Wenn die Temperaturen wieder fielen, würde er mir sicher gute Dienste leisten und mich an die netten Radler erinnern, die sich zu meiner Schonung sofort auf nur ein Gericht geeinigt und noch beim Abwasch geholfen hatten.

Die Kinder erblassten vor Neid und ihre gierigen Blicke hingen unverhohlen an dem Pullover. Jetzt wusste ich gar nicht mehr, was ich machen sollte, außer ihn in zwei Hälften zu schneiden und jedem ein Stück zu schenken. Tobias, unser vermeintlicher Schlaumeier, schlug sofort ein Preiswatten vor. Da rechnete er sich, mit gutem Recht, die größten Chancen aus, uns alle in die Tasche zu stecken und als der wahre Besitzer des Edelteils aus dem Wettstreit hervorzugehen. Aber fürs Erste kamen wir ohne den Pulli aus und ich ließ das Objekt der Begierde in meinem Kleiderschrank verschwinden.

So entspannt hätte dieser Julitag gut enden können. Doch beim Vorbereiten des Abendessens machte ich eine unliebsame Entdeckung, die mir die Stimmung gründlich verdarb. In einem offenen Plastikeimer, in dem unsere angeschnittene Wurst und Schinkenstücke aufbewahrt wurden, klebte eine Armada von Fliegeneiern. Unsere fliegenden Mitbewohner hatten den sonnigen Tag zur fleißigen Eiablage genutzt und sich dazu unsere Vorratskammer erkoren. Schon seit Tagen hatte ich um Fliegenfallen gebeten und Dette genau die klebenden Rollen beschrieben, die es aus der Stadt zu besorgen galt.

Ich rief sie an und beklagte mich bitter über die Zustände. Diesmal nahm ich kein Blatt mehr vor den Mund und zog alle Register der Einschüchterung. Mein Vortrag ging über schwere Krankheiten, eine Anzeige beim Gesundheitsamt bis hin zur Hüttenschließung. Ernst genommen wurde ich freilich nicht, denn während unseres Gesprächs beschwerte sie sich bei der offenbar neben ihr sitzenden Doris lautstark über mich. Es sei schrecklich mit mir und sie würde jeden Tag etwas mitmachen.

Mir war das Gezeter einerlei, ich machte auch jeden Tag jede Menge mit: Wurst mit Fliegeneiern ging entschieden zu weit. Von den stets offen herumstehenden Lebensmitteln würde ich garantiert keinen Bissen mehr hinunterbekommen. In der Not opferte ich meine Plastik-Kuchenbox zum Aufbewahren der Wurst und zog dem Abendessen eine Nassfütterung mit Milch vor.

Kein Wort hatte sie während unseres Telefonats darüber verloren, dass sie heute noch zu uns kommen werde, deshalb waren wir ziemlich verwundert, in der ersten Dämmerung noch ein Auto zu hören.

Die letzten Tage über war Dette schon voller Ungeduld gewesen. Jede Stunde stand unter dem Zeichen: Wir warten auf den Pfarrer, damit er die Alm und ihre Bewohner segnet. So lange hatte er die fleißige Kirchgängerin Bernadette noch keinen Sommer sitzenlassen, und dass die Alm immer noch ohne Segen – und außerdem von mir bewirtschaftet – war, bereitete ihr enorme Sorgen und ließ sie nach eigenem Bekunden in der Nacht mehr schlecht als recht schlafen.

Das hatte sie geschickt eingefädelt, zu unserem ersten Wiedersehen den Pfarrer mitzubringen, aber ich ließ es dabei bewenden und übersah jede Absicht.

Nun war es endlich so weit und ein wohlbeleibter Herr im knapp sitzenden hellen Sommeranzug quälte sich umständlich und mächtig schwitzend aus dem durchhängenden Fiat. Artig begrüßten die Kinder den Monsignore, und eine überaus liebenswürdige Dette stellte mich als die beste Freiwillige von draußen vor, die der Himmel ihr gesandt hatte. Eine, die ihr so viel Arbeit abnehme und die Alm zu ihrer vollsten Zufriedenheit bewirtschafte, sodass sie sich sorglos und beruhigt um ihren kranken Mann kümmern konnte.

Den hatte sie auch mitgebracht und erst als der Gottesdiener ein Stück zur Seite getreten war und die Autotür frei machte, konnte der schmächtige Alfons mit gesunder Gesichtsfarbe hinter dem Lenkrad hervorkommen. Wie lange er schon aus dem Krankenhaus war, hatte uns niemand gesagt. Tief in mir zweifelte ich die Sache mit der Einlieferung an. Wer weiß, welche Register Dette in ihrer Not gezogen hatte. Jetzt vor dem Pfarrer ließ ich alles auf sich beruhen, und der Bäuerin schien es recht, dass es keine auffällige Begrüßung zwischen mir, ihr und ihrem Mann gab.

Der Pfarrer hatte keine Zeit zu verlieren und als Erstes kamen die Segnung der Kühe auf der Weide und der Almenlandschaft dran. Zu seinem ausdrücklichen Bedauern hatte der Diener Gottes nur an seine bestickte Stola und sein Brevier gedacht und damit die wichtigste Requisite, nämlich das Weihwasser, im Tal vergessen.

Jetzt kam Dettes große Stunde, denn mit einem Liter »Lurdeswasser« aus der Fanta-Flasche war im Handumdrehen kostbarer Ersatz gefunden. Der Pfarrer war zufrieden und goss ausgiebig davon in eine ihm dargebotene weiße Blechtasse mit abblätterndem königsblauen Rand.

Der kleine Florian diente als Ministrant und wurde angehalten, ein »Blatterl« zum Besprengen zu suchen. Eilig kam er mit einem hübsch gewachsenen Gebirgslöwenzahn im Weihwasser zurück. Damit das Kind nicht geschimpft wurde, was der Löwenzahn im Weihwasser sollte, tauschten wir das Unkraut noch rasch gegen einen Wacholderzweig aus. Der Pfarrer freute sich über den doch stabileren »Buschen« und zeigte sich erneut zufrieden.

Wir machten uns gemeinsam auf den Weg. An den wichtigsten Plätzen hielt unsere kleine Prozession inne. Dann gab es eine kurze Andacht über Mensch und Vieh, und nach einer passenden Lesung, einem Gegrüßet-seist-du-Maria, einem Vaterunser und dem verschwenderischen Segen mit Weihwasser ging es weiter.

Das waren kostbare Minuten so hoch droben auf unserer Alm, mit dem Blick ins weite Tal, unter uns die vielen Kühe und die Welt im noch wärmenden Abendsonnenschein. Da waren einmal kurz der strapaziöse Alltag und die viele Arbeit vergessen. Jeder war auf seine Weise dem Himmel ganz nah.

Nach Tieren, Weiden, Stall und Wohnhaus kamen noch wir Menschen dran und bestimmt nicht nur ich betete in dieser Stunde aus tiefstem Herzen für einen guten Ausgang des Almsommers.

Dann endlich bekam der Pfarrer sein wohlverdientes Abendessen und wir staunten mächtig über bisher hier nie gesehene Spezereien wie Schinken, Salami und guten Wein. Bernadette, die das alles aus einem prall gefüllten Stoffbeutel im Kofferraum gezogen hatte, war um das leibliche Wohl des Pfarrers bei dieser einen Mahlzeit sehr besorgt. Wesentlich besorgter als bei all unseren Mahlzeiten zusammen – und wir blickten neidvoll zum Tisch von Hochwürden hinüber. Der ließ es sich auch ohne uns und ohne Tischgebet gut schmecken. Er bekam noch eine randvolle Tasche mit Almspezialitäten für sich und seine Klosterbrüder mit nach Hause.

Der erste Monat meiner Almzeit lag hinter mir. Ich war auf den Tag genau vier Wochen hier. Unglaublich, wie eilends trotz aller Unbillen die Zeit vergangen war. Ich erwachte am Morgen erfüllt von Dankbarkeit, bis hierher durchgehalten zu haben.

Es herrschte fabelhaftes Wetter und die Fremden kamen gemäßigt in kleinen Gruppen und in zivilen Abständen. Zwischendurch gab es sogar Zeit für ein Sonnenbad auf der Terrassenbank und ich streckte mich wohlig auf dem erwärmten Holz aus.

Morgen, am Sonntag, würden es bestimmt wieder mehr Gäste werden, und ich hoffte, mit Dette dem zu erwartenden Ansturm gewachsen zu sein.

Was auch immer in der Küche vorzubereiten war, war getan, einschließlich des Würfelns von einhundert harten Brötchen für Knödelbrot. Die Speckknödel waren gerollt und die heutigen Gäste hatten Glück. Sie bekamen frische Knödel in dampfender Brühe auf ihre Teller.

Die Kinder und ich sollten uns dafür zum Abendessen mit den etliche Tage alten Klößen begnügen. Mein Protest verlief im Sande und nach den gestrigen Lebensmittelvorfällen verzichtete ich erneut auf das Essen.

Ich stellte die Enzianflasche vor mich hin und begann langsam, einen nach dem anderen zu trinken. Die Bäuerin starrte mich mit weit aufgerissenen Augen an und fixierte abwechselnd mich und die sich zusehends leerende zwischen uns stehende Flasche. Mir war gleichgültig, wovon es mir schlecht wurde, und dem Durchfall, der mich hier immer mal wieder plagte, konnte so ein Kräuterschnäpschen sicherlich nur guttun. Ich griff nach der Flasche, lachte vergnügt vor mich hin und goss mir den nächsten ein.

»Die hat gestern auch nur Schnaps gesoffen, statt zu Abend zu essen«, brach es aus Tobias heraus. Darauf hatte ich nur gehofft, und ich war froh, dass auf die mitteilsame Art meiner Buben immer Verlass war.

»Der kommt jetzt weg«, schrie Dette mich an und riss den Schnaps mit einem Griff an sich.

»Erst wenn anderes Essen auf den Tisch kommt«, sagte ich starrsinnig und zog die Flasche wieder zu mir, um mir erneut daraus einzuschenken. Das ziehe ich jetzt durch, dachte ich, und wenn ich bewusstlos vom Stuhl falle und mir Enzian statt Blut in den Venen fließt.

Die Kinder hatten aufgehört zu essen und ihre noch vollen Teller von sich geschoben. Ihre Blicke wanderten gespannt zwischen uns hin und her, unser Machtkampf zog sie in ihren Bann. Bevor ich mir noch einen Schluck genehmigen musste, sprang Dette auf. Mit einem dumpfen Schlag prallten ihre Oberschenkel von unten gegen die Tischkante. Der gute bernsteinfarbene Enzian stürzte um und floss über die alten Speckknödel auf den Tellern der Kinder. Ein umgefallenes Wasserglas leerte seinen Inhalt auf die Tischplatte, rollte über die Kante und zersprang klirrend auf dem Fußboden. Das Wasser bildete einen sprudelnden See auf dem geschrubbten Holz. Für einen Augenblick war es so still, dass man die kleinen aufsteigenden Kohlensäureperlen zerplatzen hörte.

Dette hatte sich ohne ein Wort aus der Bank herausgewunden und war zum Herd gelaufen. Wütend knallte sie den Topf mit den frischen Speckknödeln vor uns hin und verließ wort- und grußlos die Stube, begleitet vom haltlosen Gelächter der Kinder.

»Die legt sich jetzt mit allen Kleidern ins Bett und taucht bis morgen früh nicht mehr auf«, lachte Florian. »Das macht die immer so, wenn die arg lästig ist. Wollen wir wetten, die hat morgen den ganzen Tag das Gleiche an wie grade.«

Mir war nicht nach Wetten zumute, und ich fing an, die Sauerei auf dem Fußboden aufzuräumen, während sich die Kinder über mir vergnügt über das gute Essen hermachten und wir Dette in ihrem Zimmer laut den Rosenkranz beten hörten.

»Willscht noch nen Schnaps, Sibylle«, lachte Florian und wedelte unter dem Tisch, wo ich mit Aufputzen beschäftigt war, mit der Flasche herum. Alles, bloß das nicht, dachte ich und nahm den Enzian an mich.

In diesem Moment flog die Tür auf und Sepp stand in der Stube. Seine braunen Beine erkannte ich auch ohne den dazugehörigen Körper, und seine Stimme, die ich nach der vorgestrigen Nacht schon insgeheim vermisst hatte, polterte mit ihm in den Raum.

»Seid's ihr wohl allein? Wo habscht dann die Sibylla gelassen, mei Sennerin, mei Leben?«, begrüßte er die Buben überschwänglich. Stumm flehte ich unter dem Tisch, sie mögen ihr Alleinsein bejahen und von mir aus sagen, ich sei in Australien. Doch nach vier Wochen des Kennenlernens wusste ich nur zu genau, dass beide lautlos mit dem Finger nach unten deuteten und meine missliche Lage, angetrunken mit einer Enzianflasche in der Hand im Nassen zu hocken, in Kürze auffliegen würde.

Lang brauchte ich freilich nicht zu warten und schon tauchte Sepp bei mir unten auf. »Bischt du fröhlich? Wasch treibscht denn da? Säufst di scho unter den Tisch, weil i so selten kim?«, grinste er mir entgegen.

Mit Sicherheit hatten meine beiden Helden ihn mit eindeutigen Handbewegungen auch gleich noch über meinen unkontrollierten Schnapskonsum in Kenntnis gesetzt und mich vollends auflaufen lassen.

Jetzt war sowieso alles einerlei und ich ließ mich willenlos von seinen starken Armen hervorziehen und auf die Beine stellen. Ein leichter innerer Schwindel bemächtigte sich meiner, aber ich ließ mir nichts anmerken. Ich stellte die Flasche vorsichtig ins Regal, und nachdem ich die Scherben aufgefegt und den Tisch abgeräumt hatte, setzte ich mich zu den anderen auf die Bank.

Heute hatte der Sepp schlechte Karten mit seinem Besuch, denn die »Sibylla, sei Sennerin, sei Leben« war in keiner wirklich guten Verfassung. Längst hatte er sich allein am Rotwein bedient, und nachdem ihm die Kinder lauthals erzählt hatten, wie hier der Abend verlaufen war, hatten sie begonnen, miteinander Karten zu spielen.

Erleichtert, mir selbst überlassen zu werden und nicht mitspielen zu müssen. Außer mitleidigen und fast ins Besorgte gehenden Blicken aus seinen unmöglich blauen Augen und dazu seiner schweren Hand, die wie selbstverständlich auf meinem nackten Oberschenkel ruhte und nur zum Geben und Nehmen von Karten diese Position verließ, blieb ich von allem verschont.

Ich war im Sitzen eingenickt und wachte erst auf, als jemand meinen Kopf fasste und mein Kinn sanft nach oben schob.

»Geh, leg di schlafen, gehörscht ins Bett«, hörte ich Sepp eng an meinen Lippen flüstern und ein aufgeschrecktes Beben durchfuhr meinen ausgekühlten Körper. Längst war es Nacht geworden und die Kinder waren in ihrer Kammer verschwunden. Eine dünne Kerze war fast heruntergebrannt und warf ein unstetes Licht gegen die hölzernen Wände. In der Dunkelheit sah ich, dass Sepp schon seinen Anorak angezogen hatte und der Rucksack lose auf seinem Rücken hing.

»Geht's wieder?«, fragte er ungewohnt leise. »Schaffst es alleins nach droben? Vergiss net 's Absperren, wann i drauß bin, sonst holt di noch einer.«

Er drückte mir einen flüchtigen Kuss auf den Mund, strich mir mit einer gewissen unbeholfenen Grobheit das Haar aus der Stirn und verließ mit einem langen, deutlich hörbaren Seufzen den Raum.

Nach einigen Schritten hörte ich ihn draußen auf Höhe des Holzlagers auf Steine pinkeln. Ein harter Strahl traf spritzend auf den Boden und vermischte sich in meinem benebelten Kopf mit dem Geräusch des vom Tisch fließenden Mineralwassers von vorhin.

Ich wartete, bis alles wieder still war, und als der grasige Almboden seine Schritte schluckte, schloss ich die Tür, verwahrte den Schlüssel wie an jedem Abend unter den gehäkelten Topflappen im Schub und verzog mich in mein Bett.

Ich hoffte immer noch, dass morgen die Familienmitglieder zum Helfen kamen und der Hauptarbeitstag Sonntag nicht in dem gleichen Wirrwarr endete wie in den vergangenen Wochen.

Zu viel des Guten oder
Rettungslos verloren

In aller Frühe erwachte ich mit einer leichten Übelkeit und lehnte mich zum Luftholen aus dem Fenster. Ein ergreifend schöner Sternenhimmel verabschiedete sich im aufkommenden ersten Morgenrot, das im Osten hinter den schieferfarbenen Felswänden emporkroch, und kündigte einen neuen, endlich milden Sommertag an.

Die Kinder hatten recht behalten und entgegen allen sonntäglichen Gewohnheiten erschien Dette in derselben Kluft wie am Vortag, in der sie offenbar auch geschlafen hatte. Mürrisch und einsilbig machte sie sich an die noch verbliebene Arbeit. Das Gulasch brodelte im großen Topf vor sich hin und ein verführerischer Duft nach Spaghettisoße lockte zum Essen.

Um elf waren die ersten Tirtlan fertig und die Scharen von Besuchern würden bei diesem sonnigen Wetter nicht mehr lange auf sich warten lassen. Bei den Tirtlan handelt es sich um tellergroße gefüllte Teigfladen, die im heißen Fett schwimmend ausgebacken wurden. Laut unserer Karte gab es sie mit drei verschiedenen Füllungen: Topfen mit Zwiebeln, Spinat oder Sauerkraut.

Nachdem Dette den Spinat in den Tiefen ihrer Kühltruhe nicht gefunden hatte, begnügten wir uns mit der Herstellung von Mengen von Tirtlan mit zwei verschiedenen Inhalten.

Unser Mittagessen um zwölf verlief ohne jeden fremden Gast und so konnten wir in ungewohnter Weise ungestört zu Tisch sitzen.

Mein Magen war vom Enzian noch angeschlagen und kämpfte mit der fremdartigen Kost. Mehr als eines dieser fettigen Stücke konnte ich sowieso nicht essen. Selbst das wurde mir zum Verhängnis und mein Durchfall meldete sich zurück.

Dette war in ihrer Stube verschwunden und stand gleich, nachdem wir fertig gegessen hatten, im feinsten Sonntagsstaat ausgehfertig in der Küche. Fassungslos schaute ich sie an.

»Heut' wird keins kommen. Das packst alleins. Auf der Grasangeralm isch Sommerfest mit Musik. Da sind's heit alle dahin und da gang i jetzt a hin.«

Das war der Punkt, an dem mir der nicht vorhandene Löffel aus der Hand fiel, denn die fettigen Tirtlan werden traditionell ohne Besteck gegessen.

All die Vorbereitungen wie Kuchen- und Brotbacken. So viel überflüssiges Essen und keine Möglichkeit, es zu kühlen. Wie konnte es das geben? Stundenlang hatten wir Mahlzeiten vorbereitet, während Dette uns ein Almfest verschwieg, das nur eine gute Stunde Fußweg entfernt stattfand. Tagelang würden wir jetzt wieder dasselbe essen und alles verwerten müssen. Wie das bei diesem Wetter gehen sollte, stand in den Sternen. Ich war außer mir vor Zorn. Als ich mich in der von den umfangreichen Kocharbeiten mitgenommenen Küche umschaute, geriet mein Blut in Wallung, und ich musste an mich halten, um nicht den nächstbesten Gegenstand nach ihr zu werfen.

Krachend knallte ich die Tür hinter ihr zu und hörte kaum noch hin, als sie mir von draußen zurief: »Die nächsten Tage kimm i nimmer.«

»Von mir aus kannst du bleiben, wo du willst«, brüllte ich ihr nach, aber da war ihr fesches Gewand schon hinter dem ersten Hügel verschwunden.

Was blieb mir anderes übrig, als mich an die Arbeit zu machen und alles Essen, so gut es ging, zu verwahren. Die Kinder halfen unaufgefordert mit, und als alles geschafft war, hatten sie frei. Die Kühe waren auf ihrer Sonntagsweide in Sichtweite. Es genügte, wenn jede Stunde mal einer der Hirten nach ihnen schaute.

Florian hatte versucht, einen Radiosender einzustellen, und als leise Musik ertönte, wollten die Kinder von mir wissen, ob ich tanzen könne. Beide waren versessen darauf, erste Schritte zu üben. Als wir einen guten Sender gefunden hatten, verging eine Zeit lang mit langsamem Walzer und Foxtrott. Wir tanzten barfuß auf unserer Wiese vor dem Haus, umringt von neugierigen Kühen, und hörten erst auf, als die Sendung zu Ende war und Nachrichten kamen.

Zum ersten Mal seit Wochen drang die restliche Welt wieder zu mir durch und damit alle Schrecklichkeiten, von denen wir hier verschont waren. Irgendwo in den USA war eine Mississippibrücke eingestürzt und hatte viele Menschen mit in den Tod gerissen. Ich schaltete das Radio aus und brachte es nach drinnen.

Eine Familie kam dann gegen Abend doch noch zu uns und sie war für das noch von niemandem vorhersehbare Unglück in dieser vergleichsweise kleinen Welt die letzte Rettung.

Während die Mutter und ihre kleinen Kinder auf der Terrasse rasteten, hatte der Vater noch einen Rundgang gemacht und dabei entdeckt, dass eine unserer hochträchtigen Kühe zu weit in ein Wasserloch gestiegen war. Jetzt sackte sie vor unseren bestürzten Augen bei jedem Schritt immer tiefer in den Morast.

Die Buben hatten alle Tiere unversehrt auf die Nachtweide getrieben und der elektrische Hüter hatte ihre Arbeit übernommen. An heißen Tagen wie diesem gab es dann ein dichtes Gedränge am Wasserloch, aber warum die Kuh so weit in die Lache gelaufen war, blieb ein Rätsel.

Florian schrie verzweifelt nach dem Bergungshubschrauber, und nur dank der Hilfe des Mannes glückte es uns, mit untergeschobenen Holzbohlen und Brettern unter Aufbietung all unserer Kräfte, das um sich schlagende Muttertier aus dem Tümpel zu ziehen. Es gelang uns, das verstörte Vieh zu den anderen Tieren zu treiben und den elektrischen Zaun schnell hinter der Kuh zu verschließen.

Ich war von oben bis unten nass und dreckig und so kaputt, dass ich mich am Geländer festhalten musste, um die drei Stufen zur Veranda zu erklimmen. Das war knapp gewesen. So eine Kuh war teuer, und die Schande, ein trächtiges Muttertier unter unserer Aufsicht zu verlieren, hätte uns schwer belastet.

Wir behielten die Weide im Blick und rannten abwechselnd nach draußen, um nach den Tieren zu schauen. Die Kuh war rastlos und ihre Unruhe steckte die ganze Herde an. Unablässig bog sie ihren Nacken nach hinten durch. Ein irritierendes Brüllen, das ihren prallen Körper erschütterte, drang aus ihrem weit aufgerissenen Maul.

So konnte das nicht bleiben, und ich musste die Bäuerin anrufen, von dem Unglück berichten und um Rat und Hilfe bitten. Mit mir wollte sie das allerdings auch diesmal nicht besprechen und Tobias musste ans Handy.

Mir wurde angst und bange, weil ich das Schimpfen und die jetzt auf ihn einbrechenden Vorhaltungen schon förmlich spüren konnte, aber es kam anders. Das Gespräch verlief knapp und war in Minuten, in denen ich vor Aufregung kein einziges Wort des hastig gesprochenen Dialekts verstand, beendet.

»Du sollscht uns helfen, die Kuh einzufangen und in den Stall zu treiben. Dann sollscht zwei Liter Rotwein warm machen und die sollen wir der Kuh zu trinken geben!«

Nichts einfacher als das. Das war ja schließlich eine alltägliche Beschäftigung für eine Städterin und man fing die aufgescheuchte trächtige Kuh mit einer Hand aus einem wild durcheinandergeratenen Haufen. Ich begann mit dem überschaubaren Teil der Aktion und stellte eine anderthalb Liter fassende Flasche Rotwein der Marke Kalterersee geöffnet in das Wasserschiff vom Herd. Erhitzter Rotwein war ein offenbar altbewährtes Bauernmittel zur Besänftigung einer trächtigen Kuh. In der brenzligen Lage hinterfragte ich nicht, wie es uns gelingen sollte, das toll gewordene Tier davon zu überzeugen, so etwas Artfremdes zu sich zu nehmen.

Dann machten wir uns einen Plan.

Wir öffneten die Stalltüre und zogen mit dem elektrischen Weidezaun zwischen Stall und Weide ein Band. Damit war der Fluchtweg nach der einen Seite abgesteckt. Um eine Gasse zu bilden, hatten wir nicht genug Zaun, sodass wir die andere Seite selber absichern mussten. Tobias trieb die Kuh aus der Herde und es ging gut, sie von den anderen Tieren zu trennen. Es klappte auf Anhieb, hinter den beiden den Weidezaun wieder zu schließen, und unter den lockenden Rufen der Hirtenkinder lief das dickbauchige Rind zielstrebig auf die Stalltür zu.

Als es nur noch ein kleines Stück von der geöffneten Tür entfernt war, brauste Motorenlärm auf und eine Geländemaschine raste auf unseren über den Weg gespannten Zaun zu. Der Fahrer erkannte das Hindernis und es gelang ihm nur mit Glück, die Maschine ohne Sturz zum Halten zu bringen. Die Kuh hörte das Motorrad, erschrak, wendete sich um und rannte davon.

Florian konnte in letzter Sekunde zur Seite springen, sonst wäre er schonungslos von dem durchgedrehten Muttertier überrannt worden. Genau als die Kuh wieder auf Höhe des eingezäunten Nachtweidelands war, riss Tobias geistesgegenwärtig das Gatter nieder und das Tier stürmte zu seiner Herde zurück. Jetzt war die Kuh fürs Erste in Sicherheit. Ich beschied, dass wir es dabei belassen und die gefährliche Aktion kein zweites Mal stattfinden würde. Der Rotwein war umsonst erhitzt, denn ihn der Kuh mitten auf der Weide einzuflößen, war mit Sicherheit unmöglich, und ich verwarf die Idee sofort.

Ich war wütend und knöpfte mir den Motorradfahrer vor, der mit seinem idiotischen Verhalten unsere schwere Arbeit zunichtegemacht hatte. Der junge Bursche, den seine Kumpel zum

Bierholen zu mir geschickt hatten, tat mir dann doch leid. Als er mit seiner vollen Tasche abzog, schob er reumütig seine Maschine und machte sie erst weit hinter uns und der Herde wieder an.

»Den muscht anzeigen und der Polizei melden. I hab' mir den gemerkt«, sagte Tobias, als das Motorrad verschwunden war.

»Und morgen dich«, sagte ich, »wenn du mit dem Motorrad über die Alm zur Musikprobe fährst.«

»Ach so, ich mein' nur wegen dem Bier. Der war garantiert noch keine sechzehn.«

»Ach so«, sagte ich laut, »ich denk' dran. Beim nächsten Radler, was ihr von mir wollt.«

Die Kinder verschwanden im Bett und ich hoffte auf eine gute Nacht. Bei einem letzten prüfenden Blick aus dem Fenster auf die sich beruhigende Herde bot sich ein einträchtiges Bild und versprach einen erholsamen Schlaf.

Um vier Uhr war ich schon auf und unruhig wegen der Kuh. Vom Fenster aus konnte ich sie in der Herde nicht ausmachen. Als ich die Kinder geweckt hatte, liefen wir gleich los, um nach ihr zu sehen. Alles Suchen war vergeblich und wir konnten das Tier nirgends entdecken. Endlich fanden wir sie im hintersten Eck, einem schattigen Teil der Weide, wo sie neben ihrem totgeborenen Kälbchen stand. Das war ein trauriger Anblick und mir schoss nur so das Wasser in die Augen. Zum ersten Mal weinte ich ungeniert vor den Kindern, und die wussten in diesem Moment nicht, was schlimmer war – meine Tränen oder das tote Kalb. All unsere Anstrengung, es zu retten, war umsonst gewesen, und ich gab dem Motorradfahrer die ganze Schuld. Sicher hätte die Kuh in der Vertrautheit des Stalls ihr Kälbchen behalten. Wir hätten bei ihr gewacht und ihr über die Nacht geholfen. Nun blieb uns nur noch, das müde Muttertier zur Erholung im Stall festzumachen und mit einer großen Portion Kraftfutter zu versorgen.

Jetzt musste ich Dette erneut anrufen. Bis ich das Haus und mein Handy erreicht hatte, war mir schon schlecht vor Aufregung, was nun wieder auf mich und die Kinder einprasseln würde. Doch Dette blieb verstörend gelassen, denn die Angelegenheit gestaltete sich für sie einzig als ein pekuniärer Verlust. Ihre Kuh war das ja nicht, und dass der Bauer, dem die Kuh gehörte, über die Tatsache, dass seine Kuh nun kein Kälbchen mehr hatte, erbost sein würde, war ihr weitgehend egal. Der konnte sein Vieh schließlich auch woanders in Obhut geben. Vielleicht war es ja auch gar kein Milchvieh, sondern ein männliches Kalb gewesen, und damit lediglich den Kalbfleischpreis wert.

Ich legte auf und wählte sofort danach neu. Nachdem Dette sich gestern für mehrere Tage von uns verabschiedet hatte, blieb offen, was wir mit dem Kadaver tun sollten, der ja unmöglich in dieser Hitze auf der Wiese liegen bleiben konnte.

Der erneute Anruf auf dem Hof verlief spürbar genervter, und eine nun doch aufgebrachte Dette brüllte ihren Nachnamen in den Hörer.

»Wascht mit dem Viech machen sollscht?«, lachte sie dem Wahnsinn nahe in mein Ohr. »Bei uns wern die Leit begraben, wann's tot sind. Aber bestimmt ist des bei aich auch wieder anders, da draußen.«

Ich holte tief Luft, sparte mir meinen Atem und legte auf.

Undenkbar, auf diesem felsigen Grund beim Graben nur einen halben Meter tief zu kommen. Damit war der lächerliche Vorschlag vom Tisch. Ich schickte die Kinder an die Arbeit und hoffte, dass Dette sich besinnen werde, das Kälbchen mit dem Traktor zu holen.

Nichts geschah und den ganzen Tag über blieb das tote Tier auf der Weide liegen. Sofort am Morgen hatten sich Schwärme von grün schillernden Schmeißfliegen darauf niedergelassen und sich daran zu schaffen gemacht. Notdürftig gelang es mir, das lockige Kalb unter der Folie eines aufgeschnittenen Futtersacks zu schützen. Als es bis zum Abend keinen einzigen Hinweis gab, wie wir verfahren sollten, machten wir uns mit Einmalhandschuhen und der quietschenden Schubkarre auf den Weg, um das erstarrte Tier zu holen. Das in der Frühe noch so hübsche schwarz-weiße Kälbchen war entsetzlich anzuschauen.

Wir waren erleichtert, dass uns die Idee mit dem Misthaufen gekommen war. Dort hatten wir ein tiefes Loch in den Dung gegraben und mit jedem Tag würde der Berg aus Exkrementen auf dem Aas anwachsen und so mit der Zeit ein sicheres Grab entstehen lassen.

So kurz nachdem der Pfarrer die Alm gesegnet hatte, gab es mit dem Tod des Kälbchens ein Unglück zu beklagen, und ich war wütend über den in meinen Augen würdelosen Umgang mit dem Kadaver.

Über diesen Ereignissen war wieder ein Tag vergangen, und erst jetzt fiel mir auf, dass mein angekündigter Besuch überhaupt nicht erschienen war.

Bis jetzt kannte ich sowieso nur sie. Sabine arbeitete bei der Polizei und war seit Langem heimlich mit einem Kollegen liiert. Ich konnte mir nicht erklären, wo das Paar so lange blieb, denn es war weder eine SMS gekommen noch ein Anruf, der Aufklärung gebracht hätte. Viel zu müde, um mir Sorgen zu machen, ließ ich die Sache auf sich beruhen.

Mit letzter Kraft oder
Bitte keinen Besuch mehr

Ein neuer Tag brach an und wir warteten auf Sabine und Hannes, die mich endlich telefonisch erreicht hatten und heute ankommen wollten. Nachdem es schon am frühen Morgen unbändig heiß war, schickte ich ihnen eine SMS, dass sie jede Gelegenheit nutzen sollten, um eventuell mit dem Bauern oder dem Förster nach oben zu fahren, statt in dieser Hitze tausend Höhenmeter aufzusteigen.

Lange kam keine Antwort und dieses unterschwellig sich Hinziehen war anstrengend und regte mich auf. Dann doch lieber gar keinen Besuch ankündigen und bleiben, wo man ist.

Am späten Nachmittag hörte ich das Auto von Alfons, der mir berichtete, von unten seien zwei für mich unterwegs. Er habe ihnen mehrfach angeboten, sie mit heraufzunehmen, aber sie wollten unbedingt den Berg zu Fuß besteigen. Noch nicht mal den Rucksack hatten sie ihm anvertraut. Mir schwante Beunruhigendes für die kommenden Stunden.

Einem ins Tal laufenden Wanderpärchen beschrieb ich die Emporkömmlinge und bat darum, den beiden auszurichten, dass sie sich noch einmal bei mir melden sollten.

Es dauerte Ewigkeiten, und ich befürchtete schon, dass sie an der Abzweigung zur Kernealm versehentlich auf den Rundweg geraten waren. Das Gleiche war nämlich dem talabwärts laufenden Paar passiert und die waren bis auf eine kurze Rast auf der Alm seit neun Stunden unterwegs gewesen.

Endlich kam der erlösende Anruf von Hannes. Das Ehepaar habe ihnen alles ausgerichtet, sie seien guter Dinge und auf dem richtigen Weg. Entgegenzukommen brauche ihnen niemand, es sei alles bestens.

Hier oben ließ man mir indessen keine ruhige Minute mehr. Alfons, der eigentlich nur zum Butterholen gekommen war, nötigte mich geradezu, ihnen entgegenzulaufen oder besser noch mit dem Auto entgegenzufahren.

»Die Frau war schon kurz hinter dem Hof schachmatt und wäre gerne mit dem Gepäck eingestiegen, aber der Mann wollte ja unbedingt laufen. In dieser Hitze. Sibylle, farscht los.«

Mit dem klapprigen Fiat vom Bauern auf dieser Holperstrecke nach unten fahren, wollte ich im Leben nicht. Irgendwo auf dem abschüssigen Waldweg zu wenden, hätte böse enden können. Vollkommen gleich, wo ich die beiden aufgegriffen hätte, ich wäre bis zum Hof gefahren, hätte vor dem Scheunentor gedreht und danach wieder rauf.

Ich verzichtete auf das Auto, ließ mich umstimmen und machte mich mit einer Wasserflasche ausgerüstet zu Fuß auf den Weg. Nach einer Weile stieß ich mehrere missglückte Jodeltöne aus und hoffte auf Antwort, aber bis auf klägliche Vogelrufe in dem lichten Laub über mir blieb alles ruhig. Außer den zunehmenden Geräuschen des mit jeder Kehre dichter werdenden Waldes rührte sich nichts.

Mir war heiß, und in Anbetracht des immer weiteren Rückwegs hatte ich keine Lust mehr, noch länger zu laufen. Mürrisch hockte ich mich auf einen Baumstumpf. Nachdem ich eine gute halbe Stunde gewartet hatte, hörte ich endlich ihre Stimmen.

Zuerst tauchte Hannes auf. Er hatte sich des gesamten Gepäcks angenommen und trug tapfer einen Rucksack vorn und einen hinten. In der Hand balancierte er eine Bierdose, aus deren Öffnung blasiger Schaum trat. Weit hinter ihm folgte Sabine und kämpfte sich schrittweise vorwärts. Verschwitzt und ausgezehrt rückte sie langsam näher und war am Ende ihrer Kräfte. Ich nahm ihr die Wasserflasche ab und gab ihr meine Walking-Stöcke. Es fiel mir schwer, gute Miene zu machen und ihr zu verheimlichen, wie weit es noch bis zur Alm war. Mit viel gutem Zureden lockte ich sie Meter für Meter bergauf. Immer häufiger mussten wir stehen bleiben, um zu verschnaufen, und mir gelang es nur langsam, sie nach oben zu bewegen.

Hannes hatte sich für ein kurzes Stück die Stöcke ausgeborgt. Beachtlich schnell gewann er damit an Höhe, sodass er schon bald aus unserem Blickfeld verschwunden war.

»Ich bereue und büße alle meine letzten hundert Sünden und jede Zigarette meines Lebens einzeln«, meinte Sabine schwer atmend während einer Laufpause.

Das half nun auch nichts mehr, denn wir mussten ja hinauf, und diese Einsicht war genauso nutzlos, wie unter einer Geburt zu sagen: Der Anfang von dem Ganzen war ja noch schön, aber jetzt reicht es mir.

So gut es ging, versuchte ich, sie bei Laune zu halten und ihre einsetzenden Kreislaufprobleme zu ignorieren. Erschöpft erreichten wir die ersehnte Baumgrenze und der steinige Pfad zog sich flacher über die Almen. Ich schob Sabine ein Stück und endlich kam Hannes zurück. Die Rucksäcke hatte er schon in der Hütte verstaut und für die kurz vor dem Kollaps stehende und entgegen der Hitze frierende Sabine hatte er höchst fürsorglich eine Jacke dabei.

Am Haus angekommen erholte sie sich zusehends. Und Zigaretten und Coca-Cola schmeckten schon kurz nach der Ankunft wieder. Ich war erleichtert, denn so waren meine Befürchtungen, den Notarzt heute noch kennenzulernen, hinfällig.

Sabine konnte sich kaum sattsehen an der idyllischen Lage der Alm. So entschlossen sich die beiden zu einer zweiten Nacht auf dem Berg. Hannes half mit Freuden überall mit. Er stieg gekonnt in die Arbeit ein, zeigte seine ländliche Herkunft und entpuppte sich als erfahren in allen landwirtschaftlichen Belangen, einschließlich Kühestriegeln.

Die Kinder waren fasziniert von seinen Kartenspielertricks und wollten wie immer, wenn abwechslungsreicher Besuch da war, möglichst viel aus der großen, weiten Welt erfahren. Nachdem auch noch die Hinterlistigkeit des Hütchenspiels enttarnt war, gab es als Nächstes die einschlägigen Hinweise des Kommissars, mit welchen Kniffen man sich davor schützen konnte, unter den Tisch gesoffen und ausgeraubt zu werden. Kurz vor dem Gutenachtsagen folgte noch eine Einführung ins erregende Rotlichtmilieu und nachdem sich der Wortschatz der Buben um so gängige deutsche Vokabeln wie Hure und Nutte ergänzt hatte, gingen sie zufrieden ins Bett. Ich hoffte nur immer, die Eltern der Kinder tauchten nicht mal unverhofft auf und stellten mich zur Rede, was hier bei uns los war.

Kaum zu glauben, aber bisher kannte ich ja nur Florians Eltern. Von Tobias' Familie hatte sich noch nie einer nach dem Sohn erkundigt und bis zum heutigen Tag keiner blicken lassen. Sie sahen ihr Kind ja auch jede Woche zur Musikprobe zu Hause. Offenbar genügte ihnen der Bericht vom Berg, und es gab keine Veranlassung, mich kennenzulernen.

Nach dem zweifelhaften Genuss eines Viertelliters von billigem Rotwein hatte ich mir die halbe Nacht um die Ohren geschlagen und war seit drei Uhr wach. Mein Kopf schmerzte, und vor Übelkeit wagte ich es nur selten, meine Lage im Bett zu verändern. Auch der Sternenschein konnte mich nicht mehr trösten, und um aufzustehen und die aufsteigende Morgenröte hinter den Almen anzuschauen, fühlte ich mich viel zu schwach. Durch die oben offenen Zimmerwände hörte ich jede Bewegung und jedes Luftholen der anderen und es ließ sich unschwer wahrnehmen, dass zwei Schläfer mehr im Haus waren.

Wie kann man nur solchen Billigfusel trinken, dachte ich, und dazu noch italienische Zigaretten rauchen? Um diese Marke würde ich in Zukunft einen großen Bogen machen, und so betrunken könnte ich im Leben nicht sein, als dass ich sie nicht sofort wiedererkennen würde.

Jetzt bekam ich die Quittung für den vielen Enzian, der immer noch in meinen Zellen hauste und wohl nur darauf gelauert hatte, aufgewärmt zu werden. Ich lag schlaflos in meinem Bett und stand noch viel eher auf als sonst.

Umso erstaunter war ich, dass andere schon vor mir unterwegs waren. Als ich die Haustür öffnete, hatten der Förster und seine Frau auf unserer Terrasse ein Stativ für das Fernglas aufgebaut, um die Murmeltiere zu beobachten. Ich hatte weder ihren Wagen noch Stimmen gehört, so leise waren die beiden gewesen. Für eine Stunde wurde fleißig gezählt und mit Fernrohr und Fotoapparat die Population der witzigen Pfeifer aufgezeichnet. Die Försterin hatte eine verblüffende Ähnlichkeit mit meiner Freundin. Sie sah ihr mit dem kleinen Trachtenhut, aus dem die rötlichen Haare in dicken Locken hervorschauten, zum Verwechseln ähnlich. Heimweh und Sehnsucht nach den Freunden machte sich in mir breit und legte sich schattig über meine Gedanken.

Dazu plagte mich der Restalkohol, aber alles Klagen war unnütz. Der Tag musste irgendwie überstanden werden und gegen Mittag gab es wieder pausenlos zu tun.

Die Alm wurde von Wanderern und Fahrradfahrern überschwemmt und die vielen Essen und die Arbeit waren kaum zu bewältigen. Ich rief Dette an, aber die machte keine Anstalten, zu Hilfe zu eilen.

»Sind doch höchstens drei Stunden, da muscht halt selbst schneidig sein. Bis i oben bin, hascht alles geschafft. Danach tuscht feste raschten.«

Ich fühlte mich mal wieder gründlich ausgenutzt und arbeitete weiter.

Sabine und Hannes hatten sich nach einem »luschtigen«, stark alkohollastigen Frühstück mit dem Förster und seiner Frau auf eine Almwanderung begeben und waren bis sechs Uhr am Abend noch nicht wieder zurück. Mir war es wurst. An diesem Abend würde ich keinem mehr entgegenlaufen, und wenn der Papst zu Besuch käme, wär's mir auch einerlei. Mir war schlecht und ich wollte nur noch in mein Bett.

Ich scheuchte die Kinder in ihre Stube, stellte ein Glas Würstchen aus meinen Vorräten auf den Tisch, ließ die Hütte offen und verschwand, wenngleich es noch taghell war, in meiner Kammer.

In der Nacht wachte ich auf, weil Hannes' laute Stimme von unten nach oben drang und meinen Schlaf empfindlich störte. Noch so eine Nacht wie die mit Heinrich war mir zu viel und ich schoss wie eine Besessene hinunter in den Gastraum. Hinter diversen Weizenflaschen und dem leeren Wurstglas machte ich mein Pärchen aus.

»Hannes geht es nicht gut«, flüsterte Sabine.

Aber das war mir so was von egal wie ein Kuhfladen vor der Tür oder die Fliegen auf dem Mist.

»Mir ginge es in der entsprechenden Situation, mit meiner heimlichen Geliebten zu verreisen, auch beschissen. Aber so laut sein und so viel saufen muss man deswegen noch lange nicht«, fuhr es reichlich unbeherrscht aus mir heraus.

Ich stolperte wieder nach oben und nach diversen Klogängen der Besucher und ellenlangem Bettgeflüster war endlich kein Ton mehr zu hören.

Ich lag lange wach und grübelte. Irgendetwas hielt die Menschen in den ersten Nächten in solcher Höhe wach und der Körper wollte nur ungern zur Ruhe kommen. Nur gingen die nächtlichen Störungen über meine Kräfte, egal was den Einzelnen so bewegte und umtrieb. Nach solchen Nächten war ich absolut ungenießbar und wollte am liebsten gar keine Besucher mehr sehen.

Holz vor der Hütt'n und Hagel im Pullover

Der Morgen gestaltete sich unerwartet anders. Dette kam auf die Alm und hatte sich gemerkt, dass es sich bei Sabine um eine Frau aus Nürnberg handelte. Sie schlug von sich aus vor, wenn die Leute aus meiner Heimat da seien, dürfe ich auch schon heute mit ihnen heimfahren. Ich war ganz durcheinander vor Glück, einen Tag eher nach Hause zu kommen und nicht die weite Strecke mit der Bahn fahren zu müssen.

Das »heimliche Paar« hätte die Heimfahrt nach meinem nächtlichen Auftritt vielleicht doch lieber alleine genossen, was ich einerseits verstehen konnte. Andererseits war für mich die Gelegenheit, in wenigen Stunden von hier fort zu sein, so einmalig gut, dass ich jetzt darauf auch keine Rücksicht mehr nehmen wollte. Ich machte die Hausarbeit flüchtig, schmiss die notwendigsten Sachen, wie Pass und Geld, in meine Tasche und war fertig.

Hannes bezahlte seine Zeche. Ohne dass die beiden Kinder über meine vorzeitige Abreise informiert waren, ließ ich, sonderbar schweren Herzens, die Almen hinter mir.

Bei Hannes trieb Benzin im Blut oder er war ärgerlich über meine Gesellschaft. Wie vom Leibhaftigen verfolgt rannte er mit Sabine den Hang hinunter und sie verschwanden zwischen den Baumstämmen. In der Hektik des Aufbruchs war ich in meine alten Bergschuhe geschlüpft und rutschte und stolperte, so gut es ging, den holprigen Steig hinterher. Die Sohlen waren gebrochen und ihr Profil mehr als abgelaufen. An einer hervorstehenden Wurzel verlor ich den Halt und fiel kopfüber auf beide Hände und Knie. Es blutete an vier Stellen, aber ich rappelte mich auf und hastete den Laufenden nach.

Endlich erreichte auch ich den geraniengeschmückten Hof und ein Blick auf Dettes verschwenderisch blühenden Bauerngarten gab mir einen Stich ins Herz. Gegen so eine Blumenpracht war die Alm karstig wie eine Mondlandschaft, auf der man sich aber umso mehr an jedem noch so kleinen blühenden Stängel erfreuen konnte. Wie vielfältig es blühen konnte, war mir in Vergessenheit geraten und meine Augen ertranken im Farbenrausch der Blumen.

Der Bauer wartete schon vor der Tür und Alfons hatte im Gegensatz zu Hannes keine Spur von Eile.

Nachdem meine geschundenen Knie umständlich verpflastert waren und meine Wasserflasche mit angeblich gutem Rotwein aus seinem Keller aufgefüllt war, ließ er mich endlich gehen. Doch erst als meine Schuhe, Stecken und Socken ordentlich in einer Ecke vom Flur standen, kehrte etwas Ruhe in seinen unsteten Blick, und er war sich einigermaßen sicher, dass ich wiederkommen würde. Eine einzelne Träne lief über sein faltiges Gesicht, als er mich an sich drückte und lange nicht mehr loslassen wollte.

»Kommscht scho Montag zuruck«, rief er mir laut zu, so gut es mit belegter Stimme, in seiner Rührung überhaupt ging. Hannes hupte schon ungeduldig. Erst als ich es fest versprach, lockerte Alfons zögernd seinen Griff, und ich rannte zum Auto.

Der schwarze Wagen war von der Sonne aufgeheizt und die Temperaturen im Inneren des Wagens taumelten am Rande des Erträglichen. Sabine war allergisch gegen geöffnete Fenster, und je länger es die Straße hinabging, umso mehr sehnte ich mich in die Höhen zurück, wo selbst im heißesten Sonnenschein noch ein frischer Wind ging.

Ich verhielt mich ruhig, damit die gereizte Stimmung nicht noch durch meine bloße Anwesenheit eskalierte, und fächelte mir mit einer vergilbten alten Zeitung Luft zu.

Wir passierten das Dorf und seinen Gasthof. Unweigerlich musste ich an meine Ankunft vor vielen Wochen denken. Inzwischen kannte ich längst alle Wirtshausinsassen von damals. Michel, der an jedem Samstag und Sonntag zu mir kam und in einer Stunde, ohne mit der Wimper zu zucken, einen halben Kasten Forst-Bier trank. Er war Kranführer und nahm angeblich Tag für Tag seinen Kasten Bier mit in sein Führerhaus hinauf. Die Arbeiter einer Firma aus der Stadt spielten zweimal im Monat Karten bei mir und ohne den Horners Loisl verging sowieso keine Woche. Ihre anfängliche Ablehnung mir gegenüber war einer fühlbaren stillen Sympathie gewichen und meistens verschonte man mich inzwischen mit verletzenden Sprüchen.

Die Straßen wurden breiter und im immer dichter werdenden Verkehr näherten wir uns der Grenze. Alles, was auf der Landstraße noch halbwegs auszuhalten war, steigerte sich auf der Autobahn ins Unerträgliche. Die vielen Autos, Lastwagen und der Verkehr in dieser Hitze marterten mich – die Hölle auf Erden hatte mich wieder. Der Lärm hämmerte und dröhnte in meinem Kopf und die Abgase der Autos drangen selbst durch die fest verschlossenen Fenster.

Wenn nicht die Feier zu Hause gewesen wäre, hätte ich spätestens jetzt das Anhalten erzwungen und wäre von mir aus den weiten Weg in mehreren Tagesmärschen zurückgelaufen.

Obgleich es noch heller Vormittag war, trank ich einen Schluck Rotwein von Alfons, machte es mir, so gut es ging, auf dem Rücksitz bequem und schlief ein. Ich erwachte erst wieder, als wir in der Nähe von Bad Tölz zum Tanken anhalten mussten. Mein Kopf tat mir weh. Jetzt konnte ich mir aussuchen, ob die Schmerzen von dem Rotwein, dem Höhenunterschied oder dem Lärm kamen.

Ich schwitzte und fühlte mich durstig, hielt mich aber mit allen Wünschen nach einer Rast zurück. Sabine und Hannes stritten unentwegt und meine Anwesenheit trug nicht unbedingt zu besserer Stimmung bei. Nach langen Stunden hielt Hannes endlich und in der Holledau machten wir die ersehnte Pause. Ich schüttete den Rotwein auf eine Wiese und glich in einem schattigen Biergarten mein Flüssigkeitsdefizit mit Wasser aus.

An den bizarren Blicken der Kellnerin, als sie mich in meiner dreckigen Bergkluft anglotzte, und umgeben von berankten Hopfenstangen konnte ich ermessen, wie lange ich schon fort war. Der Hopfen war bei meiner Anreise erst wenige Zentimeter an den Drähten hinaufgeklettert und erreichte jetzt das Ende der Stange. Aus den zarten Gewächsen waren stattliche Pflanzen geworden, und ich malte mir aus, dass, wenn ich Mitte September wieder hier vorbeifuhr, alles geerntet sein würde.

Gegen Abend erreichten wir Nürnberg und ich ging endlich unter die lang ersehnte Dusche. Beim Blick in den Spiegel fiel mir der Verlust meines linken Ohrrings auf. Ich musste sofort Sabine warnen, falls er im Auto von Hannes lag. Das wäre es doch. Mit der heimlichen Geliebten nach Italien fahren und die Ehefrau entdeckt dann den Ohrring im Auto. So fand ich mich sofort in der Zivilisation wieder. Mit funktionierendem Festnetztelefon, Strom, heißem Wasser aus der Leitung und diversen Heimlichkeiten.

Die Stunden zu Hause vergingen wie nichts und die Zeit rann mir nur so durch die Finger. Die Feier und das Wiedersehen mit

Freunden standen im Mittelpunkt des Wochenendes. Die Tage verschwanden und ich saß zwischen allen Stühlen. Hier gehörte ich jetzt auch nicht mehr her, ich wollte zurück, denn überall war es mir zu laut, und die Nächte waren zu hell und zu heiß. Dafür lief ich sicheren Schrittes, an Dunkelheit gewöhnt, ohne elektrisches Licht durchs Haus und vergaß jetzt sogar, dass ich es einschalten könnte.

Mein langer Einkaufszettel blieb unbeachtet, und zu einem dringend notwendigen Stadtgang, um etliche Besorgungen zu machen, konnte ich mich gar nicht erst entschließen. Lediglich ein neues Tagebuch habe ich gekauft, und das auch nur in unserer kleinen Stadtteilbuchhandlung.

Ich telefonierte mit Südtirol und erkundigte mich täglich nach der Kuh, die ihr Kälbchen verloren hatte. Kurz vor meiner Abreise bekam sie Fieber, und ich vermutete, dass die Nachgeburt noch in ihr steckte. Jedenfalls hatte ich vergeblich die Weide danach abgesucht. Ich sehnte mich zurück in das einsamere Leben, vermisste die Kinder und war heilfroh, als sich mein Nachbar Wolfgang bereitwillig erbot, mich am Montag wieder in die Berge zu fahren.

Ohne ihn und seine spontane Hilfe wäre ich in Teufels Küche geraten, denn die italienischen Eisenbahner streikten. Mit reichlich Verspätung ging es dann endlich in Nürnberg los und ich sah bei der langen Fahrt und eventuellen Staus schon die Alm im Alpenglühen vor mir liegen. Nach einem kleinen Fahrfehler auf dem unübersichtlichen Kleeblatt einer Autobahnkreuzung und der sich einschleichenden bangen Vermutung, jetzt Geisterfahrer zu sein, ging es zügig in Richtung Südtirol. Ab Brenner bewegte ich dann den Porsche südwärts und verrichtete, so schnell es ging, im letzten Dorf meine unerledigten Einkäufe.

Achtzigtausend Lire, die ich aus längst vergangenen Vor-Euro-Zeiten in einem Geldbeutel gefunden hatte, wurden auf der Raiffeisenbank in einem außerordentlichen Staatsakt in gängige Währung umgetauscht. Personalausweis, Kopien, fünf Unterschriften und ein schwitzender Bankangestellter spielten die Hauptrolle in einem nicht enden wollenden Verfahren, und ich bereute es, die Weiterfahrt damit ungewollt verzögert zu haben. Danach noch schnell Briefmarken und Postkarten kaufen und endlich der Zivilisation für die nächsten sieben Wochen Ade sagen.

Am Hof wartete Alfons schon auf mich und freute sich aufrichtig, mich wiederzusehen. Meine alten Schuhe, Strümpfe und Stöcke standen noch ordentlich da, wo er sie in der Ecke abgestellt hatte.

»Damit i di net vergess«, sagte Alfons lachend, und wie ich ihn kannte, hätte er sie auch dort stehen gelassen, wenn ich mein Leben lang weggeblieben wäre.

In einer unglaublichen Seelenruhe lud Wolfgang das Auto um, und meine Ungeduld, wieder auf der Alm zu sein, wuchs ins Uferlose. Endlich war auch der Porsche gut parkiert und es konnte losgehen.

Zum zweiten und damit voraussichtlich für mich letzten Mal für diesen Sommer chauffierte uns Alfons souverän im ersten Gang nach oben. Alle Kurven und Kehren waren mir bekannt, und als Wolfgang den steilen Fahrweg sah, waren sowohl er als auch ich froh, dass er den Aufstieg zur Kerneralm als Training für seine geplante Reise in die Mongolei ausfallen ließ.

Eines war sicher, bei seiner Kondition wäre er an diesem Abend niemals mehr oben angekommen. Nach vielen Kurven im bedächtig schwankenden Fiat erreichten wir endlich die Baumgrenze und die Alm tauchte auf. Die Kühe waren schon auf der Nachtweide, die Fahne wehte im Abendwind, das Fenster von meinem Kammerl war einladend geöffnet, und ich war zu Hause. Dette hatte erwartungsvoll den Tisch gedeckt und Brot und Speck schmeckten mir heute aufs Neue.

Die nervige Laura, die ihrer Oma in meiner Abwesenheit geholfen hatte, nahm Wolfgang in Beschlag. Er überzeugte sie davon, dass der kleine Fingerring, den ich ihr mitgebracht hatte, ein Wunschring sei. Nicht genug damit, er würde auch erkennen, wenn sein Besitzer lügt. Die beiden unterhielten sich bestens und so blieb Zeit für mich.

In weiser Voraussicht verpasste ich dem auch nachts rauchenden Wolfgang ein Zimmer im Erdgeschoss, sodass wir in unseren Oberstübchen ruhig schlafen konnten. Einmal in dieser Nacht hörte ich die Haustür gehen, da war er draußen. Ansonsten gab es auch mit Besuch endlich einmal Ruhe. Nachdem ich noch einen kleinen Spaziergang zum Bankerl gemacht und gewartet hatte, dass im Tal die Lichter angingen, schlief ich auf meiner durchgelegenen Matratze geborgen wie in Abrahams Schoß ein.

Dette war am Vorabend mit Alfons abgefahren. Der Vormittag verging mit dem üblichen geschäftigen Treiben, und ich brachte die Hütte wieder in einen Zustand, in dem sie mir gefiel. Kaum war alles in Ordnung gebracht, rief einer vom Dorf an und kündigte sich und seinen Freund zum Mittagessen an. Er bestellte sich Tirtlan und hoffte auf die Südtiroler Spezialität. Das hatte mir gerade noch gefehlt, und es begann wieder ein ausgedehntes Gewerk in der Küche.

Wolfgang schaute mir mit großer Aufmerksamkeit bei der Arbeit zu. Besonders die Nudelmaschine tat es ihm an, und er träumte davon, sich selber eine zuzulegen, um schwäbische Maultaschen herzustellen. Da konnte ich ihn beruhigen, denn bei mir stand die original gleiche Nudelmaschine ungenutzt im Keller. Nach den Aktionen hier würde ich sie gerne lange verleihen und keinesfalls vermissen.

Die Tirtlan-Produktion war noch im Gange, da standen die Gäste in der Tür. Dem einen, einem Michael, war ich schon einmal begegnet, und der andere wurde mir als Senner Celestino von der Holzneralm vorgestellt. Die Alm lag ein ganzes Stück unterhalb von uns und war mir bis jetzt nur aus Beschreibungen von Wanderern bekannt. Bis dorthin war ich noch nie auf meinen Spaziergängen gekommen. Ein siebter Sinn ließ mich das Gelände weiträumig umgehen, und die weitere Entwicklung des Tages führte dazu, dass ich dort niemals freiwillig auftauchen würde.

Schon zum Mittagessen floss reichlich Alkohol bei meinen neuen Gästen und die Stimmung stieg. Wolfgang hielt lange Reden über seine Reise in die Mongolei und fand besonders in Michael einen faszinierten Zuhörer. Bei Celestino hatte ich sofort einen Stein im Brett, weil wir beide so unsere Vorbehalte gegenüber den menschlichen Qualitäten einiger berühmter Bergsteiger hegten. Mitten in der angeregten Unterhaltung wurde Wolfgang plötzlich zunehmend unruhig und wollte aus heiterem Himmel unbedingt heute noch nach Hause.

Der alte Alfons musste aus dem Mittagsschlaf geklingelt werden, um meinen um keinen Preis der Welt mehr aufzuhaltenden Fahrer abzuholen. Mir war das furchtbar peinlich. Gestern rauf, einen Tag später runter. Wenn das so weiterging, konnten wir hier für meine Besucher eine Gondelbahn einrichten. Dann könnte zumindest Alfons zu Hause bleiben, wenn wieder einer hier oben plötzlich den Höhenkoller bekam. Die Nächsten, die vorzeitig abreisen wollten, würde ich, egal wie, runterlaufen lassen. So viel stand fest. Reisende sollte man bekanntlich nicht aufhalten.

Kaum war Wolfgang unterwegs, brach das unglaublichste aller Wetter los. Der strahlende Nachmittag verdunkelte sich, wie als die Nacht geschaffen wurde. Wuchtige Wolken nahmen die Alm in dichtem Nebel gefangen. Blitze schossen aus den schwarzen Wolkenmassen hervor, jagten über den dunklen Himmel, und der Donner krachte wie beim jüngsten Gericht über unserer Hütte. Vier Reiter und ihre Pferde erreichten die Alm in ungestümem Galopp, bevor der Himmel eine weiße Flut von Hagel ausschüttete. Ein aufkommender Wind peitschte das Wetter gegen die Fensterscheiben, einsetzender Regen drang durch alle Ritzen und ergoss sich unter die Tür.

Drinnen und bei Kerzenschein war das alles gut auszuhalten und der immer häufiger georderte Jagertee tat bei den Gästen sein Übriges, um für überschäumende Stimmung zu sorgen. Gottlob waren die Kinder im Haus und ich war nicht allein mit dieser Horde.

Celestino ließ nichts unversucht, um bäurisch derb mit mir anzubandeln. Die Zoten wurden deftiger und »Möpse« und »Holz vor der Hütt'n« bestimmten das Thema. Als er mir eine Handvoll Hagelkörner unter den Pullover steckte, tobte der Saal. Ich war ärgerlich über die frostige Schweinerei, und nachdem ich mich umgezogen hatte, stellte ich den Alkoholausschank ein.

Irgendwann war auch dieses Unwetter vorüber, und die Sonne drang durch die Wolken, als ob es nie anders gewesen wäre.

Die Reiter baten um Nachtasyl und mussten ihre Pferde versorgen, und wir wateten über die Hagelschicht, um die versprengte Kuhherde zusammenzutreiben.

Michael und Celestino blieben wie festgenagelt hocken, und auch als es nur noch Kaffee gab, wollte sich keiner von beiden zum Aufbruch entschließen. Celestino hatte inzwischen einen netten »Fetzen« und keinen Drang mehr nach seinen Kühen auf der Alm zu schauen. Nachdem ich mich zu keinem Alkohol mehr überreden ließ und den Schlüssel zur Speisekammer und damit zum Nachschub sicher verwahrte, ging auch er endlich in Richtung Heimat. Unter wildesten Liebesschwüren und Beteuerungen, jederzeit mit einem Strauß Edelweiß vom Kernerkofel wiederzukommen, machten sich die versoffenen Kerle auf den Weg. Überhaupt wollte Celestino mich um jeden Preis auf seine Alm abwerben und zur Silvestrialm, auf die ich so neugierig war, ginge er auch gleich morgen mit mir. Acht Stunden mit links.

Mir blieb nichts, außer dem allem nur zuzunicken. Betrunkenen sollte man besser recht geben. Endlich sahen wir sein rotes T-Shirt über die Almen verschwinden.

Ich räumte den schmutzigen Gastraum auf und machte den Reitern und uns Abendessen. Gerade als wir mit Essen fertig waren, flog die Tür auf, und Celestino stand wieder in der Stube. Er hatte seine Kühe in den Stall gesperrt, sich ein Stündchen aufs Ohr gelegt und war im Ernst den langen Weg zurückgelaufen, um mich erneut zu besuchen. Ich konnte nicht glauben, was ich sah, und die anderen schüttelten sich über den liebestollen Senner aus vor Lachen. Einer der Reiter konnte in null Komma nichts auf jede Situation ein Verslein dichten. Darin kam natürlich eine junge Liebe zwischen einem Senner Celestino und einer Sennerin Sibylle nicht zu kurz, und es wurde ohne Ende ausgeschmückt, wie Celestino und ich, natürlich zünftig in Lederhosen und Dirndl, zum Sennerball gingen. Der war im August und von hier aus zu Fuß gut vier Stunden entfernt. Einfach.

Um zehn läutete ich dann die Hüttenruhe ein und Celestino zog schweren Herzens und unter Verteilung diverser Bussis von dannen.

Am nächsten Morgen war der Frühstückstisch soeben fertig abgeräumt, und die Reiter sattelten ihre Pferde, da tauchte Celestino schon wieder auf. Jetzt wurde mir die Sache doch zu dicke und ich stellte ihn zur Rede.

»I hab' aufd Nacht mein Handy bei euch verlor'n«, lachte er mir frech ins Gesicht. Ich glaubte ihm kein Wort, denn alles Suchen und Anläuten mit unseren Handys half nichts. Das war ganz klar nur ein Vorwand, um wieder aufzutauchen, war ich mir sicher.

Nachdem wir die Hütte auf den Kopf gestellt und überall gesucht hatten, meinte Tobias: »Das hascht bestimmt bei der Sibylle im Bett liegen gelassen!«

Brüllendes Gelächter erscholl, und ich konnte die Buben nur mit Strenge daran hindern, die Suche nach dem Telefon sofort dort fortzusetzen. Celestino und Florian machten sich auf den Weg, um das Handy draußen zu suchen, und siehe da, als sie es unterwegs immer wieder anwählten, ging ein Spaziergänger dran. Der hatte es sich auf der verlassenen Holzneralm bequem gemacht und vor ihm auf dem Tisch lag das Handy.

Der Rest des Tages verlief Celestino-frei, aber als mich die Kinder immer wieder damit aufzogen, vor die Türe rannten und riefen: »Sibylle, der Celestino kommt wieder«, fiel ich mehrfach darauf rein.

Am Abend wollten sie mich dann unbedingt zu einer Wanderung auf die Holzneralm überreden. Sie boten sogar an, freiwillig sofort im Bett zu verschwinden, sobald er hier wieder auftauchte, so hingerissen waren sie von der vermeintlichen neuen Liebe zwischen den Almen.

Grauvieh oder
Die taugt fei nix

Ein heißer Tag kündigte sich an, aber ungeachtet des sommerlichen Wetters war ich nicht gerade lustig aufgelegt. Als Monika die Stube betrat, rief sie: »Heute sieht die Hütte ja mal sauber aus!« Solche Bemerkungen reizten mich bis aufs Blut. Schließlich sähe die Hütte an jedem Tag sauber aus, wenn die Großfamilie nicht andauernd ihre Unordnung verbreiten würde.

Zum ersten Mal in meinem Leben, dem Tagebuch sei Dank, konnte ich so etwas wie einen Biorhythmus bei mir suchen, und ich blätterte die Seiten um und schaute nach, wie es mir vor genau vier Wochen ging. Blendend! An diesem Tag hatte ich den Schroffsteinalmer zu Besuch gehabt. Wo der wohl blieb? Er wollte doch unbedingt nach mir schauen. Alles nur eine leere Versprechung.

Heute sollte auf der Alm das Heu gemacht werden. Unweigerlich würde meine märchenhafte Blumenwiese mit ihrem blauen See von wogenden Glockenblumen dem Balkenmäher zum Opfer fallen. Auf die eigentliche Arbeit des Heumachens freute ich mich schon seit Tagen. Für mich war das eine willkommene Abwechslung, auch wenn unsere große Hauswiese danach ihres schönsten Sommerkleides beraubt sein würde.

Vorher galt es noch, das Mittagessen für die vier Helfer aus dem Dorf zu machen, und, oh Wunder, kaum waren Fremde da, standen von Monika mitgebrachte Schnitzel auf dem Tisch.

Als ich mir ein zweites, winziges Stück Fleisch genehmigen wollte, tönte Monika: »So viel Fleisch ist nur für fleißige Arbeiter. Wenn du das auch noch isst, musst du mit Heu machen.«

Den ganzen Vormittag hatte ich mich beeilt und meine Hausarbeit flugs hinter mich gebracht, um mit nach draußen zu können, aber jetzt wurde mir auch das noch verdorben. Wütend knallte ich das Schnitzel zurück in die Pfanne und aß kein Stückchen mehr. Endlich einmal lag ein anderes Essen auf dem Teller und ausgerechnet dann wurden mir die Bissen einzeln im Mund gezählt. Die nie enden wollende feindliche Ablehnung traf mich wie ein kalter Wasserstrahl mitten ins Gesicht.

Ich saß wie versteinert und hörte die Geräusche im Raum überlaut in meinem Kopf. Lediglich die Stimmen am Tisch schienen sich immer weiter aufzulösen. Wie aus einer anderen Welt hörte ich Dette, die noch eins obendrauf setzte. Der freiwillige Helfer von Bekannten in einem anderen Tal hätte bei jeder Mahlzeit gesagt:»So viel hab' ich heut noch gar nicht gearbeitet, dass ich das gute Essen verdient hab'.«

Ich stand auf und begann, noch während die anderen aßen, aufzuräumen und abzuspülen. Monika war geknickt, aber all ihre Beteuerungen:»Das war doch nur ein Scherz und nicht böse gemeint«, prallten an mir ab.

Ich zog mich um, schnappte mir einen Rechen und eine Wasserflasche und ging auf die Wiese. Bis die anderen kamen, hatte ich schon zwei lange Reihen gemähtes Gras zusammengerecht und der Schweiß von meiner Stirn vermischte sich mit dem Staub auf meinem Gesicht zu schmutzigen Landschaften. Ich rechte und rechte und mit jeder Bewegung des ungewohnten Geräts wurde ich ruhiger und ruhiger. Lange Bahnen getrockneten Grases, aus denen die welkenden Blüten wie aufgestickte Muster auf einem Trachtenjanker hervorschauten, linierten die Wiese, wanderten auf den Heuwagen, und Fuhre um Fuhre verschwand im Tal.

Das Wetter hielt und nach vier Stunden harter Arbeit in sengender Hitze, nur unterbrochen für einen Schluck aus der Wasserflasche, war alles Heu trocken im Tal, und die Scheune über dem Kuhstall gefüllt. Keiner der anderen hatte sich getraut, mich noch einmal anzusprechen, und das war auch besser so.

Als ich gegen fünf verschwitzt und müde auf die Terrasse kam, empfing mich lächelnd der Schroffsteinalmer. Er hatte mich schon eine geraume Zeit beim Heumachen beobachtet und abgewartet, bis auch der letzte Halm in der Scheune verschwunden war.

Auf den Tag genau hatte er mir vier Wochen gegeben, und jetzt freute er sich, mich wiederzusehen.»Muscht das alles nicht so ernscht nehmen, und wenn gar nichts mehr geht, geht der Wind«, waren seine Worte, als ich ihm vom heutigen Mittagessen erzählte. Der redet sich leicht, dachte ich mir. Sicher ging mit mehr Humor allerhand besser, aber mir war hier schon zu oft das Lachen im Halse stecken geblieben.

»Das nächste Mal sehen wir uns an der Bergmesse. Das sind wieder vier Wochen bis dahin und du hältst durch«, rief er mir zum Abschied zu und schwang sich auf sein Mountainbike. Mal sehen, dachte ich, bis dahin kann noch viel passieren und wer weiß, ob du die Sennerin von der Kerneralm im Sonntagskleid überhaupt erkennst.

Heute fiel mir zum ersten Mal auf, dass die Tage kürzer wurden. Schon um acht war es zu dunkel, um draußen zu schreiben. Ich legte mich in mein Bett und lauschte auf das gleichmäßige Atmen der Kinder. Florians Husten war besser geworden. Die viele frische Luft tat ihm anscheinend gut.

Morgen kommt Irmi, eine Freundin aus Nürnberg. Ich freute mich schon auf sie, hatte aber auch meine Bedenken, ob es wirklich eine so gute Idee war, dass sie hier einen Teil ihres Jahresurlaubs verbringen und mir helfen wollte.

An Irmis Ankunftstag, einem Samstag, rüstete ich die Alm für ein besucherstarkes Wochenende. Schon um acht Uhr in der Frühe, nach einem schöpfungsmäßig glanzvollen Sonnenaufgang, hatte ich Brot gebacken, Apfelstrudel zubereitet, und frische Krapfen schwammen goldgelb im heißen Fett. So hoffte ich, mittags Zeit für meinen Besuch zu haben. Irmi und ihr Mann kamen bei Alfons an und er brachte die beiden mit dem Fiat nach oben. Bei all den leckeren Mitbringseln und den vielen Taschen wäre ein Herauflaufen auch unmöglich gewesen.

Am Abend gab es die von Irmi mitgebrachten Wienerle. Vielmehr den Rest, den ich vor Dettes gierigem Mund gerettet hatte. Alles rief wieder: »Friss mi, friss mi«, und sie konnte es sich nicht verkneifen, schon vor der Tischzeit heimlich ein kaltes Würstchen nach dem anderen zu verschlingen.

Normalerweise ließ Dette das Abendessen völlig ausfallen. Das war auch keine Kunst, weil sie ja untertags andauernd aß. Von früh bis spät, egal zu welcher Zeit, Bernadette hatte immer etwas im Mund: Brot, kalte Kartoffeln, Speck, ein Stück Käse oder Reste von Gasttellern. So ging das den lieben langen Tag. Auf diese Art stopfte sie locker eine komplette Mahlzeit zusätzlich in sich. In der Nacht plagten sie dann unerklärliche Kopfschmerzen. Das lag bestimmt daran, dass ihr Magen dann auch noch auf Essen wartete, meinten die Jungen.

Meinen kurzen Vortrag, was diese ständige Esserei in ihrem Körper auslöste, nahm sie interessiert zur Kenntnis. Und vergaß ihn schleunigst wieder. Genau wie ihr Enkel keine Minute ohne seinen »Lula« im Mund herumlaufen konnte, musste auch Dette ihren Mund immer stopfen. Für mich sah es aus, als ob sonst vielleicht ihre oft schwierige Lebenssituation aus ihr herausplatzen würde. Da durfte nichts hochkommen und so fraß sie alles in sich hinein. Das fing bei der politischen Lage in Südtirol an und hörte bei den eigenen Verhältnissen auf. Dermaßen viel über Alkoholprobleme, Drogen, Krebs, Depressionen und Selbstmordfälle, wie mir hier zugetragen wurden, hatte ich in meinem Leben noch nicht zu hören bekommen. Erst vor zwei Tagen war irgendjemand vom vierten Stock eines Hauses gesprungen und vor einer Woche hatte eine Mutter von sieben kleinen Kindern nach einer Überdosis Tabletten ihr Leben ausgehaucht.

Der neue Tag begann mit einem Unfall. Ich goss mir kochend heißes Wasser zum Abspülen ins Spülbecken und war dann kurz abgelenkt. Als ich anfangen wollte abzuwaschen, hatte ich vergessen, noch kaltes Wasser dazuzutun, und langte hinein. Ich schrie auf vor Schmerzen. Meine Hand tat höllisch weh. Während ich mich ausweinte, wurde mir klar, dass viele meiner Tränen der Möglichkeit galten, mit Irmis Mann am Mittag heimzureisen. Der Gedanke, am Hof ins Auto zu steigen und in einem halben Tag zu Hause zu sein, war einfach zu verlockend.

Die Hand war den Tag über nur eingeschränkt zu gebrauchen, und Dettes Bemerkung, sie habe sich über mein Geschrei viel mehr erschrocken, als die Sache überhaupt wert sei, gab mir den Rest. Als einzige Linderung für die geschundene Haut hatte ich eine Tube Brand- und Wundsalbe aus dem Supermarkt. Ich trug sie dick auf und zog einen engen Einmalhandschuh darüber. Das war ziemlich stümperhaft, was die Versorgung von Brandwunden anging, aber in der Not musste es reichen. Den Abwasch vom Morgen übernahm Irmi und die anderen Arbeiten bewerkstelligte ich mit dem übergezogenen Handschuh.

An diesem Sonntag eroberten die Besucher bei strahlendem Sonnenschein wieder in Scharen die Alm. Irmis Mann reiste nach dem Mittagessen ab, womit sie ihre letzte Chance auf Rückkehr verstreichen ließ. Gemeinsam bewältigten wir etwa vierzig Essen für Touristen und nach dem dazugehörigen Aufräumen am Abend stiegen wir todmüde ins Bett.

Es war Halbzeit auf der Alm. Insgeheim klopfte ich mir selbst auf die Schulter, dass ich bis hierher durchgehalten hatte, und freute mich über die Muße des Montags, die heute bei uns herrschte.

Bernadette hatte sich nach dem Frühstück mit Migräne ins Bett gelegt. Bestenfalls gestand sie damit indirekt ein, wie entkräftet sie vom Vortag war.

Zuvor hatte sie in einem unbeobachteten Moment die Schmutzwäsche aus dem Auto wieder herausgeholt und in unserem größten Topf auf dem Herd ausgekocht. Einmal mehr traute ich meinen Augen nicht, als unser aller Unterhosen im Nudeltopf schwammen und kurz darauf auf der Leine flatterten. Das heiße Waschwasser wurde mir zum Putzen in den Eimer gegossen, und ich war froh, diesmal rechtzeitig meine Hand weggezogen zu haben.

Genau zum Mittagessen brach dann Doris, die feine Tochter, wie Alfons Bruder gerne zu sagen pflegte, mit einem Hexenschuss zusammen und konnte sich nur noch unter Schmerzen und Wehklagen rühren.

Ein Arzt sollte wirklich nur im äußersten Notfall geholt werden und mein Angebot, sie ins Spital zu fahren, wurde abgelehnt. Mit Mühe und Not gelang es Irmi und mir, sie zuerst aufs Häusl und anschließend in ein Bett zu bugsieren. Dort rieb ich ihr das beträchtliche Hinterteil mit selbst gemachtem Arnika-Olivenöl ein. Das Einzige, was mir zur Linderung ihrer Qualen noch einfiel.

Irgendwie erinnerte mich das alles auf groteske Weise an die Rettung der trächtigen Kuh aus dem Wasserloch. Trotz schmerzender Hand barst ich innerlich vor Lachen. Aber ich wollte freundlich sein und bastelte ihr mithilfe einer ausgeleerten Holzkiste ein Stufenbett, und siehe da, kaum lag sie, versank sie in einen tiefen Schlaf.

Für mich gab es keinen Zweifel, dass auch bei ihr die Erschöpfung ihren Tribut forderte. So viel Arbeit war selbst mit einem zusätzlichen Helfer, wie jetzt Irmi, nicht mehr zu bewältigen. Zugegeben hätte das natürlich niemand. »Alles ist zu schaffen« und »Jetzt ham wir's« waren Bernadettes Wahlsprüche, mit denen sie sich immer aufs Neue antrieb.

Wenn ich stöhnte und sie mich dabei hörte, folgte unweigerlich ihr Sermon, wie es früher war: keine Melkmaschine, schlafen ohne Bett auf dem Boden der Tenne, alle Kleinkinder dabei, Wasser am Bach holen, alles mit der Hand waschen und dass sie die Alm in den vergangenen fünfzehn Jahren ohne fremde Hilfe bewirtschaftet hatte.

Das mochte ja alles sein und ich kannte den Vers schon auswendig. Wie war es da wohl zugegangen, wenn es heute, trotz aller Putzarbeit, täglich wieder aussah wie im Schweinestall. Jünger war sie in all der Zeit auch nicht geworden, und ihr sofortiges Einschlafen, falls mal eine Minute keine Arbeit zu tun war, sprach für mich Bände.

Irmi und ich räumten dann noch auf und bekamen, man höre und staune, den restlichen Nachmittag frei, mit der Empfehlung, doch auf die Grasangeralm zu laufen und dort einen Kaffee zu trinken. Das nahmen wir sofort beim Wort, und bevor neue Besucher oder Zwischenfälle unser Vorhaben vereiteln konnten, machten wir uns auf den Weg.

Die Buben schärften mir noch ein, nur ja nicht bei Sepp hängen zu bleiben, änderten dann aber einmütig ihre Meinung und boten sich an, uns gleich bei ihm telefonisch zum Kaffee anzumelden.

Ausgerüstet mit einer groben Wegbeschreibung von Dette und der vagen Vermutung, dass man auch in den Bergen nicht länger als ein Stündchen für eine Tasse Kaffee läuft, gingen wir guter Dinge los. Laurentiusstein, Kronenalm – ein Klacks, und bei dem neu gebauten Almhaus, das jetzt auftauchte, konnte es sich nur um die Grasangeralm handeln. Dem war nicht so. Der Neubau entpuppte sich als unbemannte Schweinealm, zumindest meinte Irmi, von innen ein Grunzen zu hören, und von Bewirtung war weit und breit keine Spur.

Eine gute Stunde war vergangen, und ich begann, die Wanderkarte zu vermissen, die zu Hause lag. Wieder einmal war ich ohne passende Ausrüstung von der Alm losgelaufen. Keine Karte, nur Irmis Handy ohne Telefonnummern, die uns hätten nutzen können. Die kurze Hose und der Sonnenhut passten auch nur zum Wetter. Wenigstens hatten wir Bergschuhe an und unterschieden uns damit nur mäßig vom Bild des Sommerfrischlers mit Schmetterlingsnetz, das sich vor mein inneres Auge schob.

Nach zweieinhalb Stunden erreichten wir endlich unser Ziel. Von der ehemals kleinen alten Hütte zeugten nur noch Fotos an der Wand und der nach vielen Umbauten entstandene moderne Komplex glich eher einem Luxushotel als einem Berghof.

Das andauernde Auf und Ab bei heißen Temperaturen war ermüdend gewesen und wir spürten den Weg in den Gliedern. Unterwegs hatten wir uns schon ausgerechnet, dass der Aufenthalt nur eine halbe Stunde dauern durfte, damit ich zum Melken wieder rechtzeitig bei unseren Tieren war.

Ich trieb die gelangweilte Kellnerin zu Tempo an und versuchte, auf der aushängenden Wanderkarte ohne Brille einen kürzeren Rückweg auszumachen. Nach einem höllisch starken Kaffee und einem Stück Schüttelkuchen, gekrönt von einer Zigarette, ging es sofort heimwärts. Diesmal den ausgewiesenen schnelleren Weg. Dass dieser zwangsläufig der steilere war, hätten wir durchschauen müssen. Und so ging es über Almen, Bäche, ausgetretene Pfade und verwitterte Viehgatter mit immer wechselnden Schließsystemen aufs Wasserfelder Kreuz.

Am bis dahin strahlend blauen Himmel zogen über die grauen Wände der Dolomiten dunkle Wolken auf und trieben uns zusätzlich zur Eile an. Pünktlich erreichten wir die Alm wieder. Auf unserer Terrasse saßen die drei Wanderer, mit denen wir uns bei der Ankunft auf der Grasangeralm sozusagen die Klinke in die Hand gegeben hatten. Sie zollten uns für unseren Schnelllauf mit Kaffeepause gehörigen Respekt, denn die Herren waren erst kurz vorher hier angekommen.

Der Abend verging seelenruhig. Doris hatte sich wie von Geisterhand erholt. Während am Mittag noch vom Rettungshubschrauber die Rede gewesen war, konnte sie am frühen Abend im Auto, unter Mitnahme ihrer Kinder und Dette, die Alm verlassen. Oh Wunder! Sicher wurde auch noch heimlich mit »Lurdeswasser« gearbeitet. Hauptsache es war keine Arztrechnung entstanden.

Tobias fuhr zur Orchesterprobe und Florian, Irmi und ich hüteten das Haus. Florian erklärte Irmi und mir hingebungsvoll unsere Kuhsorten und wir lernten alles über Grauvieh, Mausen oder Eisengraue, rotbraune Pinzgauer, hellrot-orange Simmentaler und ihre Eigenheiten. Da kannte er sich aus, unser kleiner Hirte, und lenkte erfolgreich von den Hausaufgaben ab. Allerdings dachte ich mit Sorge daran, dass wieder ein Montag ohne Üben vergangen war.

Zum zweiten Mal nach meiner Ankunft stieg zur Nacht ein vollendeter Vollmond über dem Joch auf und erhellte die Alm wie mit einem riesigen Scheinwerfer. Alles erstrahlte in seinem fahlen

Licht und die in silbrigen Glimmer getauchten Gebäude warfen unter einem glitzernden Sternenzelt lange Schatten.

In der Nacht träumte ich, dass ich der Bauersfamilie zum Abschlussessen im Herbst den Inhalt des Fackeneimers als Suppe vorsetzte. Scharf umrissen sah ich sie vor mir sitzen, wie sie auf ihren Tellern nach Schweineschwarte und Teebeuteln in fauligen Kohlblättern fischten, und auch diesmal alles »bärig lecker« fanden.

Ich erwachte von meiner eigenen wilden Lache, die in der Totenstille der Hütte schon fast in ein Schluchzen überging. Dazu hätte auch nur wenig gefehlt, und die Gedanken daran, wie leicht man in Ausnahmesituationen verrückt oder sonderbar werden konnte, hielten mich eine Weile wach.

Ich fuhr auf von Stimmen, die ich im Halbschlaf neuerlichen Träumen zuordnete, und quälte mich verstört aus dem Bett. Um kurz nach fünf in der Frühe warteten die ersten Gäste auf mich.

Seit gestern war die Jagd auf Gams, Hirsch und Reh in Italien eröffnet und ich hätte es ernst nehmen sollen, als der Förster Michl sich mit seinen Jägern zum Frühstück ankündigte. Sie hatten am Vortag einen neuen Hochsitz gebaut und hofften auf gute Abschüsse. Das Jagdglück war ihnen an diesem Morgen noch nicht hold gewesen und ich musste weiter auf den versprochenen Wildbraten warten. Jetzt standen sie da und freuten sich, dass sie die verschlafene Sennerin aus dem Bett gescheucht hatten.

Michl machte seine üblichen Späße. »Wie gern tat’ i mal in deinem Kammerl schlafen, Sibylla! I hab’ da bloß a Problem. Ohne meine Mami schlaf’ i net ein.«

Diese Reden waren wieder ein gefundenes Fressen für meine Jungens, aber herzig, wie sie nun mal waren, setzten sie gleich noch eins obendrauf. Die Dette, so gaben sie zum Besten, erzähle überall: »Wann das mit den Mannsleut’ und der Sennerin auf der Alm so weitergeht, baut sie einen Männertrakt an. Da könn’s dann warten, bis sie dran sein.«

Jetzt traute ich meinen Ohren nicht, aber nachdem Dette weit weg war und ich das Thema reichlich satthatte, überhörte ich alles und ging geflissentlich zur Tagesordnung über.

Der Tag wie aus dem Bilderbuch, mit weißen Federwölkchen auf sattblauem Grund, bescherte uns eine dreiköpfige Männerwandergruppe aus Hessen, genau gesagt aus dem Lahn-Dill-Kreis, in dem ich einmal eine Zeit lang gewohnt hatte. Ihr ausgelassenes Lachen war schon weit vor ihrer Ankunft zu vernehmen und erfüllte die Luft mit heimatlichem Stimmengewirr. Gleich nach Erkennen der gemeinsamen Herkunft sang Tobi, einer der Wanderburschen, mir zur Begrüßung die erste offizielle Hessenhymne der »Rodgau Monotones« vor: »Erbarmen – zu spät – die Hesse komme«, und bestand darauf, mir den vollständigen Liedtext aufzuschreiben.

Während er den Kopf über dem Papier hatte, schrieb und dabei Forst-Bier trank, geschah am voll besetzten Tisch Unglaubliches.

Wie an einem verborgenen Hahn aufgedreht, rann plötzlich aus seinen beiden Nasenlöchern eine gelbgrüne, dickliche Eiterbrühe, von der wir zunächst annahmen, dass es sich um Forst-Bier handelte, das auf verschlungenen Pfaden vom Mund in die Nase gelangt war.

Der Spaß verging uns, und ich rannte, so schnell ich konnte, nach Servietten, weil ein einziges zugereichtes Tempotuch diesem Ausfluss mitnichten gewachsen war.

So eine Schweinerei hatte ich im Leben noch nicht an einem Esstisch gesehen und ich war sprachlos vor Staunen und Entsetzen.

Als es endlich aufhörte zu fließen, konnte der arme Junge sich erklären. Er litt auf seiner Wanderung von München nach Venedig schon seit geraumer Zeit unter höllischen Schmerzen in den Wangen und eine Entzündung hatte die Nebenhöhlen unter Eiter gesetzt.

Hier auf dieser Höhe war dem bedauernswerten Wandervogel das alles aufgekracht und ausgelaufen. Jetzt fühlte er sich erleichtert, was ich nach diesem Abgang auch gut nachvollziehen konnte, und der junge Mann fand das alles in allem in keinster Weise merkwürdig. Mich grauste es und um ein Haar hätte ich mein kürzlich verzehrtes Frühstück eilends wieder von mir gegeben.

Als alles überstanden war, spülte er mit einem weiteren Fläschchen Forst den entleerten Mund-und-Rachen-Raum, verzichtete auf mein großzügig angebotenes Antibiotikum und erklärte sich selbst als geheilt. Ich weiß nicht, wer von uns erleichterter war. Er oder ich, und zur vollkommenen Genesung hätte ich ihm gerne noch einen ganzen Kasten Bier serviert.

Zwei Kästen davon bestellte er sich allen Ernstes bei mir, ich sollte sie ihm am Ende des Sommers mit nach Deutschland nehmen. Wir würden ja sehen, ob die geplante Übergabe von Südtiroler Bier in Hessen klappte. Seine E-Mail-Adresse hatte ich, und wenn Forst-Bier solche Heilung bewirken konnte, sollte man vielleicht immer ein Kästchen davon zu Hause haben. Andere schworen da eher auf »Lurdeswasser«.

Die Hessen konnten nach dieser Attacke schließlich gestärkt und kuriert entlassen werden und durften weiter gen Süden wandern. Die Kerneralm-Klinik hatte erneut einem Patienten geholfen. Mir blieb nach einem herzlichen Abschied nur das Entsorgen der ekligen Tücher im flackernden Herdfeuer.

Das gute Wetter bescherte uns noch eine Menge Zulauf auf unserer Hütte und die Kocherei nahm mal wieder kein Ende. Während ich eine Mahlzeit draußen servierte, sah ich links und rechts am Horizont schon die nächste Gruppe auftauchen und konnte das Spaghettiwasser erneut aufsetzen.

Die exponierte Lage der Alm auf einem ausgedehnten Bergplateau erlaubte es, die Wanderer an vier Stellen über die umliegenden Hänge anrücken zu sehen. Lediglich eine Stelle war mehr als heimtückisch. Wenn ich die Ankommenden nicht gleich oben am Horizont wahrnahm, verschwanden sie in einer Senke, aus der sie erst unmittelbar vor unserer Hütte wieder auftauchten. Das war eine überraschende Situation und führte zu gegenseitigen Schrecksekunden, gerne auch solchen, in denen ich nur vom Handtuch verhüllt aus der Dusche rannte, um draußen den Wasseranschluss umzustecken, der noch mit dem Schlauch zum Nachfüllen des Teichs verbunden war.

Im Voraus nahm ich schon mit allen, die ich am Grat erblickte, mental Kontakt auf und leitete sie gedanklich an mir vorbei. Ohne Worte erklärte ich, dass es ihnen und mir besser ginge, wenn sie unsere Alm weiträumig umwandern wollten. Wenn es denn sein musste, durften sie gerne ihre Wasserflaschen am Trog auffüllen, von mir aus ihre mitgebrachten Speisen verzehren und das Klo benutzen, sofern sie es anständig verließen. Mir lag daran, sie machten hier keine Aufstände und gingen ihres Weges. Ich hatte an vielen Tagen einfach keine Energie mehr für all ihre Bestellungen und Sonderwünsche. Der eine wollte die Knödel in Brühe, der nächste mit Krautsalat. Kaiserschmarren mit und ohne Rosinen, Spaghetti mit dieser oder jener Soße. Am ärgsten war es, wenn mehrere kamen und alle etwas anderes bestellten.

Regelrecht gefährlich war es auch, nach soeben erfolgter Bestellung an einem Tisch genau dort etwas anderes für den Nachbartisch vorbeizutragen.

»Sie, Fräulein, was war denn das grade, was sie dahinten serviert haben? Das nehme ich dann auch noch. Nein, warten Sie, ich bestell' das eben noch mal um, wo Sie grad da sind. Das sah so lecker aus.«

Am Sonntag, als ich von all dem mal wieder die Nase gestrichen voll hatte und mit entsprechender Miene Essen austeilte, meinte ein Einheimischer zu Dette: »Du, deine Bedienung, die taugt fei nix, gar nix, wanscht es ausführlich wissen willscht!«

Da kam wieder der Zeitpunkt, an dem ich mit Speckknödeln oder Krautsalat um mich werfen und den nächsten Teller als Diskus benutzen hätte können.

Wie schön wäre es gewesen, wenn nach so einem Tag Dette einmal zu so einem Großmaul gesagt hätte: Das ist weder meine Bedienung noch meine Kellnerin, sondern eine von der Almhilfe, die das alles umsonst und freiwillig macht. Aber da konnte ich lange drauf warten.

Sennerstammtisch oder
Rom kann uns mal

Einem verregneten, außergewöhnlich behaglichen Tag ging eine gestörte Nacht voraus.

Wir waren beizeiten ins Bett gegangen, und Irmi schlief schon tief und fest, als es gegen dreiundzwanzig Uhr kräftig an die Haustür klopfte. Irmi schoss aus dem Schlaf hoch, und mir blieb das Herz fast stehen, zumal ich gerade in eine unglaublich spannende Stelle in meinem Roman »Wer die Nachtigall stört« vertieft war.

Wir fuhren aus dem Bett, schnappten uns unsere Taschenlampen und leuchteten von den Fenstern aus ringsum das Haus ab. Von welcher Tür das Klopfen wirklich gekommen war, konnten wir nicht orten, wagten uns aber auch nicht hinaus, um der Sache auf den Grund zu gehen. Die Kinder schliefen lautlos in ihren Betten und so beruhigten wir uns und legten uns erneut hin. Die restliche Nacht verging still, doch am Morgen fühlte ich mich wie gerädert.

Das mit dem nächtlichen Klopfen war natürlich auf unserer mit Ereignissen nicht wirklich verwöhnten Alm das Thema und die Kinder glaubten uns beim Frühstück kein Wort.

»Das war bestimmt der Sepp, der zu dir in deine Kammer wollte«, tönten sie wie aus einem Munde, und schon war der Dauerbrenner »Seppi und Sibylle« mal wieder aufgeflammt.

In seinem Übermut setzte Florian gleich eine SMS auf. »Sepp, die Kerneralm vermisst di und besonders die Sennerin Sibylle.«

Das Absenden der Nachricht untersagte ich meinem Florian dann doch ausdrücklich und er folgte seiner Sennerin aufs Wort. Die gute Laune blieb uns an diesem Morgen am Frühstückstisch erhalten, und die Kinder hatten ihr Vergnügen, sich über eingebildetes Klopfen und den Senner Sepp auszulassen.

Erst als Tobias unsere Katze Heidi suchte und dazu auf den Heuboden ging, wurden Irmi und ich rehabilitiert. Auf der mit Raureif überzogenen Stiege waren Fußspuren zu sehen und im Heu hatte jemand geschlafen. Das war unseren Hirten dann doch etwas unheimlich.

Vor allem Tobias riskierte ja gern ein vorlautes Mundwerk, schrie aber am Tag zuvor die ganze Alm zusammen, als ich ihn aus Versehen am helllichten Tag ins Milchhaus eingesperrt hatte. Das war zu viel für den jungen Helden in Not, und die Angst stand ihm ins Gesicht geschrieben, als ich ihn befreite.

Was hatte er sich gedacht? Dass wir ihn im Ernst nicht suchen würden oder stundenlang niemand in die alte Küche müsste? Vielleicht. Auf jeden Fall war Tobias der Erste, der am Abend alle Türen verschloss und die vielen Fenster gleich mit.

Anderntags quälte mich vom Erwachen an Bauchweh, und ich hoffte, von der Durchfallepidemie der zurückliegenden Woche verschont zu bleiben. Irmi hatte die Alm schon unter Schwedenbitter gesetzt, eine willkommene Abwechslung zum Enzian, der sonst bei Unwohlsein aller Art herhalten musste. Florian war mehrere Tage hintereinander vom Bauchschmerz befallen, und wenn er nicht auf der Toilette hockte, quälte er sich auf der Eckbank und hütete statt der Kühe, sooft es ging, das Haus.

Durch und durch unschuldig fühlte ich mich im Nachhinein an der immer wieder aufflackernden Seuche nicht. Hatte ich doch versehentlich aus dem Inhalt einer Flasche, die für mich ohne Frage Olivenöl enthielt, immer wieder Salatsoße gemacht. Umso verdutzter war ich, als Dette am Tag zuvor den Schwund ihres Arnikaöls beklagte, mit dem sie Tobias schmerzendes Knie einreiben wollte.

Ich verhielt mich recht still, zumal ich die Flasche gestern auch noch einer Touristin rausgestellt hatte, die unbedingt statt normalen Öls Olivenöl über ihren Graukäse wollte. Ich hoffte, die Dame hatte alles überlebt, und entschuldigte mich in Abwesenheit.

Um sieben in der Frühe rollte Dette wieder an und hatte kurz darauf schon ihre beiden Hände im Krapfenteig fürs Mittagessen versenkt. Als ich die übergroße Schüssel sah, ahnte ich nichts Gutes, was sich dann auch prompt bewahrheitete.

Diesmal sollte es herzhafte Krapfen geben, gefüllt mit Quark-Mohn- oder wahlweise Quark-Zwiebel-Mischung. Allein die Zubereitung der Füllungen nahm ewige Zeiten in Anspruch. Wir mussten das Aggregat noch einmal anwerfen, um mit einer uralten elektrischen Kaffeemühle den Mohn zu mahlen. Saure Milch wurde auf dem Herd gekocht, und genau so lange, wie es dauerte, ein Pfund Quark zu gewinnen, dauerte es, den eingebrannten Topf wieder mühsam mit Herdasche zu reinigen. Als wir endlich den Teig und die beiden Füllungen zubereitet hatten, war der Vormittag schon ebenso weit fortgeschritten wie meine zunehmende Übelkeit. Ein Blick auf das brodelnde Frittierfett genügte, um mir beinahe den Magen umzudrehen.

Insgesamt entstanden nach einigen Stunden Arbeit, der obligatorische Abwasch eingeschlossen, einhundertsechzig Minikrapfen, in heißem Fett ausgebacken. Um dieses von Dette als Mittagessen vorgesehene Gebäck zuzubereiten, hatten drei Frauen einen Vormittag lang geschuftet.

Als die ersten fetttriefenden Kugeln heiß auf dem Teller lagen, kam eine Gruppe Mountainbiker aus dem Tal herauf und machte sich mit Genuss über dreißig Krapfen her. Im Nu waren alle vertilgt und neue Krapfen bestellt.

Sie hätten sicher noch mehrere gegessen, aber Dette rückte keine mehr heraus. Im Gegenteil. Als ich nach dem Bezahlen einen weiteren Teller voll Krapfen anbieten wollte, wurde ich scharf angegangen, ja nichts zu verschenken. Ich war baff, denn vor einigen Tagen hatte sie mir noch ihre Philosophie vom Schenken druckreif erklärt: »Alles, was man zu einer Türe herausschenkt, kommt zu einer anderen wieder herein.«

Das galt auf der Alm offensichtlich nur für sie selbst. Die Radfahrer rollten nur mit den Augen, als sie den Anschiss gegen mich mitbekamen, und zogen kopfschüttelnd von dannen.

Wie zu erwarten rollten auch Florian und Tobias gleich darauf mit den Augen, denn mit so einem süßen und außerdem noch in Fett gebackenen Mittagessen konnte man sie jagen. Das war einfach keine ernst zu nehmende Mahlzeit für hungrige Heranwachsende und die gönnerhaft dazu gereichte Ziegenmilch löste ebenfalls keinen erkennbaren Jubel aus.

Entsprechend zögerlich langten sie zu und der zuvor mit Inbrunst verteidigte Krapfenberg schwand nur langsam dahin. Jetzt hatten wir wieder tagelang Essen über und ich musste mir überlegen, wie ich den Kindern diese ungeliebte Gebäckschwemme schmackhaft machen sollte. Da würde in den nächsten Tagen noch häufiger Krapfen mit Milch auf dem Hüttenspeiseplan stehen oder unsere Schweine dürften sich daran satt essen.

Beim unweigerlich folgenden Abwasch malten Irmi und ich uns in glühenden Farben aus, wann wir als berufstätige Hausfrauen aufstehen müssten, um dieses einfache Mittagessen für die Familie auf den Herd zu bringen, und hatten dabei noch reichlich zu lachen.

Das Scherzen verging uns umgehend, denn die Alm füllte sich von Minute zu Minute, und mir wurde es im gleichen Zeitraum schlechter und schlechter.

Irgendetwas an unserem leichten Mahl, eventuell die doch hinlänglich bekannte Kombination von süßem Mohn mit Zwiebeln und Quark in Hefeteig, schwimmend ausgebacken, war mir ziemlich auf den Magen geschlagen, und ich wand mich vor Schmerzen. Diesmal kam alles an Hausmitteln zum Einsatz, was die Alm zu bieten hatte, denn ein Ausscheiden meinerseits bei voll besetzter Hütte wäre undenkbar gewesen.

Bernadette wurde von den besorgten Kindern angerufen, zitierte aber gleich, dass sie nach jedem ihrer drei Kaiserschnitte und natürlich mit neugeborenem Kind auf dem Arm wieder auf der Alm gestanden hätte, und ich solle mal bloß keine Müdigkeit vorschützen.

Meine Hoffnung auf Besserung ertrank abwechselnd in Magentropfen, Schwedenbitter, Enzian und »Lurdeswasser«. Nichts half, und am Abend lag ich krank mit der Wärmflasche bepackt auf der Eckbank. Obgleich der Herd seine Resthitze abstrahlte, fror ich erbärmlich und die Kinder schenkten mir und meiner mit »Gänsefriggeln« übersäten Haut mitleidige Blicke.

Der neue Tag begann mit der üblichen Wochenendproduktion von Tirtlan. Diesmal allerdings die doppelte Portion, weil Dette vom Mehl versehentlich die zweifache Menge erwischt hatte. Statt den Teig zu halbieren, wurde alles verdoppelt, und die sowieso schon aufwendige Herstellung uferte aus. Wir arbeiteten wie am Fließband.

Mit vielen Besuchern rechneten wir an diesem Sonntag nicht, weil in der Nachbargemeinde Kirchtag war. Nach einem Gottesdienst im Freien gab es für alle ein Grillfest mit Musik und Tanz. Zu gerne wären die Kinder dorthin entschwunden, um den jährlichen Festumzug der Musikkapelle zu erleben, aber sie getrauten sich noch nicht einmal, danach zu fragen. Ihre Arbeit wartete hier und einen gänzlich freien Sonntag konnten sie in den Monaten der Almzeit vergessen.

Das mit dem Kirchtag interessierte nicht alle und Wanderer und Radfahrer zog es weiter zu uns hinauf.

Eben waren wir mit dem Ordnungmachen in der Hütte fertig, da ging es zu, als wäre der Festtag bei uns, und wir wurden des Ansturms schwer Herr. Ich nahm die Bestellungen auf, servierte und kochte mit Dette und Irmi. Die Kinder bewältigten den Abwasch.

Mein Biorhythmus schien auf wieder genesen und verhältnismäßig gut gelaunt zu stehen. Andernfalls hätte der heutige Auftrieb als Grund für meine sofortige Abreise hingereicht. Bis zum Spätnachmittag hatten wir sechzig Gäste und schon lange keine sauberen Gläser und Teller mehr.

Gegen fünf gelang es Irmi und mir, uns für eine halbe Stunde aufs Bankerl zu verziehen und die unvergleichliche Fernsicht zu genießen. Am Horizont nutzten Drachenflieger die Thermik, um sich höher und höher in den Himmel zu schrauben, und in Gedanken beneidete ich sie zutiefst um ihren Flug in der Stille.

Ich war restlos erschöpft und nur froh, dass mit Irmi einmal eine Außenstehende sah, was hier abging. Wieder war ein Wochenende verstrichen, ohne dass sich jemand von der Vermittlungsstelle hätte blicken lassen. Jetzt brauchte auch keiner mehr zu kommen. In fünf Wochen würde die Alm geschlossen und meine Zeit hier war zu Ende.

Als wir von unserer »Zimmerstunde«, wie die Ruhezeit fürs Personal hier hieß, kamen, war die Alm noch immer brechend voll. An vielen Tischen wurde Karten gespielt und es war unerträglich laut. Schweren Herzens und mangels Alternative hatten wir uns in die Gaststube gesetzt, als sich von einem der Tische ein Ehepaar erhob und sich mir als die Eltern von Tobias vorstellte. Ungeachtet dessen, dass sie fast an jedem Wochenende hier oben gewesen waren und ich für sie gekocht und sie schon mehrfach abkassiert hatte, hielten sie es erst heute für nötig, mir ein Grüßgott anzubieten.

So eine Dreistigkeit machte mich sprachlos. Auf jemanden, der sein Kind bei mir abgab, mich heimlich beobachtete und wochenlang keine Anstalten machte, mit mir zu reden, hatte ich jetzt auch keinen Bock mehr. Ich ließ sie stehen und machte mich wieder an meine Arbeit.

Seit Tagen klagte Florian über eine vereiterte Zehe und selbst das von mir als letzte Rettung verordnete morgendliche Bad in pubertärem Knabenurin brachte keine Linderung. Nachdem weder abendliche Grappa-Umschläge geholfen hatten noch die Wundsalbe vom Supermarkt und ein Rest schwarzer Salbe, die vermutlich aus dem Zweiten Weltkrieg stammte, hatte ich ihn mit viel Überredungskunst zur Eigenurintherapie gebracht.

Er pinkelte also morgens widerwillig in den Putzeimer und badete den Fuß während des Frühstücks darin. So richtig schmecken wollte es ihm an diesen Tagen nicht, und Tobias trat mit Vergnügen unter dem Tisch an den Kübel, sodass die Brühe schwappte.

Lange würde ich mir das nicht mehr anschauen. Der Fuß gehörte zum Arzt und diesmal war vielleicht sogar ein Antibiotikum angesagt. Für heute war es zu spät, um das Kind ins Dorf zu schicken, also gaben wir uns Mühe, mit unseren beschränkten Mitteln einen festen Verband für die Nacht anzulegen.

Auch der folgende Tag bot seine Höhepunkte und war von einem besinnlichen Almleben weit entfernt. Die Senner der umliegenden Almen hatten sich zu ihrem alljährlichen Stammtisch verabredet. Großherzig wie sie waren und nur, um mir weite Wege zu ersparen, trafen sie sich auf der Kerneralm. Dafür hatten sie zum Teil gewaltige Anmärsche in Kauf genommen, aber die Aussicht, endlich die Sennerin aus der Stadt kennenzulernen, ließ sie alle Beschwernisse vergessen.

Mit seinen etwa siebzig Jahren war Hans von der Bergspitzalm sicher der Älteste und am weitesten gelaufen. Er hatte ja Alex, Florians Bruder, als Hirten, und seine Alm lag für mich etwa zwei Stunden zu Fuß entfernt, über zwei Scharten, die unterwegs zu bewältigen waren.

Etwa ebenso weit, aber mit ein paar Jährchen weniger auf dem Buckel, hatte es der Schroffsteinalmer, der Vater meines Mountainbikers.

Der Brunneralmer war mit seinem Enkel da, ein hochgewachsener Bursche mit Strohhut und Geißel, die auch ohne Tiere zum Schnalzen mitgeführt wurde. Die beiden waren das erste Stück hierher mit dem Auto gefahren und dann noch eine Stunde zu Fuß unterwegs gewesen. Den kürzesten Weg hatte Nachbar Sepp, der die Strecke bergab und nüchtern sicher in einer halben Stunde bewältigte und mich erneut mit seinen hinreißenden blauen Augen anhimmelte.

»Da ist sie ja, mei Sibylla, mei Sennerin, mei Leben«, stellte er mich lachend den anderen vor und wirbelte mich in seinen Armen.

Mir wäre es lieber gewesen, er hätte diese Horde und das damit verbundene Essen mal »seiner Sennerin« telefonisch angekündigt, dann hätte ich genug zu essen vorbereitet und wäre nicht so ins Schleudern gekommen. Doch erst mal wurde Wein geordert und die bauchige Flasche war im Nu aufgeteilt.

Inzwischen war Alfons heraufgekommen und hatte sich dazugesetzt. Er übernahm als Altbauer der Alm gerne meinen Platz, sodass ich die Gelegenheit nutzte, um in der Küche zu verschwinden.

Am Abend zuvor war Irmi auf die Idee gekommen, einmal Pizza im Holzofen zu machen, und als ich nach drinnen kam, ging der Hefeteig in der geheizten Stube schon mächtig auf. Es blieb mir im Verborgenen, warum ich noch nicht früher auf den Einfall gekommen war, Pizza zu backen, denn dafür fehlte es nicht an Zutaten, und der Holzofen bot sich geradezu an. Als die Kinder kamen, waren sie außer sich vor Freude über den unerwarteten Hochgenuss und ihre Augen strahlten dankbar aus den sonnenverbrannten Gesichtern. Sie verschlangen, so viel sie nur konnten, und bestellten sich das Gleiche zum Abendessen.

Draußen bei den Sennern wurde auch Pizza verspeist und die nächste Literflasche Rotwein spendierte ich dazu.

Zum Nachtisch hatten wir Vanillepudding mit frischen Erdbeeren. Die waren ein Geschenk von einer Südtiroler Obstplantage und Alfons hatte sie uns im Auto mitgebracht. Wie die im Tal darauf kamen, uns in solchen Mengen Erdbeeren hierher liefern zu lassen, war mir ein Rätsel. Vielleicht hatte sich die Kunde über unsere karge Kost auf der Alm schon über viele Täler verbreitet und für Mitleid gesorgt. Nachdem wir unmöglich so viele Früchte auf einmal essen konnten, machten wir das restliche Obst aus den Steigen dann zwischendurch noch zum Einfrieren fertig, aber weigerten uns mit Händen und Füßen, für Dette auf der Alm auch noch Marmelade zu kochen. Dettes »Geht doch alles« ging mir seit Langem zu einem Ohr rein und zum anderen heraus. Von mir aus konnte sie sich Marmelade kochen, wann und wo sie wollte.

Alle Hausarbeit war fertig und trotz des leuchtend schönen Tages kamen nur vereinzelt Ausflügler vorbei. Jetzt blieb Irmi und mir keine Ausrede mehr und wir mussten uns zu der feuchtfröhlichen Sennerrunde gesellen. Den Alkoholvorsprung einzuholen, gelang uns nicht, und wir legten es auch nicht darauf an. Die weitherzig spendierten Enziane ließ ich heimlich in meinem Wasserglas verschwinden und goss es zwischendurch aus. Von den in immer rascheren Abständen georderten Rotweinflaschen hielten wir uns lieber fern.

Am späten Nachmittag kam ein junges Mädchen bei uns vorbeigelaufen. Sie machte als Erste und bisher Einzige die Alpenüberquerung in umgekehrter Richtung und lief mutterseelenalleine von Venedig nach München. Das Getümmel auf der Kerneralm hatte sie schon vom Joch aus gesehen und vor allem gehört, daher wollte sie sich unbehelligt an uns vorbeischleichen. Das gelang ihr nicht, denn von der grölenden Männerhorde bekam sie sofort ein Glas Rotwein in die Hand gedrückt und wurde unumwunden zum Bleiben genötigt.

Unsicher schaute sie uns Frauen an.

»Alles harmlos. Wenn du willst, kannst du hierbleiben. Die tun dir nichts«, ließ ich sie wissen.

Zögerlich setzte sie sich auf der Bank nieder und stellte ihren über zwanzig Kilogramm schweren Rucksack neben sich. Außer Kleidung und Essen schleppte sie noch ein Zelt und einen Kochtopf mit sich herum. Jede Nacht hatte sie im Freien verbracht und noch an keinem Tag Schutz in einer Hütte gesucht. Mein Respekt vor dieser Leistung war immens und ich verdrängte fürs Erste alle Gedanken an Gefahren wie Gewitter, Schnee und Unfälle. In der Zeit, in der Kerstin aus Leipzig, die die Augenbrauen mindestens so buschig wie Theo Waigel hatte, nach ihrem »Woher« und »Wohin« ausgehorcht wurde, fetzte – das war Südtirolerisch für pinkeln – Senner Hans plötzlich unter den Tisch. Ein großer Fleck machte sich auf seiner schmutzigen Hose breit und Wasser tropfte aus seinem Hosenbein auf den Boden.

Solche Szenen kannte ich bisher nur vom Oktoberfest und auch das nur aus Erzählungen. Die anderen lachten, ohne dem Geschehen große Bedeutung beizumessen, und der schweinische Mistkerl ging dann auch freundlicherweise den restlichen Nachmittag über rechtzeitig aufs Häusl.

Für mich war der Tag gelaufen und ich war erlöst, als sich die Bauern endlich bei einsetzender Dunkelheit auf den Weg nach Hause machen wollten. Das war schwieriger als gedacht und der Aufbruch gestaltete sich mühevoll und langwierig. Gleich beim Aufstehen fiel Sepp mit dem Stuhl um und prallte laut lachend rückwärts gegen das Geländer. Der Brunneralmer war schon ein Stück vorausgegangen, stürzte und blieb am Wegrand liegen. Der in der Hitze müde gewordene Enkel erbarmte sich und half dem Alten umständlich auf die mehrmals wegknickenden Beine. Behutsam führte er seinen Opa über die Wiesen, und Sepp wankte hinterher, bis sie alle aus unserem Blickfeld verschwunden waren.

Kerstin hatte sich spontan fürs Hierbleiben entschieden. Das war klug, denn sie hätte denselben Weg wie die Senner gehen müssen und die Kohorte, selbst schwer beladen, unweigerlich eingeholt.

Das Reinigen von Waschraum und Terrasse nahm seine Zeit in Anspruch, und wir hatten zu tun, die Überreste zu beseitigen. Angewidert von allem, was sich mir bot, kippte ich einfach kochendes Wasser mit Spüli über Bänke und Böden und wischte wütend auf.

Bei all dem Betrieb hatte Alfons unbemerkt seine Hautfarbe gewechselt. Man konnte ihm ansehen, dass es mehr als höchste Zeit für eine Rückkehr ins Tal war. Damit er in seinem labilen Zustand nicht alleine hinunterfahren musste, blieb mir keine andere Wahl, als mich selber hinters Steuer zu setzen, um ihn zu chauffieren, was ihm zweifelsohne gefiel. Ausgerechnet heute war Dette nicht mit zu uns gekommen, und sie überließ es gerne mir, ihren Mann nach Hause zu bringen. Wir fuhren los, und ich gab mir auf dem abfallenden Weg große Mühe, schnell genug für Alfons Zustand und langsam genug für unser Überleben zu sein.

Unterwegs gingen seine anfänglichen Altmännertätscheleien ungehindert weiter und ich musste ihn mehrfach zur Ordnung rufen und seine Hand von meinen Beinen entfernen. Kehre für Kehre legten wir nach unten zurück, und sofort nachdem wir am Hof ausgestiegen, klappte er plötzlich völlig zusammen und sank im Eingang nieder. Mit Ach und Krach gelang es mir, ihn wieder am Türpfosten aufzurichten und über die Treppe ein Stockwerk höher zu schleifen. Immer wieder kehrte Leben in ihn zurück, denn jeden Absatz benutzte er zu neuen Streicheleinheiten und dem Versuch, mich zu küssen. Bis zur Schlafzimmertür drängte ich ihn von mir und rief lauthals nach Dette.

Keiner hörte mich und ich rannte los, um Hilfe zu holen. Ich fand Johann im Stall, der, ohne sich auch nur eine Sekunde flotter als sonst zu bewegen, ins Haus ging und seinen inzwischen schon mehrfach weggetretenen Vater ein Spray in den Mund sprühte. Die Seelenruhe, die Johann an den Tag legte, war für mich quälend und ich trieb ihn zur Eile an.

Da stand ich nun völlig unerwartet zum zweiten Mal während meiner Almzeit auf dem Kernerhof, ohne Jacke und in Hausschuhen, und eine Rückkehr mit Alfons war ausgeschlossen. Alleine mit dem brüchigen Fiat nach oben fahren wollte ich auch nicht, und so ließ mich Johann warten, bis er endlich mit der Versorgung seines Vaters und der Tiere fertig war, um mir dann zu erklären, ich solle die Nacht hier unten schlafen und morgen würde ich gefahren.

Da hatte er die Rechnung ohne mich gemacht, denn eine Nacht in diesem Haus mit dem bei jedem Atemzug genesenden Alfons und weit und breit keine Dette war nichts für mich. Ich rannte die Treppen hinunter, startete das Auto und fuhr los. Mir war es egal, wie die wieder an ihren Wagen kamen. Mein Platz war die Alm, und so fuhr ich, mit jeder Kurve und Kehre an Höhe gewinnend, alleine zurück.

Bis wir endlich zu Abend essen konnten, herrschte draußen schon schwarze Nacht, und ich war mir sicher, noch so einen Tag würde ich mir nicht bieten lassen.

Es gab »Muis« mit Erdbeeren, denn außer den Zutaten dafür war wenig da, und wir staunten nicht schlecht, als Kerstin uns offenbarte, das dies ihre erste warme Mahlzeit seit vierzehn Tagen sei.

Als wir fertig mit essen waren, hämmerte es gegen die Tür und zwei Mountainbiker, ein Mann und eine Frau, wollen entnervt wissen, ob sie bei uns übernachten könnten.

Kurz vor unserer Hütte, auf einer Almwiese, seien sie von ein paar Verrückten, bei denen es sich nur um unsere Senner handeln konnte, angepöbelt worden, die sie auch noch ein gutes Stück verfolgt hätten. Einer im roten T-Shirt hätte immerzu gebrüllt: »Touristen raus aus Südtirol« und »Rom kann uns mal«. Weiter wollten sie in diesem Land jetzt im Dunkeln keinen Meter mehr fahren.

So gut es ging, erklärte ich ihnen die vergangenen Stunden auf der Alm und den heftigen Alkoholkonsum, aber restlos überzeugen ließen sie sich nicht, und an ein Wegschicken war nicht zu denken. Also hatte ich wieder Übernachtungsgäste. Kerstin schlief bereits im Heu und mit dem Pärchen aus Berlin verbrachten Irmi und ich dann doch noch nette Stunden.

Am nächsten Tag fühlte ich mich erschöpft und war nah am Wasser gebaut. Irmi attestierte mir eine Weizenbier-Depression. Davon hatte ich noch nie etwas gehört, am Abend zuvor allerdings eines getrunken.

Obwohl das Wetter schön war, hockten alle Gäste im Haus, waren laut und spielten stundenlang Karten. Ich konnte die ganze Chose nur gequält ertragen und Irmi musste viel trösten. Wieder war so viel Essen zu richten, und ich dachte mit Schrecken daran, wie das alles werden sollte, wenn Irmi wieder weg war und in Italien die allgemeinen Betriebsferien beginnen. Da kamen dann angeblich erst richtig viele Gäste, denn wenn es um die Berge geht, vergisst selbst der Italiener, dass es auch ein Meer gibt.

Am Nachmittag kam Johann mit seiner Monika und erkundigte sich allen Ernstes, zum ersten Mal seit meiner Ankunft, wie es mir gehe.

»Ich gehe am Zahnfleisch«, sagte ich.

Das verstand er nicht oder wollte es nicht verstehen.

Also versuchte ich es mit: »Ich bin vollkommen fertig von der vielen Arbeit.«

Er lachte nur und sagte: »Das packst du schon«, und Monika fügte an: »Schön braun bist du geworden.«

Damit war für sie der Fall erledigt und jedes weitere Gespräch erübrigte sich. Nichts wurde hier ernst genommen und ich hatte oft das Gefühl, wir redeten in babylonischer Sprachenverwirrung. Würden sie überhaupt aufwachen, wenn ich sagen würde, ich reise ab?

Seit der Nacht regnete es ununterbrochen und meine depressive Stimmung hielt an. Diesmal konnte es nicht am Weizenbier oder anderen Alkoholika liegen, denn selbst zu einem Glas Wein am Abend fehlte mir jedwede Lust, und ich zweifelte erneut stark an meinem Durchhaltevermögen.

Gordon schrieb eine fröhliche SMS aus Sydney, doch auch die konnte mich nicht aufmuntern. Er habe einen Praktikumsplatz in einer begehrten Firma ergattert, irgendetwas mit Musik für Kinder und dem dazu passenden Spielzeug. Es freute mich für ihn, dass er es so gut getroffen hatte.

Meine Alm, meine Buben, mein Herd und mein Brot

Am Morgen brachte uns Alfons zwei aschgraue Kätzchen. Er hatte sie von einem Bauern bekommen und wir sollten sie auf der Alm an Gäste verschenken. Das war bestimmt wieder ein durchaus normaler Vorgang, von dem nur ich nichts wusste. Ich stellte mir vor, ich wäre mitten auf einer Bergtour, vielleicht sogar auf dem Traumpfad zwischen München und Venedig, und nähme ein neugeborenes Kätzchen für den Rest der Wanderung im Rucksack mit. Vielleicht liefen ja solche Gebirgstierchen den Weg auch gerne an der nicht vorhandenen Leine.

Ich konnte nur den Kopf schütteln ob solcher Ideen und meinte bei mir, ich hätte Besseres zu tun, als junge Katzen zu vermitteln. Die beiden, die sich wie ein Ei dem anderen glichen, verzogen sich scheu unter den Schuppen und blieben fürs Erste dort.

Mit viel Geduld gelang uns ein Handyfoto der Kätzchen. Ich wollte es Verena schicken. So eine Katze hatte sie sich schon immer gewünscht, es scheiterte jedoch an der Studentenbude. Jetzt wohnte sie in einer großen Wohnung, aber wenn man auch dem Foto nur mit Mühe widerstehen konnte, entschied sie sich am Abend telefonisch gegen ein Haustier.

Ich hatte mein Herz von Anfang an an die Kleinen verloren und bezweifelte sowieso, dass wirklich ein Besucher die Alm mit einer Katze verlassen würde, noch dazu, wo sich die zwei nur zum Fressen blicken ließen. Ich bedauerte sie. Die wesentlich größere Heidi, die sich von Charakter und Aussehen immer mehr in einen Heino verwandelte, wurde immer noch von ihrer Mutter mit Nahrung versorgt. Diese kleinen Babys mussten jetzt sehen, wie sie hier oben alleine zurechtkamen.

Wenn Dette da war, wurde jeder Tropfen Milch, den ich den Katzen hinstellte, argwöhnisch beäugt und für überflüssig gehalten. Als sie ihnen uralte Speckknödel vorsetzte, gab es die nächste Reiberei.

»Wenn sie das nicht fressen, haben's halt koan Hunger«, war ihr einziger Kommentar und ich durfte mir nicht ausmalen, dass es in Deutschland Katzenmilch und Juniorkost für neugeborene

Kätzchen gab. Sicherlich war das auch übertrieben und die goldene Mitte lag mal wieder irgendwo dazwischen.

Zu unserem Leidwesen kam mit der gleichen Fuhre wie die Kätzchen ein schwer alkoholkranker Bekannter mit auf die Alm. Der barmherzige Alfons wollte ein gutes Werk tun und dem Mann einen schönen Tag bieten. Also hatte er ihn betrunken, wie er war, kurzerhand mit ins Auto geladen. Wie ich hören konnte, verbrachte dieser, soweit es sein Zustand zuließ, jeden Sommer mehrere Tage auf der Alm, und mir schwante Schreckliches. Statt Rotwein, wie bei den Sennern, floss jetzt Bier und ungeachtet seines erbarmungswürdigen Zustands wurde ihm eine Flasche nach der anderen vorgesetzt. Bereits am Mittag war er unfähig, alleine zu gehen, und wurde zur Vermeidung weiterer Peinlichkeiten von Dette wie ein Baby ins Bett gebracht. Selbstverständlich mit Flaschenbier.

Damit den Gästen auf der Terrasse der Abmarsch verborgen blieb, führten sie den Hilflosen heimlich draußen ums Haus und verfrachteten ihn neben Alfons zum Mittagsschlaf ins Doppelbett. Das ging nicht lange gut, und kurz darauf stand er schon wieder nach Bier verlangend in der Küche.

Bernadette versuchte, das alles noch zu rechtfertigen und zu erklären. Ihr Freund habe ein schweres Leben und angeblich einmal vor längerer Zeit innerhalb eines Jahres mehrere ihn betreffende Todesfälle verkraften müssen. Wer zu den Verstorbenen dazugehörte, bekamen sie aber auch mit viel Überlegen nicht mehr zusammen und die Meinungen gingen weit auseinander. Für mich war dieser stinkende und entgegen des Verbots in der Stube kettenrauchende Mensch nur ein neuerliches Beispiel für die meiner Meinung nach weit verbreitete Alkoholproblematik in der Abgeschiedenheit der Berge. Die Gründe dafür waren mir in diesem Fall herzlich egal. Eines wusste ich fraglos: Hier oben bleibt der nicht!

Zum Glück hatte sich das Wetter gebessert, und wir Frauen konnten viel Zeit außerhalb der Hütte verbringen, denn der Gestank, der von diesem betrunkenen Gast ausging, war unbeschreiblich. Leider war es recht kühl im Freien, sodass wir immer wieder zum Aufwärmen in die Stube mussten. Irmi riss demonstrativ die Fenster weit auf, kam damit aber gegen den üblen Geruch nicht an. Als einziges Ergebnis war es schließlich drinnen so kalt wie draußen.

Endlich drängte Alfons zum Aufbruch und man musste sich erheben. Jetzt setzte sich ein Kasten Bier schwankend in Bewegung, was nur schleppend gelang. Gemeinsam führten Dette und Alfons den rettungslos Betrunkenen hinaus und vor der Abfahrt zur Vermeidung weiterer Unglücke auf die Toilette. Zu dritt schafften sie es nur schlecht durch die Tür und von dort in den engen Waschraum. Durch die Wand hörten wir noch, wie die hilfsbereite Dette den Mann über dem Klo abhielt.

Wie gelähmt stand ich mitten in der Stube. Ein Fenster hatte sich in meinem Kopf weit geöffnet, und ich sah mich plötzlich, wie ich als Grundschulkind mit meiner Mutter auf dem Heimweg von einer Schutzimpfung in einer üppig blühenden Kastanienallee von einem Betrunkenen angepöbelt wurde, der uns dann auch noch mitten auf der Straße vor die Füße kotzte. »Wie die Alten sungen, so zwitschern auch die Jungen«, lallte er danach ohne Unterlass. Meine Mutter zog mich heftig und ohne auf meinen schmerzenden Arm zu achten hinter sich her, weg von dem abscheulichen Schauspiel.

Der süßliche Duft blühender Kastanien schaffte sich in der Hütte Raum und überlagerte alles andere. Magensäure stieg in mir auf. Ich würgte, rang nach Luft und rannte nach draußen. Ein frischer Abendwind strömte in meine verätzte Kehle und ihre Kühle tat weh. Die Szene hatte ich erfolgreich über vierzig Jahre verdrängt. Hier oben in dieser grauenhaften Situation entstand sie in meinem Kopf, als ob es gestern gewesen wäre. Betrunkene hatten mir seither immer Angst und Ekel eingeflößt und ich machte am liebsten einen weiten Bogen um alle Vollgelaufenen.

Mein Verhalten in dieser für mich qualvollen Situation ließ Dette nicht kalt und sie kommentierte es mit dem inzwischen schon häufig zitierten Satz: »Du bischt eine geplagte Frau. Für alles bischt zu empfindlich und worüber du dir Sorgen machst, is nich der Rede wert«, wiederholte Dette ihre Erkenntnis der letzten Wochen. Gelassener und ruhiger solle ich werden, das wünsche sie mir!

Und da hatte ich sie endlich an diesem unsäglichen Nachmittag. Die Antwort auf meine immer noch nicht beantwortete Frage, warum ich mir das alles hier antat. Unbekümmertheit und Gottvertrauen galt es hier täglich zu üben und Dette lebte es vor.

»Du bischt eine geplagte Frau«, züngelten die Worte wie kleine Flämmchen durch meinen Kopf und unbestreitbar mangelte es mir an den genannten Attributen häufig. Von Bernadettes »Dös isch, wie's isch, und heit schaut's Brot so aus und morgen wieder anders« war ich mindestens so weit entfernt wie mein Zuhause von diesem Berg. Alles, aber auch alles in die Hände des Herrgotts zu legen, wie es Dettes Art war, erleichterte sicher das Leben. Aber diese seelenvergnügte, schlichte Haltung, die ich im Stillen bewunderte, wollte mir noch lange nicht gelingen.

Getroffen hatte mich der Satz im Innersten und beim ungewohnt stillen Abendessen versuchte ich schweigend, mich nicht über die sitzen gebliebenen Grieskößchen aufzuregen. Ich übte weiter.

Der nächste Tag gab mir erneut genügend Anlass, mich in Gleichmut zu schulen, und ging für mich in die Geschichte der Kerneralm ein.

An diesem Morgen gab die von mir so geschätzte und geliebte Milchzentrifuge endgültig ihren müden Geist auf. Seit Tagen hatte die Maschine uns schon mit ihren Schwächen auf Trab gehalten und zentrifugierte nur noch dank Überlistung und mit gutem Zureden.

Ihr Motorengeräusch hatte sich verändert, und zum Beladen musste man sie neuerdings etwas schief halten, oder die Milch floss daneben. Dann galt es wieder, literweise Milch aufzuwischen. Mein Tagebuch, das im Lauf der Zeit Opfer zahlreicher Milchseen geworden war, hatte einen unangenehm säuerlichen Geruch angenommen. Es trug seitdem das englische Sprichwort »Weine nicht über vergossene Milch« als geheimen Untertitel.

Doch heute hallte schon um halb sieben in der Frühe Florians »Es brennt!« über die Alm und versetzte mich in Angst und Schrecken. Feuer war für mich bei diesen alten Holzhütten ein Albtraum und ich war mit einem Schlag hellwach. Das Aggregat, das eben noch lief, war gleichzeitig mit dem Schrei ausgegangen, denn ein Kurzschluss hatte die marode Technik lahmgelegt. Ich rannte über die Wiese und stieß die Tür zum Milchhaus auf. Dichter Qualm und Gestank empfingen mich, und als sich die ersten Schwaden verzogen hatten, konnte ich den Schaden begutachten. In den Motorblock des betagten Geräts war Milch eingedrungen und die hatte der Zentrifuge den Garaus bereitet.

Unweigerlich fiel mein Blick auf das handbetriebene Vorläufermodell, das seit Wochen in lauernder Haltung seine Almzeit im geschnitzten Regal verbrachte. Jetzt kam seine große Stunde, und mir war es, als hätte das Gerät nur hämisch grinsend auf seinen sicheren Einsatz gewartet. Ich streckte ihm verachtend die Zunge raus und ging erst mal meinen Hirten suchen, der wegen der umherfliegenden Funken und der Angst, man könnte ihm den Schaden anlasten, gleich über alle Berge geflohen war. Als ich ihn endlich gefunden und überzeugt hatte, dass ihm nichts passieren werde, traute er sich langsam wieder ins Haus. Frühstücken wollte das verschreckte Kind nichts mehr.

Genau wie Gewitter spielten sich solche Zwischenfälle meistens ab, wenn wir alleine hier oben waren, und ich rief Dette an, um ihr die Sache mitzuteilen. Florian saß bleich am Tisch und hielt sich die Ohren zu, aber das Gespräch war wie schon so oft nach wenigen Worten beendet: »Wanscht die elektrische hingemacht hascht, muscht halt die alte nehmen.«

Ich lachte still vor mich hin und tröstete den Jungen, denn den Schuh, dass wir an dem jahrzehntealten Klapperteil irgendetwas kaputtgemacht hatten, zog ich mir gar nicht erst an.

Die Kinder gingen mit der Herde ihrer Wege und ich hievte das antiquierte Ding aus dem Regal. Im Prinzip funktionierte alles wie bei der elektrischen Zentrifuge, nur musste mit einer großen Kurbel ein Schwungrad in Bewegung gesetzt und so lange gedreht werden, bis alle Milch durchgelaufen war. Das Rad musste langsam und gleichmäßig betrieben werden. Ein bei jeder Umdrehung anschlagendes Glöckchen gab den Takt dazu an. Ich erinnerte mich an Dettes Erzählungen und hoffte, nicht auch wie sie über der Arbeit des Treibens einzuschlafen.

»Wir werden uns schon aneinander gewöhnen«, sagte ich laut und verdrängte den Gedanken an die jede Menge Muskelkraft kostende Extraarbeit, die ab jetzt morgens und abends zusätzlich auf mich zukam und auf die ich nur gewartet hatte.

Irmis Urlaub neigte sich dem Ende entgegen, und mir tat es weh, sehen zu müssen, mit wie viel Arbeit und unzureichender Freizeit die Tage für sie vergangen waren. Zum Glück hatte sie das alles aus Briefen und Telefonaten schon vorher gewusst und war ja freiwillig zu Besuch gekommen.

Am Abend kümmerten wir uns wieder um Florians Fuß. Entgegen aller Versuche, ihn selber zu kurieren, war die Wunde immer schlimmer geworden. Die vereiterte Zehe glühte, und ich weigerte mich, noch weitere Selbstversuche zu unternehmen.

Die von Dette verordnete »schwarze Schmierbe«, eine, wie ich fand, gelungene Wortschöpfung aus »schmieren und Salbe«, aus einer Penatencremedose, für die sich sicher schon das Dr.-Riese-Firmenmuseum interessieren würde, war aufgebraucht. Weder das Baden in Eigenurin im Putzeimer noch das mehrmalige Anbringen von in Grappa getränkten Mullbinden hatte Erfolg gebracht. Jetzt war ich hier oben mit meinem Latein der häuslichen Krankenpflege am Ende.

Irmi machte noch Versuche mit Schwedenbitter und Propolis, jedoch ebenfalls vergeblich. In Ermangelung von geeignetem Verbandsmaterial behalfen wir uns mit allem Möglichen und Unmöglichen wie Tempos, Klopapier und Stofffetzen. Damit unsere Notverbände nachts nicht verrutschten, bastelte ich dem verletzten Kind aus abgeschnittenen Fingern von Einmalhandschuhen kunstvolle Kondome zum Über-die-Zehe-Streifen und befestigte sie mit meterweise Leukoplast.

Jetzt hatte ich genug von den Zuständen wie in Lambarene. Ich setzte mich endlich durch und schickte Florian zur Ersten Hilfe ins Krankenhaus. Dazu musste er mit dem Fahrrad etliche Kilometer zum Hof fahren und von dort brachte ihn seine Mutter ins Spital. Dette war ungehalten über mein eigenmächtiges Handeln und drohte mir mit der Arztrechnung. Sie hätte die Zehe vermutlich lieber bis zur Amputation gepflegt, statt das Kind zum Doktor zu lassen. Unter keinen Umständen sollte Florian erwähnen, dass er auf einer Alm arbeitete, und schon gar nicht bei ihr.

Am Abend brachte Manuel Florian mit dem Auto wieder zu uns auf die Alm.

Die Zehe war ordentlich verbunden und ich hätte für mein Leben gerne gesehen, wie der Arzt oder die Krankenschwester unsere Grappa-Kondom-Konstruktion auspackten. So einen findigen Verband an einem Hirtenkind sahen die sicher auch nicht alle Tage.

Zu unserem großen Bedauern konnte uns Florian von allen Behandlungen im Krankenhaus fast kein Wort berichten, und im ersten Moment war ich versucht zu glauben, der Fuß sei in

Vollnarkose verarztet worden. Des Rätsels Lösung war fleischlicher Natur und erschien Florian in Gestalt einer perfekt gebauten jugendlichen Krankenschwester, die sich mit einem angeblich außergewöhnlich großen Ausschnitt mit nichts darunter an seinem Fuß zu schaffen machte. Vermutlich hätte sie ihm die Zehe auch ohne Betäubung abnehmen können. Er war nur in ihren Busen vertieft und ließ es sich nicht nehmen, uns die Vorzüge der Schwester in ausufernden Schilderungen und mimischen Darbietungen zu preisen.

Der folgende Morgen begann mit einer Überraschung, denn Dette gab mir den sonnigen Tag frei, damit ich ihn mit Irmi verbringen konnte. Voller Freude und gleich nach Beendigung aller morgendlichen Arbeiten schnürten wir unser Bündel und machten uns auf den Weg zum Kammjoch. Diesmal dachte ich an alles, was zum Überschreiten meines bisherigen Radius vonnöten war. Voller Spannung darauf, wie es jenseits meiner jetzt schon gewohnten Wege aussah.

Gleich unterhalb vom Kammjoch lag die Bergspitzalm, auf der Florians Bruder den Sommer verbrachte. Erneut überraschend gab Dette dem bettelnden Kind nach und ließ ihn als Begleiter mit uns ziehen. Alle Fußschwächen waren vergessen und er zeigte sich von einer Minute zur anderen wandertauglich und gesund.

Es war einfach unbeschreiblich, wie sich der Junge freute, einen Tag von seiner Arbeit frei zu haben und zu seinem Bruder zu dürfen. Aber noch unbeschreiblicher war es, mit anzusehen, wie sich Tobias darüber empörte, hierbleiben und Florians Arbeiten mit erledigen zu müssen.

Sobald die Idee geboren war, rauften die zwei schon, und Tobias versuchte wütend, Florian mit einem gezielten Tritt auf seine bandagierte Zehe gehunfähig zu machen. Beim Frühstück blieb mir keine andere Wahl, als mich zwischen beide zu setzen, um Schlimmeres zu verhindern. Ich redete und redete und versuchte, Tobias zu beruhigen, doch das gelang nur spärlich.

»Da brauchst nix reden. Pack schlägt sich, Pack verträgt sich!«, war Dettes Kommentar, und um ein Haar wäre der nächste Streit zwischen mir und Dette über ihre Bemerkung ausgebrochen.

Tobias hatte keinerlei Einsehen, und der Hinweis, dass er jeden Montag nach Hause durfte und ein freier Tag für Florian nur ein gerechter Ausgleich sei, ging nicht in sein Hirn. Ich war heilfroh, als wir endlich zu dritt aufbrachen und ich das Gezanke hinter mir lassen konnte.

Dette hatte für jeden von uns zwei Eier gekocht und steckte mir sogar für das Mittagessen beim Bergspitz zwanzig Euro zu. Bevor sie sich ihre ungewohnte Großherzigkeit irgendwie anders überlegen konnte und vor allem, bevor womöglich wieder Massen von Touristen die Alm heimsuchten, waren wir unterwegs, und unter Florians Führung ging es auf abseitigen Hirtenpfaden bergan.

Unser Weg führte uns an der Kronenalm vorbei, die seit Jahren unbewirtschaftet in einer Senke lag. Eingebettet in urwüchsige Wacholderstöcke, die ihre hölzernen Arme schon bis zu den Fenstern streckten, lag sie verlassen vor uns. Die schwarz von der Sonne verbrannten Holzwände trugen ein leichtes Dach, auf dessen an manchen Stellen aus der Ordnung geratenen silbrigen Holzschindeln Moose und Flechten ein grünsilbriges haariges Netz gebildet hatten. Hinter verschlossenen und mit rostigen Gittern geschützten Fenstern bewegten sich, kaum wahrnehmbar, rot-weiß karierte Gardinen, die jedes Hinlangen und Aufziehen sicher mit sofortiger Selbstauflösung quittiert hätten.

Mit der Nase an den Scheiben gelang uns durch einen Schlitz in den Vorhängen ein Blick ins verdunkelte Innere. Ein Tisch, der alte gemauerte Herd und das ärmliche Mobiliar waren mit einer dicken Staubschicht überzogen und ein Kerzenleuchter mit von vergangenen Sonnentagen verbogenen Kerzenstummeln wies auf den auch hier fehlenden Strom hin.

Die Alm gehörte einem Schulfreund von Dette. Damit dort einmal jemand nach dem Rechten schaute, hatte sie uns einen Schlüssel zur Innenbesichtigung mitgegeben, doch es gelang uns mit keiner Macht der Welt, den Schlüssel im Schloss zu bewegen. Jeder von uns versuchte sich daran und abwechselnd rieben wir uns unsere von allen Fehlversuchen wehen Finger. Auch zwei vorbeikommende Mountainbiker brachten den Schlüssel zu keiner Umdrehung und so blieb es bei einer enttäuschenden Außenbesichtigung.

Nach einem anstrengenden Anstieg erreichten wir die Alm von Sepp, der sich unbandig freute, dass ich ihn einmal in seiner bescheidenen Behausung besuchen kam. Der einzige Raum der Hütte glich einem Verschlag und ging ohne gemauerte Wand in den Kuhstall über, verfügte jedoch im Gegensatz zur Kerneralm über bedeutenden Luxus wie Solarstrom, Funkgeräte und ein in dieser Kammer unwirklich anmutendes modernes Fernsehgerät. Dafür gab es in dieser Höhe massive Probleme mit dem Trinkwasser, denn das musste erst aus einer Quelle gepumpt und dann noch weit im Eimer herangeschleppt werden.

Uns drängte die Zeit, und so verabschiedeten wir uns nach kurzer Rast. Nicht jedoch ohne vorher von meinem selbst angesetzten und mitgeschleppten Enzian zu kosten. Vor Wochen hatte mir der Bauer ein großes Stück Enzianwurzel gebracht, und nachdem ich sie tüchtig abgeschrubbt und von Erde befreit hatte, versenkte ich sie in eine leere Flasche und übergoss sie mit Korn. Das Gefäß hatte die Sommerwochen auf dem Brett vor dem Stallfenster verbracht und aus dem ehedem klaren Schnaps war eine dunkel honigfarbene Flüssigkeit geworden. Ich hatte den Ansatz ganz vergessen, und gerade, als wir auf der Alm losgehen wollten, fiel mir die Flasche in die Hände. Jetzt war ich gespannt, wie sich der Geschmack darin entwickelt hatte.

Der Schnaps floss in ein Glas und mutig probierten wir den ersten Schluck der stechend scharf riechenden Flüssigkeit.

»Der zieht mir ja den Zipfel rein«, war das Einzige, was Sepp noch rausbrachte, bevor er sich angewidert krümmte. »Lieber behalt ich mein Pansenreißen, als noch einen Schluck davon zu saufen.«

Der Sud schmeckte wirklich schauerlich, und selbst Sepp, der sonst nichts ablehnte, was er umsonst zum Trinken bekam, war zu keiner weiteren Kostprobe bereit. Ich fragte mich, was da schiefgelaufen war. Vielleicht hatte der Ansatz zu lange am Fenster gestanden. Alleine die dunkle Farbe unterschied meinen Enzian schon von anderen, und man konnte keinem böse sein, der den Genuss verweigerte.

Sepp hielt mich fest und nutzte den Abschied, um mir ins Ohr zu flüstern, das nächste Mal wüsste ich den Weg doch auch alleine. Es kostete einige Anstrengung, mich aus seinen kräftigen Armen zu winden und mich nicht erneut in seinen gebirgsseeblauen Augen zu verlieren.

»Der halbe Sommer ist schon rum«, rief er mir etwas zu wehmütig nach.

Florian rief zurück: »Da wird's die andre Hälfte auch noch ohne di packen.«

Wir lachten und liefen hinauf über das Wasserfelder Kreuz in Richtung Kammjoch. Flori sprang wie Heidis Geißenpeter voraus, um länger bei seinem Bruder zu sein. Ich war dankbar, dass er so zügig bergauf laufen konnte und sein angeschlagenes Herz die Anforderungen offenbar klaglos verkraftete. Wir Alten hasteten hinterher, vorbei an einer stark frequentierten stromlosen Kuhbürstenanlage aus Straßenfegerbesen und hinauf zum Gipfelkreuz.

Auch wenn es etwas wolkig war, hatten wir eine gute Fernsicht mit einem atemberaubenden Rundumpanorama in alle Himmelsrichtungen. Auf dem Gipfelplateau erklärten Tafeln den jeweiligen Ausblick und so konnte ich endlich einmal die Namen der nächstgelegenen Berge zuordnen. Großglockner, Schwarzenstein, Kernerkofel und Furchetta umgaben uns neben zahllosen schneebedeckten Gipfeln, die namenlos zu einem grandiosen Hintergrund beitrugen. Nachdem eine laute Menge lustiger Italiener den Berg nach diversen Gruppenfotos und Handytelefonaten geräumt hatte, genossen wir die Aussicht und die Stille ganz für uns alleine.

Unter uns lag die Bergspitzalm, deren altes Haupthaus im Lauf der Jahre mehrere Gebäude dazubekommen hatte und die schon von Weitem einen gepflegteren Eindruck machte als meine. Das Wort »meine« wirbelte mir durch den Kopf und ich bemerkte, leicht gerührt, wie leidenschaftlich ich mich mit der vor Wochen noch so fremden Welt in diesem Hochland identifizierte. Meine Alm, meine Buben, mein Herd und mein Brot. Alles war mir klammheimlich ans Herz gewachsen und zum ersten Mal spürte ich Angst vor dem Herbst und dem unweigerlichen Abschied in mir aufkeimen.

Ferragosto oder
Mein letzter Wille, die Sibylle

Irmis letztes Wochenende brach an und ihre Taschen standen gepackt im Zimmer. Mein Mann war gekommen, um sie abzuholen. Er zeigte sich beunruhigt über meine Verfassung. Das Einzige, was an mir noch gut aussah, war meine Hautfarbe, die nach den sonnigen Tagen in das satte Braun der Südtiroler Einheimischen übergegangen war. Das täuschte in Wahrheit gewaltig über mein derzeit völlig aufgelöstes Innenleben hinweg. Schon der Gedanke, dass ich in vierundzwanzig Stunden wieder alleine hier oben war, ließ die Tränen nur so fließen, und ich machte aus meiner Traurigkeit keinen Hehl.

»Die weint halt dauernd und isch zu empfindlich«, gab Dette beim Abschied von Irmi zum Besten und fügte noch eilig hinzu, »wärscht alleweil die bessere Sennerin gewesen.«

Fehlte nur noch, dass ausgehandelt wurde, Irmi solle im nächsten Jahr kommen und hier oben Regie führen. Mir blieb die Luft weg und ich widmete mich meinen Aufgaben. Die Berge von Abwasch, die sich aufgetürmt hatten, halfen mir über den ersten Schmerz hinweg, der nach getaner Arbeit umso intensiver über mich hereinbrach.

Nicht nur das Auseinandergehen machte mir jedes Mal das Herz schwer. Immer häufiger galt die Trauer den in Windeseile vergehenden Tagen. Unüberwindbar lange Zeitspannen, die anfangs wie tonnenschwere Felsbrocken auf mir lasteten, erschienen bereits jetzt als unwiederbringlich verloren. Die Zeit verflog, als lösten sich die Tage im Nichts auf, wenn der bereits herbstlich riechende Wind ihre Stunden, Minuten und Sekunden mit abgerissenen Halmen und welkem Grün hinunter ins Tal wehte.

Seit vorgestern hatten die Kühe ihre Nachtweide dicht vor unserem Haus. Alle anderen Flächen waren abgegrast und Mensch und Tier rückten im Erahnen des nahenden Sommerendes enger zueinander. Das unermüdliche Geläut der Kuhglocken drang mit dem Wind durch die Ritzen und noch tief in der Nacht raubte uns das wie ein Totenglöcklein klingende Schellen einer einzigen Kuh den dringend benötigten Schlaf.

Alle Kühe schliefen nachts und ihr Schnarchen schwoll in der Herde zu beachtlicher Lautstärke an. Nur diese eine Kuh konnte offenbar keine Ruhe finden und mit ihr auch wir nicht. Ich stand auf und ging hinunter. Auf Zehenspitzen lief ich vorbei an den mächtigen liegenden Leibern und suchte den Störenfried. Das ging einfach, und ich versuchte, mich vertrauensvoll der einzigen jetzt noch wiederkäuenden und damit unweigerlich bimmelnden Kuh zu nähern, um ihr die Glocke abzubinden.

Leichter gedacht als getan, denn als ich mich fast schon ganz an sie herangepirscht hatte, stand sie auf und setzte sich in Bewegung und mit ihr die umliegenden Tiere. Träge erhob sich ein schwerer Körper nach dem anderen und ich stand umringt und angestarrt von läutenden Kühen im Schlafanzug auf der nächtlichen Weide. Jetzt verfolgten viele Kühe meinen Rückzug mit gelangweilten Blicken und zur Seite geneigten Köpfen.

Immerhin war es mir gelungen, die Kuh Vera als Unruhegeist auszumachen. Auch diesmal war ich dankbar, dass niemand meiner schwachsinnigen Aktion zugeschaut hatte. Im Zimmer stieg ich ins Bett und zog mir die Decke über den Kopf, um allem Geläute zu entfliehen.

In der Nacht erschien mir meine Schwester Rosi im Traum, wie sie uns als Kinder geängstigt hatte, indem sie sich in der Dunkelheit hinter dem Vorhang im Kinderzimmer versteckte und mit schaurig verstellter Stimme ein Lied von einem Glöcklein und einem toten Hirtenknaben sang.

Droben stehet die Kapelle,
schauet still ins Tal hinab.
Drunten singt bei Wies und Quelle
froh und hell der Hirtenknab.

Traurig tönt das Glöcklein nieder,
schauerlich der Leichenchor.
Stille sind die frohen Lieder,
und der Knabe lauscht empor.

Droben bringt man sie zu Grabe,
die sich freuten in dem Tal.
Hirtenknabe, Hirtenknabe,
dir auch singt man dort einmal.

Präzise und klar drang ihre helle Kinderstimme in meinen Schlaf, verfehlte ihre quälende Wirkung nicht, und ich erwachte von meinem eigenen heiseren Geschrei. Meine Hand hatte den Vorhang am nahen Fenster ergriffen und zerrte gewaltsam daran und erst als der Stoff zu reißen drohte, kam ich zu mir. Ich ließ mich auf mein Kissen fallen und rang nach Luft.

Als ich wieder einschlief, träumte ich erneut. Alle Mitglieder der Bauersfamilie rissen sich um eine Pfanne mit einem Rest fingerkurzer Rostbratwürste und machten sich dabei mit Gabeln das Essen streitig. Die Sache eskalierte, und ich erwachte erst, als eine Gabel mit schwarzem Holzgriff senkrecht in der zitternden Hand von Alfons steckte. Nun war also die rostige Gabel mit schwarzem Griff dran, die sich meine Schwester Gisela einmal blindwütig selbst in den Fuß gestochen hatte. Statt zum Spielen zu dürfen, musste sie das Erdbeerbeet damit jäten, und nach getaner Arbeit rammte sie sich die Gabel eigenhändig in den Fuß.

Das reichte mir für diese Nacht. Um weiteren quälenden Träumen zu entfliehen, stand ich lange vor der Zeit auf und ging nach draußen. Hier konnten sich Nacht und Tag noch nicht entscheiden, wer wem die Bühne zu überlassen hatte und wer die Hauptrolle übernahm. Nur zögerlich verfärbte sich im Osten der Himmel und tauchte die Felsen in grafitgraues Licht. Ich zog mir meine Jacke fester um die Schultern und lief ein Stück los.

Was auch immer das in mir war, wusste ich nicht, Hauptsache es wirkte, denn sobald ich die Hütte hinter mir hatte, fiel vieles von mir ab, und alles Belastende war rasch vergessen. Bei jedem Schritt erholte ich mich, sodass es bei jeder Rückkehr zum Haus einen Neuanfang gab. Das war für mich eine große Gnade. Auch jetzt zog mich die Natur in ihren Bann und die schweren Träume der Nacht verscheuchten, das aufkommende Licht.

Ein Meer von blühendem Heidekraut tauchte die Almwiesen in die fünfte dominierende Farbe des Sommers und nach weißem Schnee, blauem Enzian, gelber Arnika und grüner Wiese gab jetzt Lila den Ton an. Durch den Regen hatten sich in den Senken Wasserlachen gebildet, in die über Nacht Frösche, Molche und Salamander eingezogen waren, um sich zu paaren. Wie in der Bibel schienen sie, vom Himmel gefallen zu sein, und belebten jetzt unsere Pfützen.

Die Faszination, ein so kleines Stück Land über einen langen Zeitraum intensiv beobachten zu können, riss bei mir nicht ab, und ich entdeckte täglich Neues auf unserer kleinen, noch grünen Insel über den Wolken.

Auf dem Weg zurück ins Haus begegnete ich meiner Enzianflasche, die ich wieder ans Fenster gestellt hatte, und nahm sie mit nach drinnen. Jetzt am Morgen war natürlich nicht daran zu denken, davon zu trinken, aber die Gelegenheit zu einer erneuten Probe bot sich schon wenig später, als drei oft gesehene Gäste zum Kartenspielen auf der Alm erschienen.

Der vierte Mann, ein auf Anhieb sympathischer Kerl, kam aus Deutschland. Er erzählte mir, seine Frau, mit der er gemeinsam in der Nähe von München lebte, hätte leider keinen Urlaub bekommen. Dabei zwinkerte er mir zu.

Die klassische italienische Ferienzeit um Ferragosto, dem 15. August, war angebrochen. Auch Michel, der ewig Bier trinkende Kranführer aus der Stadt, hatte den Urlaubstag genutzt, um auf die Alm zu kommen. Freudig bot ich den Herren nach dem Essen meinen Schnaps an, aber bereits die ungewöhnliche Farbe löste verständliche Skepsis aus. Nur Michel ließ sich zu einem Glas überreden, und mit der Versicherung, er trinke das nur aus Liebe zu mir, kippte er einen Schluck hinunter.

»Finger weg vom Alkohol«, war das Einzige, was er noch herausbekam, bevor er sich angewidert zu übergeben drohte. Die Kinder lachten herzlich über sein Theater, und ich kam nicht umhin, erneut selber zu kosten.

Keine Arznei der Welt konnte jemals so bitter sein. Ich war versucht, die Brühe auf der Stelle in den Ausguss zu kippen. Wer wusste schon, was das für eine Wurzel gewesen war, und wenn sich Johann in der Botanik so gut auskannte wie mit den Namen der Berge, war es schlecht um uns bestellt.

Lange blieb nicht Zeit, sich darüber den Kopf zu zerbrechen, denn draußen wurden Stimmen laut und nach einer Vorhut von zwei Ehepaaren bevölkerte Minuten später eine daseinsfreudige, aufgedrehte Gruppe von sechsunddreißig Italienern die Terrasse. Ich rief Bernadette im Tal an, und als sie endlich mit Alfons angetuckert kam, hatten sich noch dreißig Gäste verschiedener Nationalitäten dazugesellt.

Jetzt bekam sogar Dette Panik und sie rief aufgelöst bei der feinen Tochter an. »Du muscht kimma, sofort, pronto«, stöhnte sie in den Hörer. Nur leider konnte die feine Tochter nicht kommen, denn sie hatte kein Auto. Mit dem war der Gatte unterwegs, um am Laurentiusstein das Kreuz neu aufzurichten, damit es am Sonntag zur Bergmesse prächtig dastand.

Das half uns jetzt auch nicht weiter, und wir kämpften uns wacker durch die Bestellungen wie zwölf Espressi auf einmal. Herzustellen in der Urform aller italienischen Espressomaschinen, der Alukanne für maximal vier Tassen, und das alles auf dem Holzfeuer.

Binnen Minuten sah es in der ehemals aufgeräumten Küche aus wie auf dem Schlachtfeld. Für einen solchen Ansturm langten weder Teller noch Gläser und Bestellungen wie Weizenbier konnten erst serviert werden, wenn ein anderer Gast sein Glas ausgetrunken hatte. Dann wurde es kurz ausgeschwänzt, also kalt ausgeschwenkt, und neu gefüllt.

Die vier Kartenspieler orderten aus Mangel an sauberen Gläsern jetzt nur noch Flaschenbier und bestellten zu Fleiß mitten im größten Tumult noch ihr Mittagessen. Die plötzliche Zufuhr von fester Nahrung in einen seit Stunden an Trinkbares gewöhnten Körper half auch nicht mehr viel, den Alkoholpegel zu senken, und so ging man sofort nach dem Essen wieder auf flüssige Kost über. Zu allem, was ich zu bringen hatte, sangen sie mir vierstimmig »Sag Dankeschön mit roten Rosen« und versuchten unentwegt, Liedzeilen zu erfinden, die sich auf Sibylle reimten. Runde um Runde wurde erneut ausgespielt und der erste Kasten Bier war geschafft.

Dette und ich hangelten uns durch die Bewirtung der restlichen Almgäste und irgendwann waren auch die Letzten verköstigt und vom Berg verschwunden.

Bis auf unsere Kartenspieler, deren Worte immer derber und deren Stimmen immer lauter wurden, war die Alm jetzt verlassen, und der Abend brach herein. Immer wieder blies einer der Männer zum Aufbruch, weil man ja noch zu einem Preiswatten in den Gasthof nach Bergau wollte und hier sozusagen nur zum Warmspielen saß. Und immer wieder zahlte einer eine neue Runde und man blieb sitzen.

Das schier unerschöpfliche Rosenliederrepertoire wurde zügig erweitert und nach »Weiße Rosen aus Athen« bekam ich auch noch »Für dich soll's rote Rosen regnen« gegrölt. Es folgten die obligatorischen Sprüche, wer von ihnen in der Nacht zuerst in meiner Kammer schlafen werde, und ich bedankte mich herzlich, dass sie netterweise hintereinander kommen wollten, um mich nicht alle auf einmal zu beehren.

Dette war längst nach Hause gefahren, und die Kinder lagen schläfrig auf der Bank, als ich die alten Saufbolde überreden konnte, das nächste Bier auf der Terrasse zu trinken und Frischluft zu tanken. Als sie sich endlich verabschiedet hatten, schloss ich beherzt die Tür hinter ihnen und kündigte die Hüttenruhe an. Eine Zeit lang hörte ich sie noch draußen singen, denn endlich war einem von ihnen ein passender Vers auf Sibylle eingefallen: »Mein letzter Wille, die Sibylle«, schallte über die nächtlichen Almwiesen.

Feiertagsalarm oder
Alles doppelt und dreifach

In der Nacht hatte es gewaltig geregnet. Als die Tropfen am Morgen immer noch laut auf die Dachschräge fielen, freute ich mich wie nie zuvor über das nasse Wetter. Endlich würde es mal keine Wanderer geben und vielleicht erwartete uns ein stiller Tag auf der Alm.

Der Wunsch ging in Erfüllung und ich war glücklich über die Auszeit und den Frieden. Vom vergangenen Tag war noch genug aufzuräumen und die versprengten Menschen, die im strömenden Regen von München nach Venedig unterwegs waren und bei uns Unterschlupf suchten, boten eine willkommene Abwechslung.

Inzwischen machten sich neben der italienischen Ferienzeit auch die Schulferien in Bayern bemerkbar. Als Erste am Morgen kamen zwei nette Abiturienten aus dem Fränkischen zu Besuch. Sie waren bis dahin die Wanderer, deren Zuhause am nächsten zu meinem Wohnort lag. Abgesehen davon, dass ihnen unsere Milch nicht schmeckte, hatten wir es gemütlich. Das sei mit Abstand die schlechteste Milch, die sie bisher auf einer Alm getrunken hätten, doch ich blieb gelassen über das vernichtende Urteil. Den schlechtesten Enzian ihres Lebens hätte ich ihnen auch noch gleich anbieten können, aber alleine das Vorzeigen der Flasche langte wieder für eine nachdrückliche Verweigerung des edlen Tropfens.

Als Trost für die miserable Milch ließ ich die beiden ohne Bezahlung weiterziehen und schenkte ihnen noch ein ofenwarmes Stück Brot, das ich soeben fertig gebacken hatte. Wenn die das auf allen Almen so machten, kamen sie billig über den Weg.

Kurz darauf erschien eine Wandergruppe aus Kaiserslautern, die es sich nicht nehmen ließ, mir das aus Sicht des Clubs vergeigte Fußballspiel Nürnberg gegen Kaiserslautern in allen Einzelheiten unter die Nase zu reiben. Gerne hätten sie mir die entscheidenden Szenen vorgespielt, aber ich log und behauptete, wir hätten keinen Ball.

Absolut perplex waren sie dagegen, dass ich schon von der Niederlage des Clubs wusste, und ich gab dieser nervigen Schar zu bedenken, dass wir hier vielleicht näher am, aber doch beileibe nicht hinter dem Mond lebten und dass auch auf der Alm bereits

Radio und Telefon erfunden waren. Nachdem unsere Heidi ihnen unversehens ein Gewöll aus lebenden Würmern vor die Füße gekotzt hatte, war ich der armen Katze ausgesprochen dankbar und die Herrschaften endlich wieder los.

Der Tag bot noch Gelegenheit zu meinem zweiten Mittagsschlaf der Almzeit, aus dem mich das Telefonklingeln unsanft weckte. Dass es mein Sohn aus Australien war, entschuldigte die Störung beim ersten Wort. Fast auf den Tag genau hatten wir uns sechs Monate nicht gesehen, und ich freute mich über die Maßen, seine Stimme zu hören. Die Kuhglocken klangen via Satellit bis Sydney, und wir waren glücklich über die Technik, die das ermöglichte.

Am nächsten Tag war Feiertag. Mariä Himmelfahrt oder auch Ferragosto, der italienische Familientag schlechthin. Jeder ging mit einem Blumenstrauß in die Kirche, der dort geweiht wurde, und im Dorf gab es eine Prozession.

Von all dem waren wir weit entfernt. Nur Alfons kam mit einem geweihten »Buschen« für seine Frau auf den Berg. Es war ein einfacher Blumenstrauß aus dem eigenen Garten und Bernadette, nicht täglich mit Blumen verwöhnt, nahm ihn gern entgegen. Auch ich bekam einen Zweig mit vier Edelweißen, auf Tannengrün gebunden und extra für mich geweiht. Wie rührend, dass Alfons an mich gedacht hatte. Das Wetter war göttlich, wie es für eine Himmelfahrt nicht schöner sein konnte, und dementsprechend erhob sich die Bevölkerung des Tals, um der Alm einen Besuch abzustatten.

Schon am späten Vormittag waren Hütte und Terrasse komplett besetzt, einschließlich der umliegenden Almwiesen. Wir rannten uns die Hacken ab, um den gewünschten Bestellungen gerecht zu werden, aber bald ging nichts mehr. Das Essen war nach kurzer Zeit aus, genauso wie Gläser, Besteck und Teller.

Für den kommenden Sonntag, den mit der Bergmesse, war es eine missratene Generalprobe. Ich dachte mit Schrecken daran, wie wir den Kloßteig in der Wäschewanne zubereiten würden, und hoffte auf gutes Wetter, damit sich nicht das halbe Dorf bei uns in der Stube tummelte.

An solchen Tagen verschwand Bernadette immer wieder mit der Geldtasche. Wenn ein oder gar mehrere Scheine darin waren, hielt sie es nicht mehr aus und verstaute den Inhalt irgendwo in ihrer Schlafkammer. Sie hatte andauernd höllische Angst, bestohlen zu werden, und vermutete in erster Linie bei den Italienern nur Übles. Das fortwährende Ausleeren der Börse hatte zur Folge, dass sie jedes Mal, wenn ein Gast mit fünfzig Euro oder mehr bezahlen wollte, wieder nach oben laufen musste, um Wechselgeld zu holen. Das Geldlager der Bäuerin war gut versteckt, also musste sie selber rennen, und die Kinder machten sich lustig, wenn ihr davon der Schweiß auf der Stirn stand.

Als endlich wieder Ruhe einkehrte und alle gegangen waren, hatten wir beim abendlichen Durchzählen der Tiere plötzlich eine Kuh mehr. Statt den Feierabend einzuläuten, zählten und zählten wir, aber das Ergebnis blieb dasselbe. Kurz bevor wir die Nachtweide noch einmal aufmachen wollten, um die Kühe einzeln wieder einzutreiben, entdeckte Florian das fremde graue Vieh. Es gelang uns, die Kuh zu fangen und in den Stall zu treiben.

Ich war mal wieder mächtig stolz auf uns und empfand es als Jammer, dass jetzt, wo wir so ein eingespieltes Team waren, die Almzeit zu Ende ging. Eigentlich hätten wir sofort in die USA oder sonst wohin reisen müssen, wo unsere Talente, aus kolossalen Rinderherden einzelne Tiere herauszufangen, geschätzt und vor allem bezahlt würden.

Nachdem wir die umliegenden Senner telefonisch über unseren Neuzugang informiert hatten, sponnen wir noch lange aus, wie gut es uns als Viehhirten woanders ginge. Ich war erleichtert, dass die Jungen zumindest von Cowboys in Amerika schon etwas gehört hatten.

Am nächsten Morgen meldete sich ein Bauer aus einem entfernten Weiler, der die Kuh suchte. Sie war ihm bei einem Weidewechsel unbemerkt abhandengekommen, und ich bewunderte still meine guten Hirten, die der Verlust eines Tieres niemals hätte schlafen lassen.

Nach dem Melken und dem Frühstück machte sich Tobias mit dem störrischen Vieh am Seil auf den Weg, um dem Bauern entgegenzulaufen. Bis er wiederkam, war es fast Mittag, und an seinem langsamen Schritt und daran, wie er den rechten Arm hielt, sah ich schon, dass etwas passiert sein musste. Unterwegs war er der immer hastiger werdenden Kuh nur stolpernd nachgekommen und gestürzt. Ganz blass hielt er seinen Arm an sich gedrückt und ließ mich nur zögerlich danach schauen. Um zu sehen, dass der

Arm gebrochen war, brauchte es keinen Doktor. Vorsichtig bettete ich Tobias, so gut es ging, auf der Eckbank zum Ruhen.

Wieder einmal musste ich Dette anrufen und um Hilfe bitten, und dieses Mal hielt sie mit ihrer Empörung über unsere Unfähigkeit nicht länger hinterm Berg. »Dich zu kennen heißt, auf Dornen in den Himmel zu gehen«, schrie sie in mein Ohr. Sie brüllte und tobte und wollte mir weismachen, der Arm käme auch so wieder in Ordnung. Einen Sommer wie diesen mit mir würde sie kein zweites Mal mehr aushalten.

Ich hörte mir alles an und sagte in ruhigem Ton, dass ich dann jetzt, nachdem ich aufgelegt hätte, die Bergrettung rufen würde.

Das war zu viel des Guten, und sie kündigte mir an, in kurzer Zeit selber bei uns zu sein … eigentlich könnte ich dann auch gleich meine Koffer packen und mit ihr und dem erfundenen Kranken zum Bahnhof fahren.

Ich ließ die Tür weit offen und ging in mein Zimmer. Nach einiger Zeit fuhr ein Auto vor, Türen schlugen und der Wagen fuhr wieder weg. Tobias war wortlos abgeholt worden, und genauso wortlos stand er am Abend plötzlich wieder in der Stube. Ein blütenweißer Gips zierte seinen Arm vom Handgelenk bis fast zur Schulter. Florian und mir wurde bei diesem Anblick sonnenklar, dass ab jetzt noch mehr Arbeit auf uns wartete.

Da tröstete mich auch nicht der widerliche Kranewitterschnaps, zu dem mich zwei ältere Männer einluden. Die rüstigen Dörfler waren oft bei mir auf der Alm und hatten ein freundliches Interesse an der Arbeit ihrer Amalia, wie sie mich immer liebevoll nannten. Es war lustig, wenn die beiden hier waren. Nur mit ihrem Wacholdergebräu konnten sie mich jagen. Da trank ich doch lieber meinen Enzian, egal, ob es einem dabei das Hemd aus der Hose zog oder nicht.

Der Sonntag mit der Bergmesse rückte unaufhaltsam näher und die Vorbereitungen für den Festtag liefen auf Hochtouren. Stündlich wurde der Wetterbericht für das Wochenende im Radio abgehört und aus Wolkenformationen, Wind und jahrelangen Erfahrungen versucht, eine sichere Vorausschau zu entwickeln.

In mir bohrte die Frage, wie weit man ohne Kühlung oder gar Möglichkeiten zum Einfrieren ein Fest mit unbekannter Gästezahl vorbereiten konnte, das eventuell bei schlechtem Wetter auch noch um eine Woche verschoben wurde.

Ich schob die Gedanken beiseite, hielt ich mich gewollt aus Wetterprognosen und Einkaufslisten heraus und arbeitete mich stattdessen durch alle möglichen Arten von Teigen. Strudelteig, Brotteig und Teig für Unmengen Speckknödel glitten durch meine Hände. Mir fehlte die Vorstellung, wer das jemals essen sollte.

Nach getaner Arbeit reiste die Familie wieder nach Hause und bereits um acht Uhr lagen beide Kinder auf der Eckbank und schliefen.

Dass die beiden es einträchtig nebeneinander aushielten, war mittlerweile ein außergewöhnlicher Anblick geworden, denn im wachen Zustand zankten und fluchten die beiden so gotterbärmlich, dass sich keiner mehr zu helfen wusste. Wie sie es während der Arbeit und auf der Weide miteinander aushielten, bekam ich nur gelegentlich mit. Wenn sie jedoch in meiner Nähe waren, hörte ich vom Wecken bis zum Gutenachtsagen fast nur noch Streit.

Johann lachte nur: »Muscht halt zurechtkommen mit den beiden.«

Leichter gesagt als getan. Selbst die eingeführte Strafe von zehn Cent pro Kraftausdruck, außer Scheiße und Arschloch, denn das gab es schließlich bei jeder Kuh, half nur manchmal. Lieber wurde gezahlt als verzichtet.

Die Situation ähnelte immer mehr den Zuständen auf einem Schiff auf hoher See. Die Menschen darauf mussten miteinander auskommen, und obwohl wir von so viel Weite und Weide umgeben waren, konnte aus unserer Gruppe keiner heraus. Selbst bei den vielen Wegen, die die Alm kreuzten, ein auswegloses Unterfangen. Länger als drei Monate ohne drakonische Maßnahmen war das schwerlich zu ertragen.

Bis Samstag hatte ich Küche und Haus, so gut es ging, auf den Ansturm der Besucher vorbereitet und sogar eine regenfreie Stunde zum Putzen der Fenster genutzt. »Das sind die Arbeiten, die keiner sieht« war eine alte Familienweisheit aus meinem Elternhaus. Jetzt wartete ich darauf, dass Doris eine halbe Stunde, nachdem ich fertig war, zum Lappen griff, um die Fenster zu putzen. Das hatte sie bereits einmal getan, ohne im Entferntesten zu merken, dass es nicht eine Spur zu putzen gab. Auch diesmal würde ich sie wortlos gewähren lassen.

Am späten Vormittag rückte die Familie vollgepackt mit den Einkäufen für das Fest an. Vom Donner gerührt sah ich, was man alles im Supermarkt besorgt hatte. Kiloweise Gulaschfleisch, ein schwerer Sack Zwiebeln, Kartoffeln und zweihundert getrocknete Brötchen für Knödelteig hielten Einzug auf der Alm. All das hatten wir am Vortag schon einmal verarbeitet, und Bernadette rückte munter damit heraus, dass sie den gleichen Einkaufszettel wie Manuel auch ihrem Schwiegersohn ausgehändigt hatte, sodass einschließlich Klopapier jetzt alles doppelt da war.

Letzteres ließ sich verschmerzen, aber der Rest führte bei mir zu Wut und Verzweiflung. Stundenlang hatte ich gestern Gulasch, Zwiebeln, Knödelbrot und Äpfel geschnitten – und jetzt das alles noch einmal neu. Mein Vorschlag, das Fleisch unten roh einzufrieren, wurde abgelehnt, und damit begann die ganze Kocherei von vorn.

Mitten in der Arbeit erkundigte sich die feine Tochter Doris, was es heute eigentlich zum Mittagessen gebe.

»Kartoffelsuppe«, antwortete ich, den unübersehbaren Sack mit Erdäpfeln im Blick.

Sie dächte da eher an Pizza, gab sie mir lächelnd zurück.

»Au fein, Pizza«, schrien die Kinder.

Bernadette beschied: »Dann machste halt Pizza.«

Ich fiel aus allen Wolken. In diesem Chaos und in der zwischenzeitlich voll besetzten Gaststube Pizza für zehn Personen zu machen, hielt ich für reine Schikane. Mein Einwurf, dass ich hier angeblich die Sennerin war und zu sagen hatte, was es mittags gab, ging im Pizza-Pizza-Geschrei der Kinder nahezu unter, und Doris warf mir nur zu, mit so einer unbelastbaren und empfindlichen Frau rede sie in Zukunft niemals mehr.

Das wäre mir zweifellos nur recht gewesen. Doch inzwischen begann mir die Idee mit der Pizza zu gefallen und ich machte mich ans Werk. Und wie!

Mangels einer freien Fläche bat ich zwei einzeln sitzende Frauen, an ihrem Esstisch ein Stück zu rutschen. Nachdem sie bereitwillig nachgegeben hatten, ahnungslos, worauf sie sich da einließen, baute ich meine Zutaten neben ihnen auf. Im Handumdrehen hatte sich der Tisch in den Arbeitsplatz eines Pizzabäckers verwandelt und zwischen Backbrett, Salami, Hefeteig und Blechen aßen die Damen schweigend ihre Speckknödelsuppe.

Jetzt war es die Bauersfamilie, der der Mund offen stand, aber ich werkelte munter drauflos. Von einem Nebentisch ging die erste Pizzabestellung ein, doch zuvor bat ich eine der Frauen, mir kurz zu helfen und die fertig belegte Pizza aufs Backblech zu hieven. Selbst das war ihnen inzwischen einerlei. Beide waren froh, ohne Tomatensoße und Vorderschinken auf ihren schicken Wanderhosen diese Hütte fluchtartig zu verlassen.

Beeilt hatte ich mich bei dieser Aktion keineswegs, und gegen halb drei, statt um zwölf, konnte das erste Blech Pizza genossen werden. Mir war schon bewusst, dass drei kleine Backbleche Pizza für zehn hungrige Südtiroler, die seit Stunden aufs Mittagessen warteten, nicht ausreichten. So erlaubte ich den Hirten und mir, gleich beim ersten Blech ordentlich zuzulangen.

Mehr als einmal hatte die Familie das von mir gekochte Essen vorab verspeist. Bevor ich überhaupt am Tisch saß, war das meiste verschwunden. Zumindest aus dieser Erfahrung war ich seitdem klug geworden.

Der Nachmittag und der Abend nahmen nach all den Querelen doch noch einen unerwartet freundlichen Verlauf. Die Pizza wurde hochgelobt und war in Minuten vergriffen. Um den restlichen Hunger zu tilgen, spendierte Bernadette reichlich vom frisch gebackenen Sonntagskuchen und am Abend wurde sowieso wieder gekocht. Es gab Milchreis. »Daaas« Lieblingsessen meiner Jungs. Jeder von den beiden schob schon nach einem Löffel angewidert seinen Teller von sich. Ich konnte das gut verstehen. Man aß ihn hier mit Olivenöl, Zucker und Zimt.

Bergmesse am Bergauer Kreuz und Lissi auf dem Traktorsitz

Der Bergmessensonntag brach um halb sechs an und das Klappern von Pfannen und Töpfen drang in meine für diese Stunde noch selten düstere Kammer. Dort, wo sonst die Morgensonne ihre ersten Strahlen aus dem Osten schickte, drückten sich nun dunkle Wolken und Nebel am Fenster vorbei. Das ließ regnerisches Wetter ahnen, und ich mutmaßte, dass das Fest in der Stube stattfinden musste. Das viele Beten um Sonnenschein für den Höhepunkt der Almzeit, die Bergmesse am Bergauer Kreuz, schien vergebens, und ich drehte mich enttäuscht vom Fenster weg. Mit keiner Silbe dachte ich daran, schon in die allgemeine Hektik unter mir einzugreifen. Gestern hatten sie meine Arbeitskraft drei Stunden zum Pizzabacken freigestellt, dann sollten sie jetzt auch ohne mich ihre Krapfen machen.

Einschlafen konnte ich bei dem Lärm nicht mehr und so erschien ich doch wie jeden Tag kurz darauf auch an diesem Sonntag zur Arbeit. Die Stube hatte sich in eine Großküche verwandelt und ich fand nur mit Mühe noch einen Platz für unser Frühstück.

Ich genoss die Mahlzeit in der Befürchtung, dass es sich um die Ruhe vor dem Sturm handelte. Und siehe da, sobald der Tisch abgedeckt war, kamen die ersten Gäste. Es waren die Mitglieder der ortsansässigen Vereine, die den Altar und alles für die Musikkapelle aufgebaut hatten.

Gänzlich verwirrt erschien auch der vom Alkohol schwer gezeichnete Senner der Maiwaldhütte, einer unserer Nachbaralmen, zu der ich es seit meiner Ankunft nicht geschafft hatte. Es war halb sieben am Morgen, und er wartete bereits darauf, dass die Messe begann. Dass die erst für zwölf Uhr geplant war, nahm er persönlich und stieß in seinem Delirium schwere Flüche über uns aus. Unter anderem sollten uns Blitz und Hagel treffen, die gleich und sofort kommen würden, das spüre er in seinen Gliedern.

Dette bot ihm noch spendabel von meinem Kaffee an, den er schon im Vorhinein aus seiner mit Scheinen prall gefüllten Geldbörse bezahlen wollte. Bis der Kaffee kam, wartete er nicht, sondern verließ unter »Gewitter, Gewitter, schwere Gewitter« gerufenen Flüchen die Hütte.

Ab da ging es Schlag auf Schlag und die Dorfbewohner fielen bei uns ein. Die, die heraufgelaufen waren, mussten sich vor dem Gottesdienst stärken, und der Schnaps floss auch in dieser frühen Stunde Runde um Runde in die Stamperln.

Dettes Bruder brachte den Pfarrer auf dem Traktor mit nach oben, in wehendem Talar und Stola war er ein Anblick für sich. Um halb zwölf durfte ich mit meinen frisch gewaschenen und ordentlich gewandeten Buben zum Gottesdienst.

Schon von Weitem sah man das hohe Kreuz mit doppeltem Querbalken, an dem zu meinem restlosen Erstaunen eine lange Südtiroler Fahne wehte. Selbst diese Gelegenheit zu christlicher Einkehr wurde zur politischen Äußerung genutzt. Italien ging den Menschen um mich herum sonstwo vorbei, und das zeigten sie auch gerne in der Kirche.

Die Gemeinde war festlich herausgeputzt und ich freute mich über viele Begrüßungen und Einladungen zum anschließenden Frühschoppen. Auch die Senner waren versammelt, die Familien von Tobias und Florian und natürlich viele Einheimische, von denen mich nun fast alle kannten.

Die Blaskapelle spielte, der Chor sang, die Schützen schossen, nur der Pfarrer war schlecht zu hören. Er predigte Unverständliches über die Tradition des Pilgerns und den in der Nähe verlaufenden Zweig des Jakobsweges.

Während der Wandlung öffnete der Himmel seine Schleusen und entließ einen heftigen, eiskalten Guss auf die Gemeinschaft, die das mit geschäftigem Treiben quittierte. Decken wurden über die Köpfe gezogen, Regenjacken ausgepackt, und der Pfarrer verschwand mit all seinen Kelchen komplett unter einem überdimensionalen regenbogenfarbigen Schirm, der ihn vor dem Schlimmsten bewahrte.

Viele nutzten offenbar das Durcheinander, um beizeiten die Grillstation und den Bierausschank zu erreichen, denn nach dem Schauer waren die Reihen deutlich gelichtet. Selbst der Chor war sichtbar dezimiert und bemühte sich, um die Hälfte geschrumpft, Hochwürden gesanglich zu unterstützen und Haltung zu bewahren.

Der Regen verging so schnell, wie er gekommen war, und ehe das letzte Halleluja verklungen war, hatte jeder sein Bier in der Hand.

Die Buben waren glücklich über den freien Nachmittag und zogen, von Dette mit reichlich Essensgeld ausgestattet, zu den Ständen.

Ich schlich mich von hinten an den Grill und bekam, ohne anstehen zu müssen, ein Mittagessen für die auf der Alm Gebliebenen eingepackt. Obwohl mich viele drängten, noch zu bleiben, ging ich lieber zurück zur Arbeit und genoss den vermutlich letzten ruhigen Weg dieses Tages.

Ich behielt recht, denn die Hütte platzte aus allen Nähten. Die Schlauen unter den Gottesdienstbesuchern hatten sich ein Plätzchen im Trockenen gesichert, bevor der nächste Schauer heranzog. Und der kam, so sicher wie das Amen in der Kirche.

Ab jetzt hätten wir die Leute in der Gaststube gut auch übereinandersetzen und stapeln können. Unser Bemühen, irgendeine Bestellung zeitnah zu beliefern, war vergebens, und es entstanden ellenlange Wartezeiten, die mit gleichmütiger Geduld ertragen wurden. Ehe man sich's versah, waren die Speckknödel vergriffen, und noch einmal drangen meine Arme in eine für Kompanien geeignete Menge an Knödelteig. Nun machten sich die vielen Stunden der Vorbereitung bezahlt und von dem doppelten Einkauf blieb nur wenig übrig.

Babys schrien und wurden gestillt, Kinder lachten, Frauen ratschten, Männer spielten Karten und die Alten belagerten den Pfarrer. Für jeden war etwas geboten. Es herrschte eine fröhliche, ausgelassene Stimmung.

Dette strahlte und räumte das Geld beiseite und zwei Frauen halfen sogar beim Abwasch.

Gegen Abend zwang ein drohendes Gewitter die Besucher zum überstürzten Aufbruch. Binnen Minuten war kein Fremder mehr zu sehen. Die Alm und wir atmeten auf.

Wir aßen zu Abend und sprachen über den Tag. Jeder hatte andere Neuigkeiten erfahren. Nicht immer gute. Ein Säugling war am plötzlichen Kindstod gestorben und unten in der Kirche aufgebahrt. Wieder ein ungewöhnlicher Tod in dieser kleinen Dorfgemeinschaft, der kaum anders hingenommen wurde als eine verhagelte Wiese. Jetzt hing das mit hauchzartem Tüll überzogene Totenbildchen an der Holzwand. Direkt neben einer Postkarte von einem Wanderer, auf der sich eine nackte Badenixe an einem italienischen Adriastrand räkelte.

Vermisst wurde außer dem Horners Loisl niemand, aber einer wusste zu berichten, der sei im Suff mit dem Moped hingefallen und liege seitdem im Spital.

Dette war müde, schickte die Buben ins Bett und verzog sich mit dickem Portemonnaie ins Tal.

Die zwei Jungen waren jedoch schneller wieder an meiner Seite als gedacht, denn gerade als ich die Hütte zusperren wollte, kamen vier Männer vom Kirchenchor mit den Bierbänken auf dem Traktor vorbeigefahren. Dass wir noch Licht anhatten, galt als Einladung zur Einkehr und der ruhige Teil des Abends war bis weit nach Mitternacht vorüber. Das am Morgen noch so geistliche Liedgut wechselte rasch zu schamlosen Weisen. Mein mangelndes Repertoire an Biertischliedern wurde umfänglich erweitert. Besonders »Lissi, Lissi, Lissi, komm ein bissi, bissi, bissi« … mit an die verschiedensten Orte zum immer gleichen Höhepunkt … hatte es ihnen angetan. Die Anzahl der Strophen schien endlos. »… mit auf die Leiter, da mach mer weiter« war ja noch harmlos, aber die arme Lissi durfte nach dem Traktorsitz auch noch auf den Rasen, und was sich darauf reimte, war kaum noch für Hütebuben jugendfrei. Nachdem sie die meisten Strophen textsicher mitsangen, drückte ich ein Auge zu, und sie durften bleiben.

Irgendwann hatte ich genug von all den Liedern über Rindviecher und was die Männer in den Hosen hatten, und stellte den Bierausschank ein. Jetzt versuchten es die Herren mit feierlichem Ernst, und es wurde wieder christlich. Aber ich ließ mich auch nicht mehr durch einen vierstimmigen Kanon von »Der Herr segne und behüte dich« umstimmen. Selbst nachdem die Notenblätter noch einmal ausgeteilt wurden, um dem Konzert mehr Ausdruck zu verleihen, blieb der Gesang jämmerlich, und ich blieb hart.

Draußen hatte es angefangen zu schneien und die vier begannen ihre einige Kilometer lange Abfahrt auf einem Traktor mit voll beladenem Anhänger. Drei verzogen sich sofort ins Führerhaus und der Vierte nahm auf der Ladefläche stehend und singend von uns Abschied. So zockelten sie betrunken in die verschneite Nacht.

Ich warf drei Hände Weihwasser hinter ihnen her und hoffte, dass der Allmächtige auch diese Fahrt segnen und behüten werde, was er auch tat.

Wie wir am Morgen von Dette am Telefon erfuhren, hatten sie, unten angekommen, die restlichen Bierflaschen von der Ladefläche geleert und waren gemeinsam gut nach Hause gekommen.

Nachdem die Spuren des nächtlichen Gelages beseitigt waren, hatten Tobias, Florian und ich die Alm für uns. Das Wetter war ein einziges Trauerspiel und vor Regen und Nebel sah man nur ein paar Schritte weit. Wir ließen die Tiere auf der Nachtweide und ruhten uns endlich einmal aus.

Bei den Kindern trieb die Langeweile Blüten. Sie verbrachten den Vormittag damit, verschiedene Fliegenfänger zu basteln, aber weder das Modell »Honig auf Wachstuchstreifen« noch »Pappiger Mehlbrei auf Holzscheit« brachte den erwünschten Erfolg. Auch Florians Idee mit doppelseitig geklebtem Tesafilm entpuppte sich als nutzlos und die leidigen Fliegen sorgten sogar noch für Nachwuchs auf den klebrigen Kunstwerken der Kinder. Da half nur das radikale Durchgreifen von Florian und er erlegte geschwind eine Untertasse voll der lästigen Viecher mit der altbewährten Fliegenklatsche.

Allerdings nahm der bis dahin ungewohnt stille und besucherlose Tag danach eine beeindruckende Wende. Ich bekam Schmerzen im Brustkorb, und die waren heftig! Bei jedem Luftholen durchzuckte mich ein Stechen, dass mir das Herz zu zerreißen drohte. Vor Angst gelang mir kein tiefer Atemzug mehr. Wieder wurde mir die versorgungs- und hilflose Alleinlage der Alm bewusst und ich konnte nur mit Mühe die aufkommende Panik unterdrücken. In für dieses Mal absolut ernst zu nehmendem Ton gab ich den Kindern klare Anweisungen, was zu tun sei, wenn es mir noch schlechter ginge, und riet ihnen, auch von dem Anruf beim Rettungshubschrauber nicht zurückzuschrecken.

Ich zwang mich zur Vernunft. Solche Zustände, fiel mir ein, hatte ich als Jugendliche schon einmal gehabt. Als Ursache hatte sich hinterher ein harmloser Magnesiummangel herausgestellt. Ich suchte das Haus und meine Medikamente fieberhaft nach Mineraltabletten ab, aber außer Aspirin und Baldriandragees fiel mir nichts in die Hände. Beides schluckte ich, außer Acht lassend, dass es mir schon totsterbensschlecht war, und schickte noch ein Glas Apfelsaftschorle und eine Banane hinterher. Mein Atem ging wie gegen eine Wand, und jeder Versuch, tiefer Luft zu holen, endete mit Schmerzen. Ich verzog mich mit Decke und Wärmflasche auf die Eckbank und versuchte zu schlafen.

Die Buben waren angesichts meines Zustands merklich bedrückt, verhielten sich mucksmäuschenstill und wichen mir nicht von der Seite. Nach gut zwei Stunden und ersten vorsichtigen Versuchen, wieder tief einzuatmen, war der Spuk vorüber, und ich konnte uns ein sehr verspätetes Mittagessen machen.

Nun überschlugen sich meine Jungen förmlich in ihrer Hilfsbereitschaft mir gegenüber. Einträchtig übernahmen sie meine Arbeiten und nach einem erholsamen Mittagsschlaf ging es mir wieder blendend.

Lange würde das Kriegsbeil zwischen den Kindern nicht begraben bleiben, umso mehr genoss ich den Hausfrieden.

Dette im Samtanzug oder Geschlechterfragen leicht gemacht

Ein Regentag reihte sich an den anderen und der graue Himmel entließ sein Wasser schwallartig über uns. Die Tropfen fielen in engen Reihen und immer häufiger mischten sich Schneeflocken unter das Nass.

Nachdem mehrere Tage lang weit und breit kein Besucher zu sehen gewesen war, verirrten sich eines Nachmittags Gäste in unsere Stube. Ausgerechnet wieder Hessen. Genauer gesagt ein Ehepaar aus Nordhessen, das von der ersten bis zur letzten Minute ihres Besuchs bei uns nur einen Wunsch aufkommen ließ: Nämlich, die zwei mochten schleunigst wieder gehen.

Zuerst packten sie in der Stube ihre Vesper aus und nötigten die Jungen und mich, von der mitgebrachten Wurst aus der Heimat zu probieren, die sie auf dem eigenen Vesperbrett und mit einem mitgebrachten Messer aufschnitten. Zur Mahlzeit bestellten sie sich Leitungswasser zu trinken und haufenweise von meinem frisch gebackenen Brot.

Der Frau war das in jeder Hinsicht peinlich, aber sie sprach kein Wort und nippte schweigend an ihrem Glas. Etwas anderes war auch aussichtslos, denn der Mann holte nur knapp Luft zwischen den Sätzen und redete ohne Ende auf uns ein. So erfuhren wir wichtigste Einzelheiten über nordhessische Wurstwaren, Bypass-Operationen, Fernreisen, Obstbaumschnitt und viele andere in seinen Augen für uns sicher nützliche Informationen.

Während seiner Reden wurde es seiner stillen Gattin plötzlich übel und mit vorgehaltener Hand schaffte sie es eilig aufs Klo und kam nach geraumer Zeit zitternd vor Kälte wieder zurück.

Wundern brauchte uns ihre Verfassung nicht, denn wie man vom Ehemann so nebenbei erfuhr, waren auch diese zwei Wanderer versehentlich auf den Neun-Stunden-Rundwanderweg geraten und seit dem Frühstück fast ohne Pause unterwegs.

Den erschöpften Zustand seiner Frau ignorierend verlangte der Vortragskünstler jetzt nach einer Hüttengitarre, von der er überzeugt war, sie auf jeder Kuhalm vorzufinden.

Dienstbeflissen sprang Florian sofort auf und holte unsere Gitarre aus dem Nebenzimmer. Der Meister griff zum Instrument und machte uns redselig auf den gleich folgenden Ohrenschmaus und seinen riesigen Vorrat an Liedgut aufmerksam. Doch zunächst stellte sich dem von uns schier ungeduldig erwarteten Konzert das Stimmen der Gitarre in den Weg. Meiner Erinnerung nach hatte ein Gast vor knapp zwei Wochen die Gitarre in Ordnung gebracht und hüttentauglich darauf gespielt. Nicht so unser Hessenmeister auf der Wandergitarre. Er stimmte und stimmte und bis auf einen einzelnen Akkord war kein klarer Ton zu hören. Außer seinem pausenlosen Gemäkel, wie gerne er doch spielen würde, wenn nur die Gitarre richtig zu stimmen wäre. Länger wollte ich den Stumpfsinn nicht mehr ertragen und überließ den Kindern die Hütte nebst dem nervigen Typen.

Als ich nach einer Stunde von meinem Spaziergang zurückkam, traute ich Hören und Sehen nicht. Der Kerl saß immer noch da und gab den Kindern unterdessen Gitarrenunterricht, vermutlich ohne selbst ein einziges Stück gespielt zu haben. Noch einmal vor die Tür wollte ich nicht, also blieb bloß der Rückzug in mein Zimmer, wo ich krampfhaft versuchte, bei dem aus der Gaststube nach oben dringenden Geklimpere einen zusammenhängenden Satz zu lesen.

Endlich riss auf der Gitarre eine Saite und es wurde still.

Als die zwei schon eine Weile an meinem Fenster vorbei in Richtung Tal spaziert waren, traute ich mich wieder hinunter. Ohne große Lust und Fantasie überlegte ich, was es zum Abendessen geben sollte.

Die vorgestrige Rücksichtnahme der Kinder war vergessen und nach Tagen in Eintracht ging es mal wieder richtig zur Sache. Mein italienischer Wortschatz wurde um neue Spezialitäten wie »Dio cane« und »Madonna puttana« erweitert, und mein Kampf gegen diese Kraftausdrücke bewirkte dasselbe, als ob ich draußen einer Kuh ins Horn kniff.

Ziemlich gereizt kochte ich uns ein schnelles »Muis«. Doch auch Florian hatte den süßen Brei längst satt und lediglich der Hunger trieb die Mahlzeit hinein. Die Kinder jammerten lauthals über das elende Essen und verglichen sich mit den schlecht versorgten Kühen.

Auch die fanden auf den abgeweideten Almwiesen nur noch spärlich Futter, und inzwischen war für jeden erkennbar, dass wir hier oben zu viele Tiere hatten. Fünfundvierzig Rinder im vergangenen Jahr und neunundsechzig in diesem bedeuteten einen gewaltigen Unterschied.

Selbst die sonst so gelassene Dette wurde unruhig, als meine Hirten anderntags ihre eigene karge Kost und auch die mageren Weiden beklagten. Schließlich sollte sie die Tiere den Bauern besser genährt zurückgeben, als sie sie im Frühjahr bekommen hatte.

Nun zahlte die geldgierige Dette drauf, und schwersten Herzens wies sie die Jungen an, zumindest den trächtigen Melkkühen abends Kraftfutter zu geben. Natürlich erst, nachdem sie den Buben vorher die Schuld am schlechten Zustand der Tiere gab. Sie hätten sie auf fettere Weiden treiben sollen.

Ich musste laut losplatzen: »Woher nehmen, wenn nicht stehlen«, sprang ich den Hirten bei.

Prompt wurde Dette ungehalten. »Was verstehst du schon davon?«, kehrte sie die überlegene Bäuerin heraus.

Doch ihre Vorwürfe ließen mich kalt, denn um zu erkennen, dass die Kühe auf den Nachbaralmen wesentlich kräftiger und besser gepflegt waren als unsere, brauchte man kein Bauer zu sein. Die Zeit, um die Stalltiere und die Kälbchen einmal zu striegeln, hatten die Buben und ich nur einmal gehabt.

Ihren Groll ließ Dette den restlichen Tag freundlicherweise am Herd aus, den sie wie eine Wilde schrubbte und polierte, um dann sein Innenleben vom Ruß der vergangenen Wochen zu befreien. Die Reihenfolge ihres Vorgehens war mir erneut ein Rätsel, denn nachdem sie auch noch das Ofenrohr mit einem Kaminfegerbesen gereinigt hatte, konnte sie mit dem Putzen von vorn beginnen.

Als das geschehen war, kam postwendend der Holzfußboden in Küche und Gastraum dran, und sie demonstrierte mir auf eindrückliche Weise, dass mein tägliches nebelfeuchtes Gewische der Dielenbretter zu oberflächlich und damit unnütz war.

Zu diesen Arbeiten trug sie einen tannengrünen Samthosenanzug von mir, auf den sie schon seit meiner Ankunft neidische Blicke geworfen hatte. Jetzt, gegen Ende des Sommers, hatte ich ihn ihr geschenkt und ungeachtet dessen, dass er ihr hinten und vorn zu groß war, trug sie ihn ohne Unterlass. Majestätisch und vornehm wie eine Königin, stolz, so etwas Schönes von draußen zu besitzen.

Zwei Gäste ignorierend, die nichtsahnend an diesem Nachmittag auf unserer Alm eingekehrt waren, goss sie behände einen vollen Eimer mit kochend heißer Putzlauge in der Stube aus und scheuerte den Fußboden in einer Art, wie ich es sonst nur von einem Schiffsdeck kannte.

Den Besuchern blieb zwangsläufig nur übrig, die Füße hochzunehmen und ihr Speckbrot mit angezogenen Beinen zu verzehren.

Schwitzend präsentierte sie mir nach Beendigung ihres Anfalls das rabenschwarze Aufwischwasser und mit reichlich Genugtuung wurde mir vorgeführt, dass ich vom wahren Leben auf einer Alm immer noch kein Bild hatte.

Die Ärmel ihres Anzugs hatten sich mit der dreckigen Brühe vollgesogen und die viel zu langen Hosenbeine schleiften über die nassen Bretter.

Keine Frage, dass der Boden nach diesem Angriff heller aussah. Auf mich wirkte er mehr beschädigt als geputzt, denn an vielen Stellen waren die ehedem glatten Dielen aufgequollen und überall standen Holzfasern wie Mahnmale in die Höhe. Schlecht auszudenken, in welchem Zustand der Boden gewesen wäre, wenn ich ihn tagtäglich so malträtiert hätte.

Das allgemeine Großreinemachen nutzte ich, um zum zweiten Mal nach einer neuen Bettwäsche zu fragen, was mir in Gegenwart der Gäste sofort genehmigt wurde. Ich verzog mich in meine Kammer und blieb lange dort, um den putzenden Derwisch unter mir schalten und walten zu lassen. Dort säuberte ich mein Zimmer nach meinen Maßstäben und freute mich schon vor dem Abendessen auf mein frisch bezogenes Bett.

Nachdem die Messe und die italienischen Ferien hinter uns lagen, kam Dette nur noch sporadisch auf den Berg und schlief jede Nacht im Tal.

Feuchtwarme Tage mit anhaltendem Regen und somit langen Mußestunden lösten die Hektik der vergangenen Wochen ab. Es war ruhiger geworden und erste Abschiedsstimmung machte sich breit.

Wenn ich durch die Räume lief, sah ich überall Sachen von mir liegen. Hier ein paar Kühlakkus, da eine längst vergessene Sonnenmilch und das Sudokubuch, das schon lange keinen mehr interessierte. Anders als in einem Hotelzimmer, in dem sich die persönlichen Dinge auch nach Wochen noch vom eintönigen Inventar abzeichneten, war hier eine Verschmelzung eingetreten, ein sich unbemerktes Breitmachen. Selbst meine Gummistiefel im Stall boten einen gewohnten Anblick und drohten, vergessen zu werden.

Noch brauchte ich sie jeden Tag, denn Tobias war mit seinem in der Zwischenzeit schmutziggrauen Gipsverband weiterhin von der Stallarbeit befreit und Florian und ich molken die Ziegen und Kühe. Das ging erheblich schneller vonstatten, denn nur noch fünf unserer Kühe gaben Milch. Die anderen standen kurz vor der Niederkunft und wurden, um nicht das Risiko einer Almgeburt einzugehen, vorzeitig von ihren Besitzern geholt.

Eine niederkommende Kuh auf der Alm bedeutete laut Dette den sicheren Tod des Neugeborenen. Das hatten wir selbst leidvoll erfahren und kein noch so hoher Misthaufen ließ uns das Kälbchen in seinem elenden Grab vergessen.

Nur Sepp hatte mich neulich angerufen, dass während der Nacht bei ihm eine Kuh gekalbt und er das weibliche und damit wertvolle Rindvieh zur Erinnerung an mich Sibylle getauft habe.

Ich riss mich um keine vermeidbaren Abenteuer mit trächtigen Kühen und war froh um jeden Handgriff, der mir erspart blieb.

Auf einem Rundgang bemerkte ich, dass die Mäuse unseren Käse angefressen hatten, und bei ihrem nächsten Besuch nahm Dette die übrigen Käse mit ins Tal. Sie waren schon lange aus den Reifekörben gestülpt worden und standen in der alten Küche offen auf Holzbrettern auf dem Ofen. Aus der weißen, krümeligen Masse war in den vergangenen Wochen ein gelblicher, an manchen Stellen etwas durchscheinender bröckeliger Laib geworden, dessen strenger Geruch die Luft im Raum beherrschte. Gegessen wurde der Käse mit frischen Zwiebeln, Öl, Salz und Pfeffer. Viele Gäste liebten ihn. Die Kinder und ich machten einen großen Bogen darum. Wir mochten ihn alle drei nicht und nur die Mäuse bedauerten den Abtransport. Für eventuelle Besucher hatten wir eine Schüssel voll zurückbehalten, und ich freute mich darauf, dass dann auch ihr Inhalt verzehrt sein würde.

Immer häufiger kam jetzt ein Bauer und holte seine Kühe ab und so wurde unsere Herde fast täglich etwas kleiner. Wir drei schauten den Tieren lange nach, wenn sie den Berg hinabgetrieben wurden. Jede Kuh kannten meine Buben beim Namen, aber auch ich wusste fast alle Namen auswendig. An manche Tiere hatte ich mich sogar richtig gewöhnt, und es verging fast kein Tag, an dem unser Melkvieh in den Stall gegangen wäre, ohne vorher von mir an der Terrasse gestreichelt worden zu sein.

Die Bauern bezahlten bei der Bäuerin die Almzeit ihrer Tiere und Gott sei Dank sprang bei manchem der Landwirte noch ein kleines Trinkgeld für die Kinder heraus. Jetzt waren sie am immer früher hereinbrechenden Abend mit Geldzählen und -verteilen beschäftigt und ich schenkte ihnen meine gut angefüllte Trinkgeldkasse dazu.

Noch einmal nahmen wir einen müden Wanderer bei uns auf und wurden dafür mit einem lustigen Abend belohnt. Ein Tierarzt vom Tegernsee übernachtete bei uns. Endlich konnten wir die immer noch offene Geschlechterfrage bei unseren Kätzchen fachmännisch klären. Unter dem sicheren Blick des Arztes durften die Kinder die Katzen untersuchen, um zu einem Ergebnis zu kommen. Florian war zuerst fertig und erklärte uns wissend, dass es sich um drei Weibchen handelte, weil ja alle drei Zitzen hatten. Erst als der Tierarzt ihn sein T-Shirt hochnehmen ließ und ihn auf seine »Zitzen« aufmerksam machte, erkannte er seinen Irrtum. Wir lachten uns schief. Alle Kätzchen entpuppten sich als Kater, und das war selbst für meine Jungen dann gut zu erkennen. Der Doktor erhielt zum Dank für seine Biologiestunde ein spätabendliches Steinpilzrisotto vom Feinsten und verabschiedete sich nach einem üppigen Frühstück mit den Worten, noch nie so lecker auf einer Alm gegessen zu haben.

Dass es sich um Kater handelte, machte die Vermittlung der Tiere einfacher. In der Tat nahm bald darauf eine Frau aus einem Nachbardorf eines der grauen Tierchen mit. Damit hatte ich im Leben nicht gerechnet, und nachdem Mina und Heino auf den Hof zurückdurften, blieb eines der Tiere für mich übrig.

Je kürzer die Tage wurden, umso rastloser verrann die Zeit. Wenn wir bis sieben am Abend draußen zu tun hatten, war Minuten später schon finstere Nacht.

Florian und ich widmeten uns endlich intensiver den Schulaufgaben. Als Belohnung dafür, dass er seine Pflichtlektüre schließlich doch noch gelesen hatte, schrieb ich ihm die Nacherzählung. Das Bruchrechnen war verstanden und er löste die Aufgaben sicher.

Für alles andere gab ich ihm einen langen Entschuldigungsbrief an die Lehrerin mit. Ich schilderte ihr unser Leben auf dem Berg und dass der Bub drei Monate harten Einsatz im gelebten

Umweltschutz hinter sich hatte. Ohne Almwirtschaft verkarstete die Natur, ohne Milchwirtschaft keine Nahrung … und was mir sonst noch so einfiel. Auch bat ich sie, ein Nachsehen mit dem inzwischen braun gebrannten und tüchtig gewachsenen Kind zu haben, das seine gesamten Ferien mit mir verbringen musste.

Ich hatte mich redlich um ihn bemüht und dafür, dass er immer noch Silvio Berlusconi für den Bürgermeister von Bozen hielt, konnte ich auch nichts. Leider bekam ich nie eine Antwort von der Lehrerin, außer dass Florian mir meine Note in der Inhaltsangabe mitteilte. Wir bekamen eine Neun, was bei uns einer guten zwei entspricht.

Wieder hatte es zu schneien begonnen, und diesmal sah es so aus, als ob der Schnee liegen bliebe. Aus grau verhangenem Himmel fiel er lautlos auf uns nieder und die Kühe rückten in der Kälte eng zusammen. Jetzt musste bei allen Tieren zugefüttert werden und wir holten das Heu vom Boden und schütteten es auf den Schnee.

Dette blutete das Herz, aber wenn wir mit der Zugabe von Heu noch länger gewartet hätten, wäre das Muhen der hungrigen Rinder nicht mehr zu überhören gewesen.

Dreharbeiten und
Ein Abschied in Raten

Ausgerechnet für diese winterlichen Almtage hatte ein Fernseh-team eine Dreherlaubnis bei Dette eingeholt und filmte einen Bericht über den Fernwanderweg nach Venedig.

Zu diesem Zweck hatte sich Dette so richtig in Schale geworfen und stand nach Dusche und Friseurbesuch ungewohnt gepflegt vor mir. Als passende Kleidung für den Dreh wählte sie sich den geschenkten Samtanzug aus, an dem sie kurzerhand die zu langen Arme und Beine abgeschnitten hatte. Ohne eine Einfassung der Enden löste sich der Stoff immer mehr auf und abbröckelnde grüne Samtfasern kennzeichneten Dettes Wege. Ich sparte mir alle Worte und versuchte, dem ehemals so schönen Anzug nicht nachzutrauern.

Auf eine Almhelferin aus der Stadt zu treffen, gefiel den Fern-sehleuten und sie ließen sich lange über den Sommer berichten. Draußen schneite es in dicken Flocken und nach Abschluss der kurzen Dreharbeiten war eine Abreise des Teams bei diesem Wetter viel zu gefährlich.

Die Bäuerin hatte den Kindern und mir etwas gekocht und die Männer starrten hungrig vom Nachbartisch auf unsere Teller. Nachdem Dette keinerlei Anstalten machte, den eingeschlafenen Gastbetrieb noch einmal zu eröffnen und die Gruppe in der Hoffnung auf besseres Wetter einfach da sitzen ließ, erbarmte ich mich und sorgte für Essen. Ein letztes Mal konnte ich auf meine Vorräte zurückgreifen und es entstand ein eigenartiges Durcheinander mit Tütensuppen, Pudding und fränkischen Brat-würsten aus der Dose.

Dette würdigte uns keines Blickes. Die fünfzig Euro, mit denen die Herren ihre seltsame Mahlzeit bei mir bezahlten, schenkte ich den Kindern, und als das Team endlich im lichter gewordenen Schneetreiben abreisen konnte, hatte sich Dette längst zu Fuß ins Tal verdrückt.

Die Quittung für meine Großzügigkeit bekam ich am nächs-ten Tag. Johann hatte auf der Alm zu tun. Nachdem wir unsere kärglichen Reste vom Vortag schon verspeist hatten, bot ich ihm meine allerletzte Suppe an.

Die Kunde von den Bratwürsten war ihm schon zu Ohren gekommen, und er fuhr mich an: »Wennst gestern nit so blöd gewesen wärst und unsere Wurst behalten hättst, dann hättmer jetzt was Gescheites zu essen.«

In mir stieg Gift und Galle auf, aber ich schwieg. Friss die Suppe, oder lass es, dachte ich mir, und koch sie dir auch gleich selber. Ich legte das Päckchen auf den Tisch und ging meiner Wege. Jetzt, in den letzten Tagen auf diesem Berg, brauchte ich auch keine Streitereien mehr über unsere Ernährung, die ohne die vielen Lebensmittel aus Deutschland mehr als kärglich ausgesehen hätte.

Späte Touristen, die an unserem Haus vorbeikamen, erkundigten sich nach einem traditionellen Almabtrieb, dem sie gerne beiwohnen wollten, aber da musste ich sie enttäuschen. Alle Bauern holten ihr Vieh selbst ab und mir war es genau so recht.

Wie sich die Dörfler so einen Festzug vorstellen, hatte ich erst vorhin erfahren. Ein Bauer, den ich nur einmal gesehen hatte, schlug Dette vor, so einer wie mir sollte man doch zum Almabtrieb einen Schmuck aus Silberdisteln zwischen die Hörner binden, eine Glocke umhängen und mich mit der Geißel und den Kühen ins Tal treiben.

Nach diesem Satz, den ich mit eigenen Ohren hörte, war die Luft zum Zerreißen gespannt. Für einen Moment keimte die Hoffnung in mir auf, Dette könnte sich auf meine Seite schlagen und dem ungehobelten Kerl übers Maul fahren. Aber nachdem schon das Geld für die Kühe, ein Pfund Kaffee und ein Kästchen Pralinen auf dem Tisch lagen, entschloss sie sich anders.

Was sollte sie auch tun? Auf ihre Dorfgemeinschaft war sie angewiesen und meine Taschen standen gepackt in der Ecke. Mich würde sie vielleicht nie wiedersehen, aber sie würde bis an das Ende ihrer Tage hierbleiben und musste mit den Menschen um sie herum zurechtkommen.

Ich tat den beiden den Gefallen und lachte mit ihnen mit und Dette war froh über meine unerwartete Reaktion.

Überhaupt lachten wir viel in diesen Tagen auf der Alm und eine allgemeine Erleichterung über den ohne große Verluste und Schäden überstandenen Sommer machte sich breit.

Noch einmal bekam ich Besuch aus Nürnberg. Die Kinder und ich genossen erneut die Süßigkeiten und das mitgebrachte Essen.

Zum ersten Mal schien auch Dette Freude an meinen Gästen zu haben und legte ihren Argwohn gegenüber allen Fremden zögerlich ab. Wie sie so dasaß in unserer Runde, im sich auflösenden Samtanzug, klein und braun gebrannt, hatte ich sie doch fest in mein Herz geschlossen. Ihre für mich zugeteilten Lehren, zuversichtlicher und gelassener durchs Leben zu gehen, hatte ich verstanden, und täglich gelang es mir besser, sie im Alltag umzusetzen.

Noch gestand es sich keine von uns ein, aber wir beide sahen dem nahen Abschied mit Bangen entgegen.

Als Erster verließ uns Tobias, um noch eine Ferienwoche am Meer zu verbringen. Auch Florian durfte heim, kam aber, als kein Zwang mehr dahinter war, fast jeden Tag mit dem Mountainbike zu mir zurück.

Sepp hatte seine Alm schon wegen des Schnees geräumt und war seit Tagen mit seinen Kühen im Tal. Da war keine Stunde mehr für ein Abschiednehmen, die Natur legte auch hier den Zeitplan fest und trieb auseinander, was nicht zusammengehörte.

Alles löste sich auf, jedes Tier war wieder in seinem heimischen Stall, und Dette räumte das Haus auf; nach und nach brachte sie die übrig gebliebenen Vorräte hinunter ins Tal.

Aus einem großen Abschied wurden viele kleine und immer wieder beteuerten wir uns ein Wiedersehen im nächsten Jahr.

Die letzte Nacht kam und ich lag lange wach.

Ein dritter und damit für diesen Almsommer unweigerlich letzter Vollmond lockte mich noch einmal unter das nächtliche Himmelszelt. Der Mond hatte einen breiten Hof und blasse Schneewolken kreuzten seine Bahn.

Kreisrund tauchte seine weiße Scheibe hinter dem Joch auf und gestochen scharf zeichneten sich Steine und Felsen davor ab. Ein silbriger Strahl erhellte die Schneise der Wasserleitung, und morgen, morgen, dachte ich, würde ich endlich einmal bis zur Quelle aufsteigen.

Himmelschlüssel

Sigrid Mahlknecht Ebner · Katharina Weiss

Acht Südtiroler Frauen mit unterschiedlichem Hintergrund erinnern sich an ihre Kindheit und Jugend. Zumeist gerne blicken sie zurück in ihre Vergangenheit, auch wenn diese für einige der Frauen nicht immer leicht war. Viele Schicksale sind geprägt von harter Arbeit, die in frühester Kindheit verrichtet werden musste. Entbehrungen, Verluste, Auswanderung und Flucht prägten bei anderen die Jugend.

ISBN 978-88-6839-292-5
E-Book 978-88-6839-293-2

Harte Jahre – starke Frauen

Sigrid Mahlknecht Ebner · Katharina Weiss

Das Buch erzählt wahre Geschichten aus dem Leben von fünf Südtirolerinnen, beginnend in der Habsburgermonarchie um 1900 bis heute. Vor dem gemeinsamen Hintergrund von Faschismus, Krieg, Nachkriegszeit und Aufbruch in die Moderne berichten sie von ihrem Weg durch das 20. Jahrhundert, gezeichnet von schwerer Arbeit, Armut und Unterdrückung, aber auch von Momenten des Glücks, von Kraft und Stärke.

ISBN 978-88-6839-102-7
E-Book 978-88-6839-114-0

ATHESIA VERLAG
www.athesia-tappeiner.com